インフォメーション・エコノミー

Information Economy

情報化する経済社会の全体像

篠﨑彰彦 SHINOZAKI Akihiko

NTT出版

はじめに

経営史が専門のチャンドラーは、1990年代を「工業の時代」から「情報の時代」への転換期と位置付けた。彼は、当初この転換を「第3次産業革命」ととらえていたが、後にそれが適切ではないと考えるに至った。なぜなら、18世紀末から19世紀にかけてイギリスでみられた工業の時代への転換を第1次産業革命、そして同じ工業化の枠内で19世紀末から20世紀にかけて起きた転換が第2次産業革命なのであり、20世紀末に起きた情報の時代への転換は、工業化の枠を越えたさらに大きな変化だと認識するようになったからである（Chandler［2000］）。

この「情報革命」の波は21世紀に入ってからも衰えることなく、むしろ勢力を増してグローバルに及んでいる。産業革命後の世界史を振り返ると、数々の新技術は一定の教育水準とそれを可能にする所得水準がなければ、実社会への普及と定着に限界があり、この限界がさらに発展を阻む「貧困の罠」は長年人類の課題であり続けた。だがIT（情報技術）は、モバイル・テクノロジーを中心に、かつて人類が経験したことのない大変化を引き起こしている。

アフリカでは、かつて数十キロ離れた地域に通っていた農業指導員が、SMS（ショート・メッセージ・サービス）を通じて栽培時期や気象情報を伝えることで指導エリアを格段に広げている。携帯電話で市場価格を知り得る農民は、仲買人の言い値で買いたたかれることがなくなり、船上で有利な値がつく寄港先を確認できる漁師は、所得を大幅に増やした。携帯電話による小口送金は、最低預金額や口座管理料が壁となって銀行口座を持てなかった人々に多くの恩恵をもたらしたばかりか、国際機関による難民への食糧支援にも応用されている。

これらは、狭い意味の技術的、工学的なイノベーションではない。一貫した技術革新の継続による劇的な価格低下と、それによってもたらされる圧倒的な利活用のすそ野拡大が、新ビジネスを次々と勃興させながら、経済活動の基盤にある仕組みそのものを激しく揺さぶる革命に他ならない。農業革命によって狩猟・採取生活から農耕・定住を基盤とした生活が生まれ、産業革命による工業化が生産と消費の仕組みを劇的に変えたように、現在進行中の「情報革命」は、これまで新技術とは縁遠かった途上国の漁師や農民さえも巻き込んで、世界を大きく変貌させているのである。

「情報革命」の渦中にあって、その全貌をとらえることは至難の業であろう。次々とわき起こる新現象をアドホックに追い求めるだけでは、表面的な動きにふりまわされて右往左往するだけになりかねない。むしろ、こうした大変化の時代には、経済活動の基盤にある仕組みの本質をもう一度原点に立ち返ってとらえ直す方が、回り道のようでありながら、実は効果的だと思われる。先人たちの深い洞察と思索を頼りにぶれない軸を見出せば、現象だけをみて消化不良でめまいがしそうな状態から解放され、表面的には不規則にみえる様々な出来事を、筋道を立てて観察し、余裕をもって考えることができるだろう。

本書では、筆者が大学の学部生と大学院生向けに行っている情報経済関連の講義のうち、基礎的な理論や考え方にかかわる部分を一般の読者にも理解しやすいように、具体的な事例や簡単な数値例をあげながら解説した。構想は約10年前、資料は約5年前に調っていたが、完成までに思いがけず時間を要した。

この間、SBクリエイティブ株式会社の松尾慎司氏からは、「ビジネス＋IT」の連載を通じて本書で取り上げた内容に関する最新の業界事情と貴重な助言を頂戴した。西日本電信電話株式会社、株式会社NTTドコモ、株式会社KDDI総研からは、九州大学経済学研究院研究・教育奨学寄附金により、情報経済に関係する教育と研究へのご支援を賜った。本書で言及した事例の一部は、科学研究費助成事業挑戦的萌芽研究（課題番号24650126）の成果も活かされている。また、総務省情報通信白書編集委員会、内閣府経済社会総合研究所、情報通信総合研究所、三菱総合研究所、野村総合研究所、国際大学グローバル・コミュニケーション・センター、日本経済研究センターなど様々な研究機関やシンクタンクの関係者らと各種の研究会を通じて活発な議論を積み重ねることができた。これらの機会にやり取りした最新動向は実に刺激的であったが、同時に、本書で取り扱ったような原点に立ち返る考察への関心も存外に高いとの印象を深めた。紙幅の都合でお名前をすべて記すことはできないが、これらの方々のご支援とご協力に改めて深く御礼申し上げたい。

最後に、本書の出版に際しては、NTT出版株式会社の神野浩氏、相澤朋美氏に大変お世話になった。とりわけ同社の吉田英樹氏には、本書のねらいと執筆の意図を充分に汲み取っていただき、適切な助言とともに丁寧な対応を頂戴した。大学を取り巻く環境の激変に翻弄される筆者の事情を斟酌して、臨機応変に段取りを工夫される仕事ぶりに、情報の時代に一層重要となる人間力のありがたさを痛感した。研究を支えてくれた大学院生諸君と健康を気遣ってくれた家族の協力もあわせて、心から感謝の意を表したい。

2014年2月

著者

インフォメーション・エコノミー——情報化する経済社会の全体像▼目次

第6章 ネットワークの経済性とは何か
——情報化社会の企業組織と産業組織

第7章 なぜ制度改革が求められるのか
——技術革新を受け入れる仕組み

序　章

最新動向を読み解く基本概念は何か

――本書のねらいと構成

情報革命の波に乗る「羅針盤」を求めて

1 本書のねらい

国際社会では、「情報革命」が一部の豊かな国の話ではなく、途上国も巻き込んで経済発展の起爆剤になるとの認識が広がっている。国連難民高等弁務官や国際協力機構の理事長として世界中を飛び回った緒方貞子氏は、「ＩＴの発達は16世紀ごろの大航海時代に匹敵する『情報革命』だと思う」と述べている（「日本経済新聞」２０１２年１月８日付）。技術の専門家ではない彼女が各国・地域の最前線で得た実感こそがグローバル社会の変貌をよく現しているだろう。

こうした国際社会の論調には、多目的技術（General Purpose Technology）としてのＩＴが、雇用、教育、医療など様々な領域の課題を解決し、経済成長を促進するという「インフォメーション・エコノミー」の着眼点が組み込まれている。それは、ミクロ経済学の応用である情報経済学にとどまらず、マクロ経済学の分析手法も取り入れて情報化の影響を包括的に考察する試みであり、20世紀末の生産性論争を機に本格化した。先進諸国で構成されるＯＥＣＤには、１９９０年代から情報経済作業部会（ＷＰＩＥ：Working Party on the Information Economy）が設けられていたが、途上国の貧困問題に取り組むＵＮＣＴＡＤでも、２００５年から『情報経済報告（Information Economy Report）』が刊行されている。いずれも「経済成長、生産性、雇用、企業」への影響を分析対象としており、まさに「経済学のあらゆる分野を総動員」する一大テーマとなっている。

メインフレーム時代のOA化、パソコンとインターネットが一世を風靡した1990年代のITブーム、グローバルな情報爆発が起きた2000年代のモバイル化、そして今日のクラウドやビッグデータなど、ITは常に新しい何かを生み出し続ける未完のイノベーションである。新現象が次々と生まれ、社会は目まぐるしく変貌しているが、その一方で、情報化の内容と場所がどう変わろうと一貫して流れる通奏低音も聞こえてくる。新技術の導入に伴う生産性向上と経済成長、そのために必要な企業、市場、制度の見直し、雇用と格差の問題、教育の持つ力などである。変化の激しい時代こそ、現象に振りまわされることなく、物事の本質をどっしりと見据えるフレームワークが重要となる。筆者自身、この分野の研究に20年以上携わる中で、情報経済学や情報化社会論の黎明期に練り上げられた先達の思想や理論が、目まぐるしく変転する最新の状況を見事に照らし出す不易の灯であると気付かされてきた。

本書は、変化の激しいインフォメーション・エコノミーを読み解く羅針盤として、ノーベル経済学賞を受賞したスティグラー、アカロフ、コース、ノースをはじめ、早くから情報化社会の到来を予見した梅棹忠夫、トフラー、チャンドラーらの考えを今日的な問題を例に取り入れながら、相互の関係性を意識して体系的に再構成したものである。情報化の本質を突くこれら不易の思想と理論は、革新の渦中にあって、今後も続くであろう予期せぬ複雑な出来事を読み解く手掛かりになるのは間違いない。

2 本書の構成

本書では、情報経済学、情報化社会論、生産性論争、分業とコミュニケーション、企業と市場の取引費用、ネットワークの経済性、情報化と制度変化、技術変化と雇用という8つのテーマを取り上げ、情報化をキーワードに現代社会を読み解くべく、基本概念の解説とそれらのつながりを考察していく。

まず第1章では、スティグリッツが「20世紀の経済学の発展に最も貢献した分野の1つ」と述べた情報経済学の基礎を解説する。1961年にスティグラーが提起した「価格情報の不完全性」とアカロフのレモン市場で有名な「質的情報の不完全性」を取り上げて、それぞれの場合に市場でどのような問題が生じるか、また情報化でどのような変化が起きているかを考える。今ではミクロ経済学の入門書で取り上げられているこれらの基礎理論をうまく応用すれば、「ITが途上国にもたらした最大の貢献は『人々による価格の発見』だ」と指摘されるのはなぜか、また、食品の安全問題やサブプライム問題の本質が何であるかを深く理解することができる。

続く第2章では、情報化に伴う経済社会の変貌をマクロ的にとらえる情報化社会論を取り上げる。1960年代初頭に提唱されたマハループや梅棹忠夫らの先駆的な論考を契機に、知識産業化、情報化、脱工業化、サービス化、ソフト化など産業構造の高度化による経済発展が議論されてきた。この過程で、商品の実用的機能だけでなくデザインなどの情報的機能が重要性を増していく「産業の情報化」と、そのことが新たな産業を創出する「情報の産業化」という概念が生まれた。情報化社会論は、未来論、文明論的な色彩を帯びやすかったため、経済学の主流派からは異端視されてきたが、その考えを敷衍すれば、端末の無料化やコンテンツ・ビジネスの特異性など現在の問題を考える際に役立つ。

第3章では、生産性論争を取り上げる。厳密さと壮大さという点で両極にあった情報経済学と情報化社会論は、長く相互の関係を深めることはなかった。この状況に転機をもたらしたのがソロー・パラドックスとニュー・エコノミー論である。情報化投資による米国経済の再生という現実によって、情報の問題に技術や投資の要因が加わり、生産性や経済成長といったマクロ経済学の主流派が取り組むテーマに躍り出た。ノーベル賞クラスの著名な学者も加わったこの大論争によって、情報化社会論の流れを汲む産業構造論と情報経済学から派生した産業組織論が太くつながった。第1に、情報化による産業構造の高度化が経済成長に結実するには、情報投入の増加が単なる情報費用の増大ではなく生産性の向上に結実しなければならないこと、第2に、情報技術の導入で生産性を高めるには、企業組織や産業組織の抜本的な見直しが欠かせないことである。

これらの問題を考えるには、経済学の礎を築いたスミスやリカード、ノーベル経済学賞を受賞したコースやノースによって提起された概念が役に立つ。そこで、まず第4章では、企業内部における組織の問題について、分業と比較優位という経済学の基本概念に立ち返って情報とコミュニケーションの問題を考察する。スミスが『国富論』で丹念に描写したように、分業に基づく交換は飛躍的な生産性の向上をもたらすが、同時に、コミュニケーション費用の増大という問題を生み出す。この二面性は「分業による協働」という企業組織の根本的な仕組みに深くかかわっており、比較優位に基づく分業領域の見直しという企業改革の本質が浮かび上がる。情報化で成功した他社の事例を表面的に模倣したり、コンサルタントに丸投げしたりする改革がなぜうまくいかないか、その原因を掘り下げる。

さらに第5章では、市場を通じた企業間の社会的分業に視野を広げて、コースの法則を考える。情報経済学の分野では、優れた研究に導かれて、逆選択、モラル・ハザード、エージェンシー理論などの概念が次々に生まれた。この過程で、市場と企業の境界を論じたコースの古典的論文が再評価され、「取引費用経済学」や「内部組織の経済学」を媒介に産業組織論の新展開につながった。「企業と市場の境界」に作用するコースの法則を応用すれば、情報化による取引費用の低下が単なるコスト削減ではなく、フロンティア拡大というイノベーション効果をもたらすこと、企業の分割や合併（M&A）が活発になること、情報化でトップ・マネージメントの関与が不可欠となること、などの要因が明瞭になる。

これらを受けて第6章では、情報化で発揮されやすくなった「ネットワークの経済性」について、「規模の経済性」「範囲の経済性」「ネットワーク効果」「連携の経済性」という4つの基本概念を相互に関連付けながら考察する。それぞれのメリットとデメリットを対比することによって、ネットワーク効果と規模の経済性はどのように異なるのか、独占的市場の形成と競争的市場の形成を分ける条件は何か、新規参入が相次ぐ競争的市場で自社の強みを活かす戦略のカギが何であるかを考えていく。新技術と創意工夫が次々にわき起きるイノベーションの環境下で、すべてを自社で揃えようとする「自前主義」や「総花的」経営が行き詰まるメカニズムもこれら4つの経済性でうまく説明できる。

第7章では、技術変化と制度変化の緊張関係を指摘したノースの論考を手掛かりに、情報化で促される制度改革について考察する。市場とは、効率的な社会的分業に欠かせない「情報処理機構」であると同時にきわめて「制度的な存在」でもある。したがって、市場メカニズムを利用するための取引費用は、情報費用と制度費用の二重構造になっている。技術進歩で情報費用が低下すれば、情報処理機構としての市場の機能は高まるが、市場を支える法律、規制、慣行など制度費用が自動的に下がるわけではない。技術変化と制度変化の時間軸は大きく異なり、業界慣行など「思考習慣としてのルール」の変更には、かなりの時間を要する。激しいスピードで技術が変化する時代に問われる社会の能力とは何か、グローバルな情報革命が世界のフラット化ではなく多様性を照らし出すのはなぜか、その本質を探る。

最後に第8章では、情報化と雇用の問題を取り上げる。選択の科学といわれる経済学は、「交換を通じた人と人との社会的関係」を考える学問でもある。技術は人に役立つと同時に古い職を奪うという二面性を持つ。この「技術と雇用の緊張関係」は産業革命時のラッダイト運動が象徴するように古典的な問題といえるが、工業化の起点となった産業革命と現在進行中の情報革命とはどのような違いがあり、また共通点がみられるのか。情報化が加速した１９９０年代以降に繰り返される「雇用なき回復」や「所得の二極化」を手掛かりに、レイオフとパーマネント・ジョブ・ロスの違い、技術と労働の結節点といえる企業の機能、その外部に広がる労働市場と教育市場の連携を検討し、技術革新の渦中でみられる雇用の代替、誘発、創出について考察する。

以上が本書の内容である。情報化をキーワードに、本書全体を相互に連携させて体系化を試みているが、各章の内容はそれぞれにまとまりがあり、関心のあるテーマから始めて、他の章へと広げていく読み方も可能であろう。インフォメーション・エコノミーは、学際的な研究領域であると同時に、実社会において農業、工業、商業、サービス業、医療、教育などあらゆる分野の実務者が横断的にかかわるテーマでもある。執筆に際しては、必ずしも経済学を専門としない人文系、理工系の学部レベルの学生が読み進められるように心掛けており、関心のあるビジネス・パーソンにもぜひ読んでいただきたい。最先端の実務に日々携わる中で、一呼吸おいて「情報革命」を俯瞰し、新しい道筋を発見する手掛かりになれば幸いである。

第1章

情報経済学の基礎で現在を考える

——純粋な市場から現実の市場へ

1 スティグラーに学ぶ価格比較サイトの威力

1 初歩の教科書で想定される「完全競争市場」

複雑に絡み合った現実の経済をそのまま理解するのは難しい。そこで、経済学では混沌とした事象に惑わされず、筋道を立てて理解しやすいように単純化（simplify）を行う。その代表が「完全競争市場」で、（1）消費者、企業などの市場参加者が多数存在すること（多数参加）、（2）市場参加者は価格や商品知識などの市場情報を完全に持っていること（完全情報）、（3）個々の市場参加者は市場で形成される価格に対して影響力が軽微であること（価格受容者）、（4）取引される財・サービスの質が均一であること（同質財）、（5）市場への参入と市場からの退出が自由に行われること（参入退出の自由）という前提条件が置かれている。

ここで完全情報とは、「何が」「いくらで」売れるか、また、買えるかという、取引される財・サービスの質と価格の情報が、売り手にも買い手にも充分行き渡っている状態を意味する（図表1－1）。情報経済学は、こうした完全競争市場の仮定を緩めて、情報が不完全である場合に市場の機能がどうなるかを考察するものである。いわば「不完全情報の経済学」といえる。

通常は、同質財なら同一価格に収斂するという「一物一価」の法則が働く。例えば、ランチタイムに全く同一の弁当（同質財）が商店街をはさんで道のこちら側のA店では500円、向こう側のB店では350円で売られているとすれば、誰もがB店で購入しようと列をなし、A店は閑古鳥が鳴くことになる。その様子をみてB店は少し値上げしても売れると思うだろうし、A店は売れ残りを回避するために価格を引き下げようとするだろう。あるいは、機転のきく第三者が、B店で大量に買ってA店の隣で400円の弁当として売ることを考えるかもしれない。これは裁定と呼ばれる機能である。こうした行動によって、商店街に存在していた同質財の価格差は解消されていく。もし、どうしても価格差をつけたいならば、おかずの品を変えるなどの差別化がとられるだろうが、この場合は、もはや同質財ではなく異質財ということになる。

図表1-1　完全競争市場

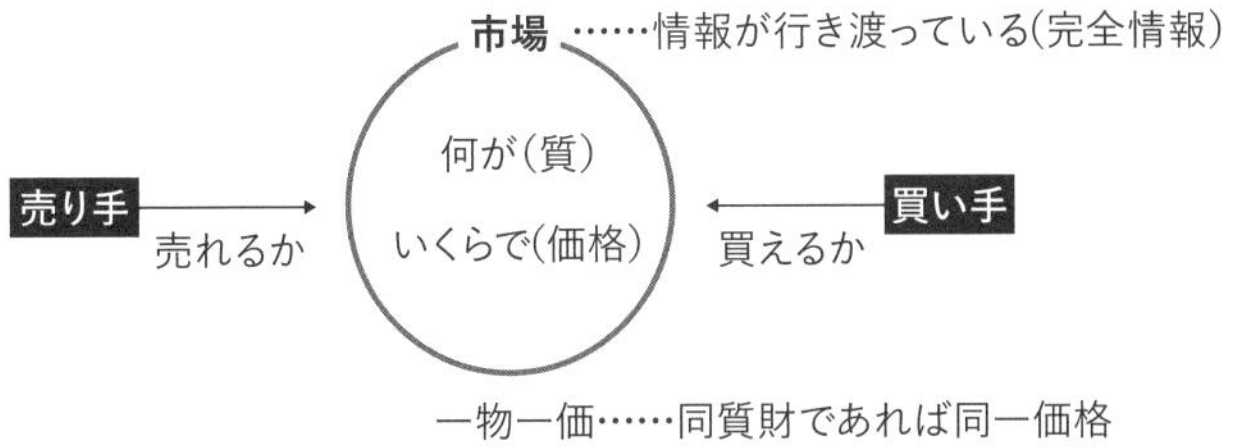

2　価格情報の不完全性

裁定などの働きで価格差が収斂するのは、同じ商店街の隣接店や交差点で向かい合うガソリン・スタンドなど、売り手にも買い手に

図表1-2　不完全情報の市場(その1)

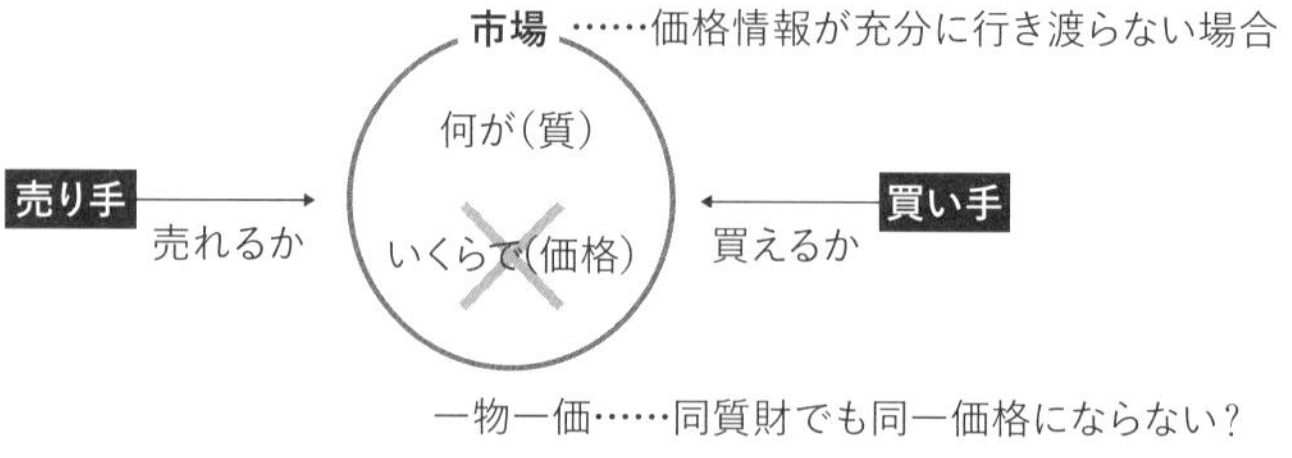

も価格差の情報がすぐに行き渡る場合、つまり、価格情報を手に入れる費用がゼロか無視し得るほど小さい場合である。しかし、現実の経済活動ではそうでないことも多い。少しでも安い商品を求めて時間と労力をかけ、たくさんの店を駆けずり回った経験は誰にもあるだろう。経済学では、会計学と異なり、他に充てることができた時間も費用と考えるため(これを「機会費用」という)、こういう場合は、価格情報を手に入れるために費用がかかっていることになる。

それでは、価格情報を手に入れるための費用が高く、価格差がすぐにわからない場合に、一体どのような現象が起きるだろうか(図表1-2)。この問題を提起したのが、1982年にノーベル経済学賞を受賞したスティグラーである。彼は、1961年の論文で価格情報を探し出すための検索費用(search cost)を取り上げた。それによると、価格情報の入手に費用がかかる次のような市場を想定すれば、(1)一物一価の法則が成り立たず市場に価格差が残ること、(2)検索費用が一定であるとすれば、高額商品ほど綿密に検索されること、(3)高額商品ほど標準偏差を平均で除した変動係数が小さくなること、などの結論が導かれる。

【市場の仮定】

- 多数の売り手が存在する
- 売り手の価格のバラツキが確率的に分布している
- 多くの売り手を探すほど安い価格を発見し得る可能性が高まる
- ただし、検索を続けるにしたがって価格の節約額は逓減していく
- 検索は一定のコストがかかる

【買い手の合理的行動】

- 検索による節約額と検索の費用が等しくなるまで検索を続ける

【導かれる結論】

- 買い手は、ある回数で検索を打ち切るので、売り手の価格のバラツキが残り、一物一価とはならない
- 検索のコストが商品の価格の大きさにかかわらず一定とすれば、検索による節約額が大きい高額商品ほど綿密に検索され、変動係数（標準偏差を平均で除した値）は小さくなる

ここで、売り手と買い手の状況をみると、店ごとに販売価格のバラツキがあり、買い手はそのような価格差があることを全体的な確率分布としては知っているが、情報の解像度が低いため、どの

店がいくらで売っているかという個別の価格情報までは知り得ず、精緻な価格情報を入手しようとすれば費用（時間と労力）がかかることになる。

例えば、スマホやタブレットなどを購入する場合に、これまでの経験などから店頭に出向けばもっと安い価格で売られているかもしれないと思い、電車代を払い、時間を費やしてまで、新宿や秋葉原の各店頭で価格情報を探し回る状況を想定するといいだろう。

3 数値例による簡単な解説

計算が簡単な数値例で具体的に説明しよう。まず、多くの販売店があり、そのうちの半分は2万円で、残る半分は3万円で売っていると仮定する。このとき、買い手は、2万円で販売している店と3万円で販売している店がそれぞれ半分ずつ存在するという全般的な状況はなんとなく知っているが、どこの店がいくらで売っているかという個別の情報は知らず、それを知るためには1000円の費用がかかるとする。

この場合、最初の店で安い価格の2万円にたどり着く確率は2分の1、高い価格の3万円の店にたどり着く確率は2分の1で、期待値は2万5000円〔$=20{,}000\times1/2+30{,}000\times1/2$〕になる。これに納得せず2店目にあたってみる場合、確率は同様に2分の1ずつで、運悪く1店目も2店目もともに3万円の店である確率は4分の1〔$=(1/2)^2$〕、少なくとも1つは2万円の店にたどり着く

図表1-3　検索活動による価格情報獲得の場合分け

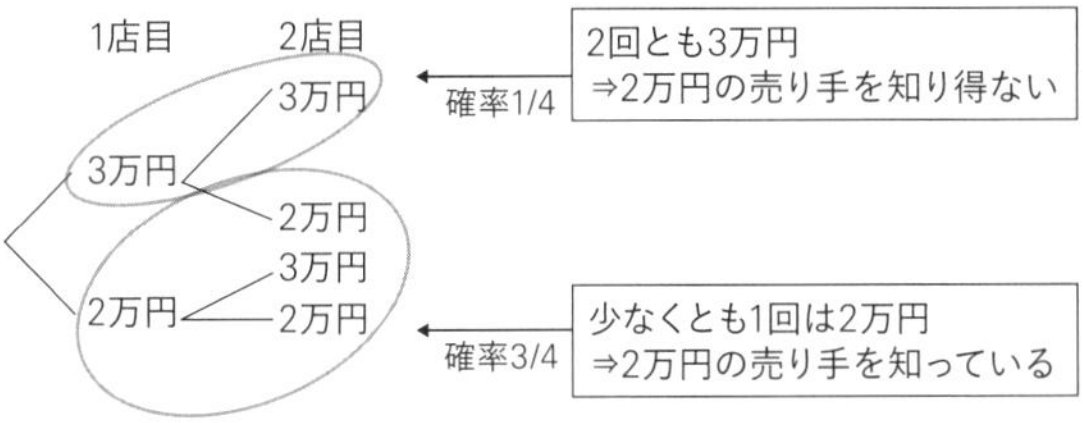

確率は4分の3〔＝1－(1/2)^2〕となる(図1－3)。したがって、価格情報を探し出すための検索活動を2回行うときの期待値は2万2500円〔＝20,000×3/4＋30,000×1/4〕となり、1回しか検索活動をしない場合に比べて2500円節約することができる。

同様に、3店目にあたってみる場合、運悪く3店とも3万円の店である確率は8分の1〔＝(1/2)^3〕、少なくとも1つは2万円の店にたどり着く確率は8分の7〔＝1－(1/2)^3〕となるため、検索活動を3回する場合の期待値は2万1250円〔＝20,000×7/8＋30,000×1/8〕となり、2回しか検索活動をしない場合に比べてさらに1250円の節約ができる。図表1－4は、こうした検索活動の繰り返しで期待値と節約額がどのように変化していくかを示したものだ。検索を続けるにつれて、期待値は2万円に近づいていくこと、および、節約額が次第に小さくなっていくことがわかる。

ここで、「1回の検索活動に1000円の費用がかかる」という条件を思い出して欲しい。この検索費用を考慮すれば、4回目以降は検索のための追加的な費用(経済学では限界費用という)が追加的に得られる節約額(限界効用)を上回ってしまうため、買い手が合理的であれば、3回で

図表1-4 検索活動の繰り返しによる期待値と節約額の変化

	2万円が最低価格である確率	3万円が最低価格である確率	期待値	節約額
1回目	1/2	1/2	25,000円	—
2回目	1－(2回とも3万円の確率) $=1-(1/2)^2=3/4$	2回とも3万円 $=(1/2)^2=1/4$	22,500円	2,500円
3回目	1－(3回とも3万円の確率) $=1-(1/2)^3=7/8$	3回とも3万円 $=(1/2)^3=1/8$	21,250円	1,250円
4回目	1－(4回とも3万円の確率) $=1-(1/2)^4=15/16$	4回とも3万円 $=(1/2)^4=1/16$	20,625円	625円
⋮	⋮	⋮	⋮	⋮
∞回目	1	0	20,000円	0

検索を打ち切り、それ以上は時間と労力をかけることはしないだろう。この点は、限られた時間を有効に使おうとする旅先でのショッピングを考えると良くわかる（現実には、つい深追いして貴重な時間を浪費してしまうこともあるが……）。つまり、買い手はある回数で検索活動を打ち切るので、売り手側の価格差が残り、一物一価とならないのである。さらに、検索の費用が商品の価格にかかわらず一定とすれば、検索による節約額が大きいと考えられる高額商品ほど綿密に検索されるため、高額商品ほど変動係数が小さくなるという結論も導かれる。

最後の点は、1万円程度の電子辞書を買うときも100万円程度の自動車を買うときも検索の費用が同様に1000円であれば、どちらも価格差が1000円程度に収斂することになるため、1万円レベルの1000円の価格差と100万円レベルの1000円の価格差では、後者の方が相対的に価格のバラツキの程度が小さくなるということを意味する。

4 価格比較サイトは現実をどう変えたか

このように、価格情報が不完全で探し出すための検索費用がかかれば、一物一価の法則が働かず、市場の機能は制約されることになる。もちろん、現実の経済では、こうした不都合を回避するための様々な工夫が凝らされている。

その1つが「市場《いちば》（定期市）」の形成である。価格のバラツキが残り一物一価が実現しないのは、売り手にとっても買い手にとっても価格差の情報がすぐにわからないからで、それには地理的、時間的な壁が障害となっている場合が多い。もし売り手と買い手のやり取りを一カ所に集中したり、時間的に重なるよう定期化したりすれば、こうした障害はかなり回避できる（場所と時間の同期性）。株式市場はその典型だが、歴史的に形成されてきた各種の「定期市」もその役割を果たしてきた。交通の便がよく人々が集まりやすい土地で定期的に市が開かれれば、相手を探すのも価格差を知るのもはるかに効率的である。魚の種類によって水揚げされる港の棲み分けが起きるのは、魚市場における取引情報の集中に適しているからで、それを核に関連した産業の集積も促される。

ただし、こうした「市場《いちば》」の機能は、卸市場のようにある程度の取引量があって初めて発揮できるため、日々の個人消費の場面にまではなかなか及ばなかった。その限界を突き動かす原動力となったのがＩＴである。インターネットの普及と商品価格比較サイトの充実によって、価格情報の検索費用が大幅に低下し、今では個人の日常的な取引にも市場メカニズムが働きやすい環境が生まれている。スティグラーが指摘したとおり、当初は節約額の大きな高額商品から利用が始まったが、検索技術の向上と利用の拡大によって、あらゆる財・サービスの比較サイトが生まれ、多くの個人がその恩恵に浴している。

さらに、ITの威力は市場の価格情報を知る機会の少なかった世界中の零細な生産者にも及んでいる。携帯電話が急速に普及しているアフリカでは、これまで市場情報を独占していた仲買人の言い値で取引せざるを得なかった農家が、先進国の先物市場の価格情報にまでもアクセス可能となり、不利な売買から解放されるようになったと報じられている。また、漁師の場合は、漁獲した魚が最も高く取引される港を船上で確認してから寄港先を決めることが可能になり、売上が増加したと伝えられている。これらの事例を踏まえて、ロンドン・スクール・オブ・エコノミクスのダニー教授は「ITが途上国にもたらした最大の恩恵は『人々による価格の発見』だ」と評している（岐部［2008］）。

ITによって価格情報の獲得に関する地理的、時間的制約が取り払われる影響は、異なる取引市場間の連携にも及んでいる。金融商品、貴金属、穀物、資源など、これまで技術制約でそれぞれ独自に形成されてきた売買市場をつなごうとする世界の取引所の合従連衡の動きである。その中核を目指す取引所がITの導入と効果的な利用に熱心なのは、ITによって価格情報のやり取りが容易になり、分野を超えた市場メカニズムの貫徹がグローバルに進行していることを象徴している。

もちろん、価格情報の不完全性がITによってすべて解決されるわけではない。また、次節で解説するように、質に関する情報の問題が解決されないと、市場の機能は充分に発揮できないどころか大混乱に陥ることもある。だが、ＩＴの進歩と普及によって、スティグラーが価格情報の不完全性を問題提起した半世紀前とは異なる世界が開かれていることは間違いないだろう。

2 アカロフに学ぶ食品の安全問題

1 質的情報の非対称性

市場が機能するためには「価格情報」だけでなく、「質的情報」も重要である。世界的な金融危機の引き金となったサブプライム問題や食品の安全問題などの例からもわかるように、取引される財・サービスの質に関する情報が不充分であれば、市場は大混乱に陥る。この点をアカロフの論文で考えてみよう。

完全競争市場の前提条件に「取引される財・サービスの質が均一である」という同質財の仮定があった。これは、売り手も買い手も市場で「何が」取引されているか、売買される財・サービスの内容を充分理解できていて、外見が同じでも中身が違えば全くの異質財だと識別できることを意味する。

図表1-5　不完全情報の市場(その2)

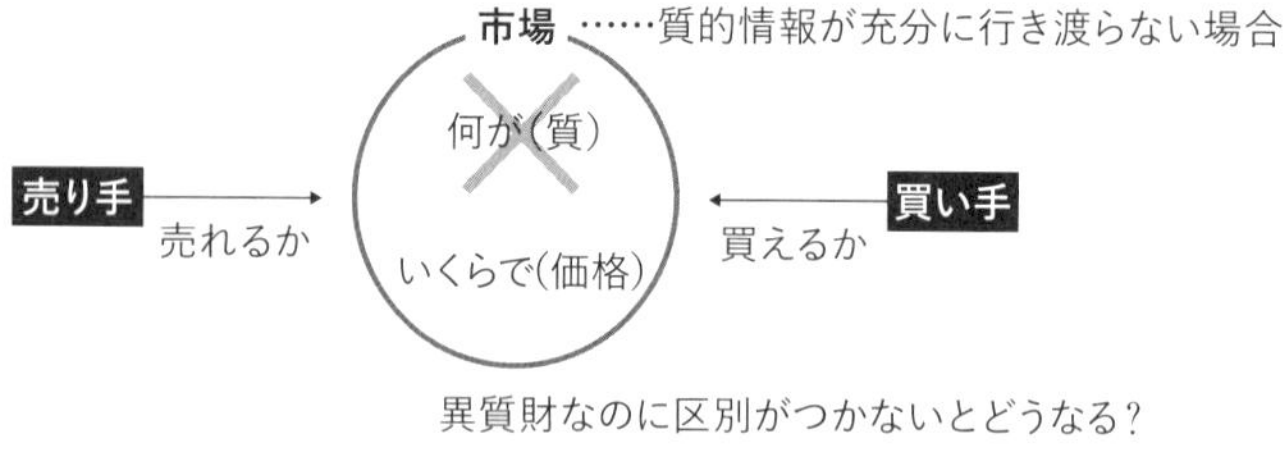

例えば、色や大きさなどの見かけ上は全く同じでも、甘くておいしいみかんと、すっぱくてまずいみかんは、同質財とはいえず、異なる価格で(甘くておいしいみかんは高い値段で、すっぱくてまずいみかんは安い値段で)売買される異質財ということになる。だが、売り手である生産者は、自分が売ろうとするみかんが甘いかすっぱいかの違いをわかっていても、買い手がこうした質の違いを識別できない場合には、どのようなことが起きるだろうか(図表1－5)。

質的情報が売り手と買い手で同じでない状態を「情報に非対称性がある」という。この「情報の非対称性」によって、市場の機能がどうなるかを考えたのが2001年にノーベル経済学賞を受賞したアカロフで、1970年に発表された彼の論文では、中古車の売買が取り上げられている。英語では不良品や欠陥のある商品のことを「レモン」と呼ぶ。アカロフは不具合のある「レモン」の中古車と手入れが行き届いた調子のよい中古車(ここでは高品質を「ピーチ」と呼ぼう)の外見が同じで、買い手には質の違いが識別できない市場を想定した。

もちろん、新車市場の場合でも不良品がゼロということはなく、きわめて小さな確率とはいえ不具合のある完成車が売買されることはあ

図表1-6　売り手と買い手で情報の非対称性がある市場

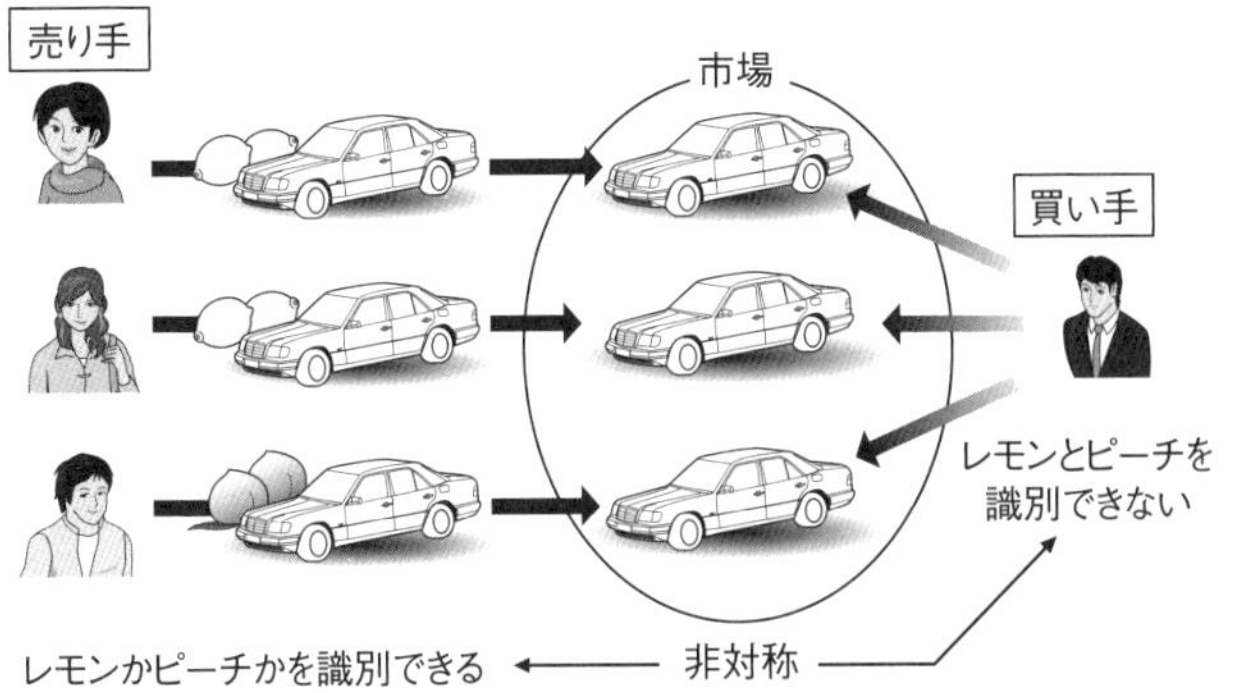

るだろう。ただし、新車の場合は、自動車メーカーが出荷前の検査で不具合を認識すれば、その車を売りには出さないから、売り手がはっきりレモンと識別している新車は、市場には出回らない。つまり、新車市場では、売り手もどれが不具合のある車かを個々には識別できず、買い手との間で「レモン」と「ピーチ」の区別に必要な質的情報に大きな非対称性はないと考えられる。

2 アカロフのレモン市場

一方、中古車の売買では、売り手はこれまでの使用経験などから、自分が売ろうとする車の状態や調子について詳細な知識＝情報を持っており、レモンかピーチかを識別できるのに対して、中古車の買い手は、車種、年式、色、走行距離など外形的な条件が同じ中古車であれば、調子のよい車と不具合のある車の識別が困難である。このため、新車市場とは異なり、中古車市場では売り手と買い手との間で「情報の非対称性」が大きくなりがちである。

アカロフは、こうした現実を踏まえて、「情報の非対称性」が大きい中古車市場の問題を考察した。彼の議論を次のようなわかりやすい数値例で概念整理すると、情報の非対称性がある市場では、「レモン」が「ピーチ」を駆逐して、安い低級品だけが市場に出回り、質の高い商品の取引市場が成立しなくなるという結論が導かれる。

【売り手の仮定】

- ピーチ（調子のよい中古車）：45万円以上なら売る（それより安いなら売らずに使う）
- レモン（調子の悪い中古車）：9万円以上なら売る（それより安いなら売らずに使う）

【買い手の仮定】

- ピーチ（調子のよい中古車）：60万円以下なら買う
- レモン（調子の悪い中古車）：15万円以下なら買う

【市場の仮定】……情報の非対称性

- 売り手はピーチとレモンの区別ができるが、どちらも「ピーチ」と表明して販売
- 買い手は個々の中古車についてピーチとレモンの区別がつかない
- ただし、それぞれの供給価格と全体の確率（ここでは、レモン2／3でピーチ1／3）は知っている

↓45万円以上ならレモン2台に対してピーチ1台
↓45万円未満ならレモンだけ
・買い手は危険中立者（＝確率計算による期待値で購入を判断する）

【導かれる結論】
・ピーチが存在する場合の需要曲線を満たすピーチの供給曲線は存在しない
・したがって、市場からピーチが駆逐されレモンがはびこる（悪貨が良貨を駆逐する）

この売り手と買い手の仮定では、一見すると、ピーチの中古車については、45万円から60万円の間で取引が成立し、レモンの中古車については、9万円から15万円の間で取引が成立するかのように思える。だが、これが成立するのは、レモンはレモンだと、また、ピーチはピーチだと区別される場合、つまり、売り手も買い手もレモンとピーチを異質財だと識別できる場合である。もし、品質情報が不充分なため買い手がレモンとピーチを異質財と識別できない（つまり、ピーチが3分の1の確率で、レモンが3分の2の確率で入っている中がみえない紙袋に入った果物を買うような）場合には、実はこうした取引が成立しないことをアカロフは以下の論理展開で立証した。

3 グラフと数値例に基づく解説

市場における売り手と買い手がどんな状況かというと、売り手は自分が売ろうとする中古車がレモンかピーチかを知っているが、レモンの売り手も、わざわざ「調子の悪い車です」とは言わずに、「とてもよい車です」と言って売ろうとする。他方、買い手はレモンかピーチかを見分けるための情報コストが非常に高いので、手間ひまをかけて探索・調査するよりも、市場に出回るピーチとレモンの確率分布でリスクを判断し、期待値を計算して購入するのが合理的だと考えている。

このような前提で、もし中古車が45万円未満で売られていたら、それはレモンだけが売りに出されている市場であることを意味し（安かろう悪かろう）、45万円以上で売られていると、レモンとピーチの混じった市場であることを意味する（高いがリスクもある）。後者の場合、買い手は危険中立者（詳しくは第1章4－3参照）なので、レモンかもしれないというリスクを考慮して、期待値である30万円（150,000円×2/3＋600,000円×1/3）での購入が妥当だと判断する。

こうした状況で中古車の供給曲線と需要曲線がそれぞれどうなるか考えてみよう（図表1－7）。まず供給曲線だが、N台の中古車について、9万円の価格では3分の2（＝2N／3台）のレモンが売りに出され、価格が45万円になれば、これに3分の1（＝N／3台）のピーチが追加で供給されることになる。したがって、図のような階段状の供給曲線が導かれる。他方、需要曲線についてみると、買い手が市場にはレモンしかないと考えるなら15万円で需要が生まれ、市場にレモンもピーチ

図表1-7 中古車市場の供給曲線と需要曲線

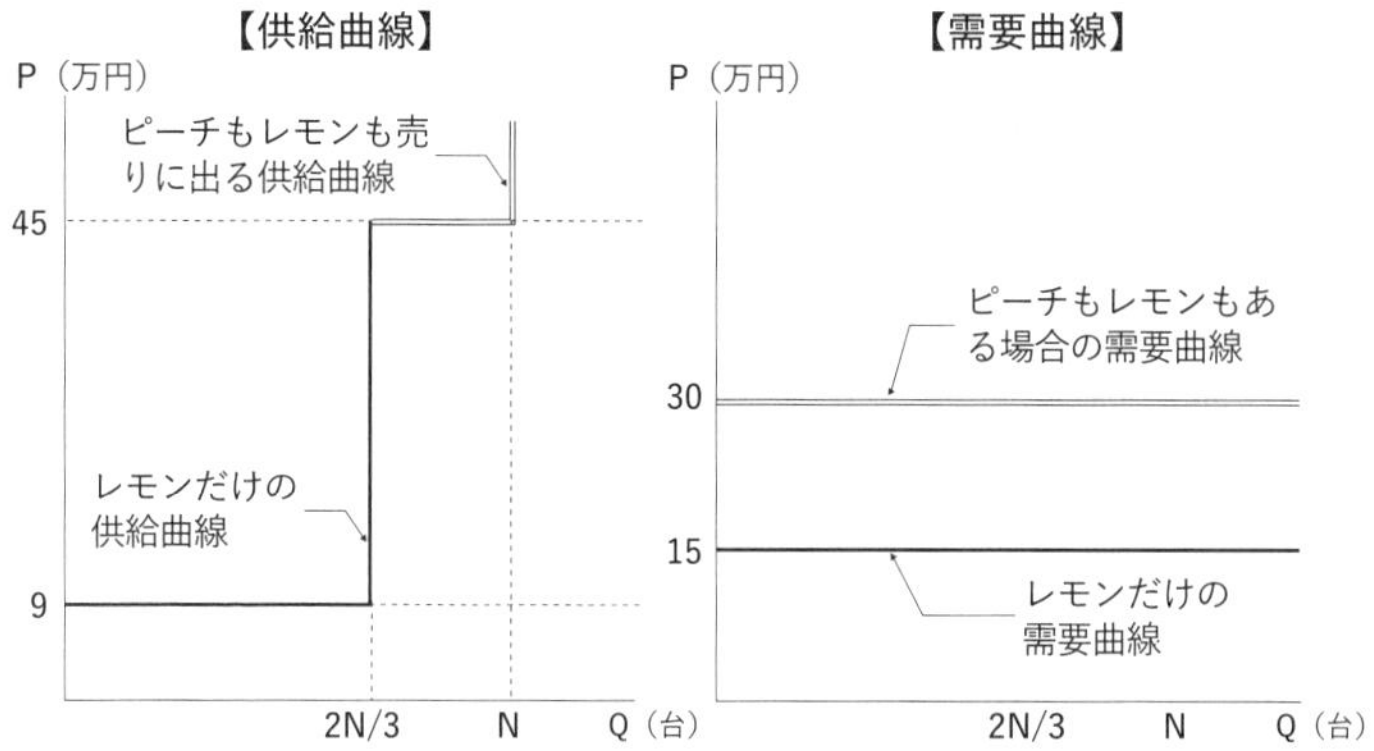

もどちらもあると考える場合には、30万円で需要が生まれるため、それぞれのケースに分かれて2種類の水平な需要線が導かれる。

問題は、これらの供給曲線と需要曲線を重ね合わせた場合にどうなるかである。図表1－8で明らかなとおり、中古車市場にピーチが存在すると考える場合には、買い手が支払ってもよいと考える価格は30万円である。しかし、この価格では、ピーチの中古車を所有する者は売りに出そうとは思わず（そんな値段なら自分で使用し続けた方が得策と判断し）、市場に出てくるのはレモンの中古車だけとなる。つまり、ピーチが含まれる場合の需要曲線を満たす供給曲線は存在しないのである。

その一方で、レモンだけが存在する場合は、需要曲線と供給曲線はうまく交わる（図表1－9）。買い手は、自分が買ってもよいという価格ではピーチが売りに出されず、レモンしか市場に存在しないのだから、わざわざ30万円の価格を提示して購買行動をとるよりも、初めか

図表1-8 ピーチが出てこない中古車市場

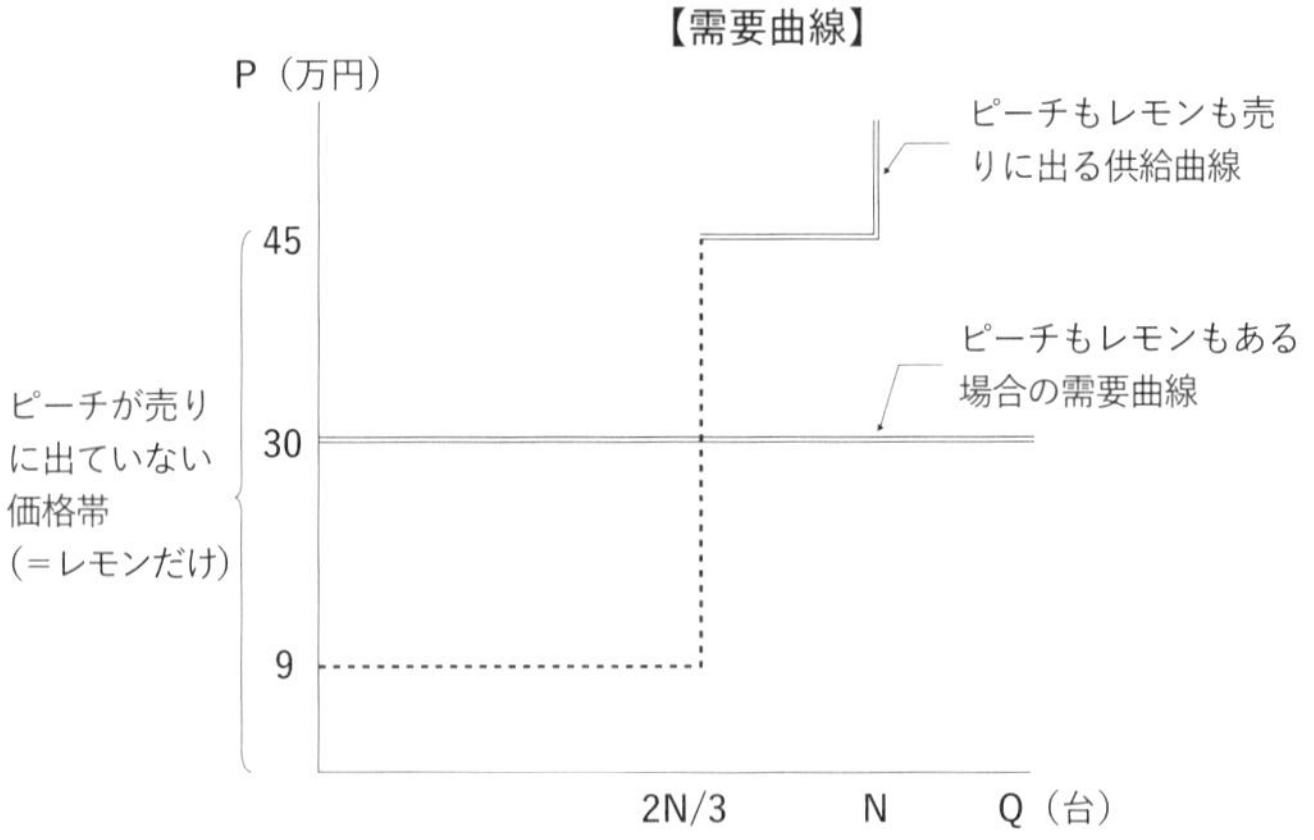

→ピーチもある場合の需要曲線を満たすピーチの供給曲線は存在しない！

図表1-9 レモンがはびこる中古車市場

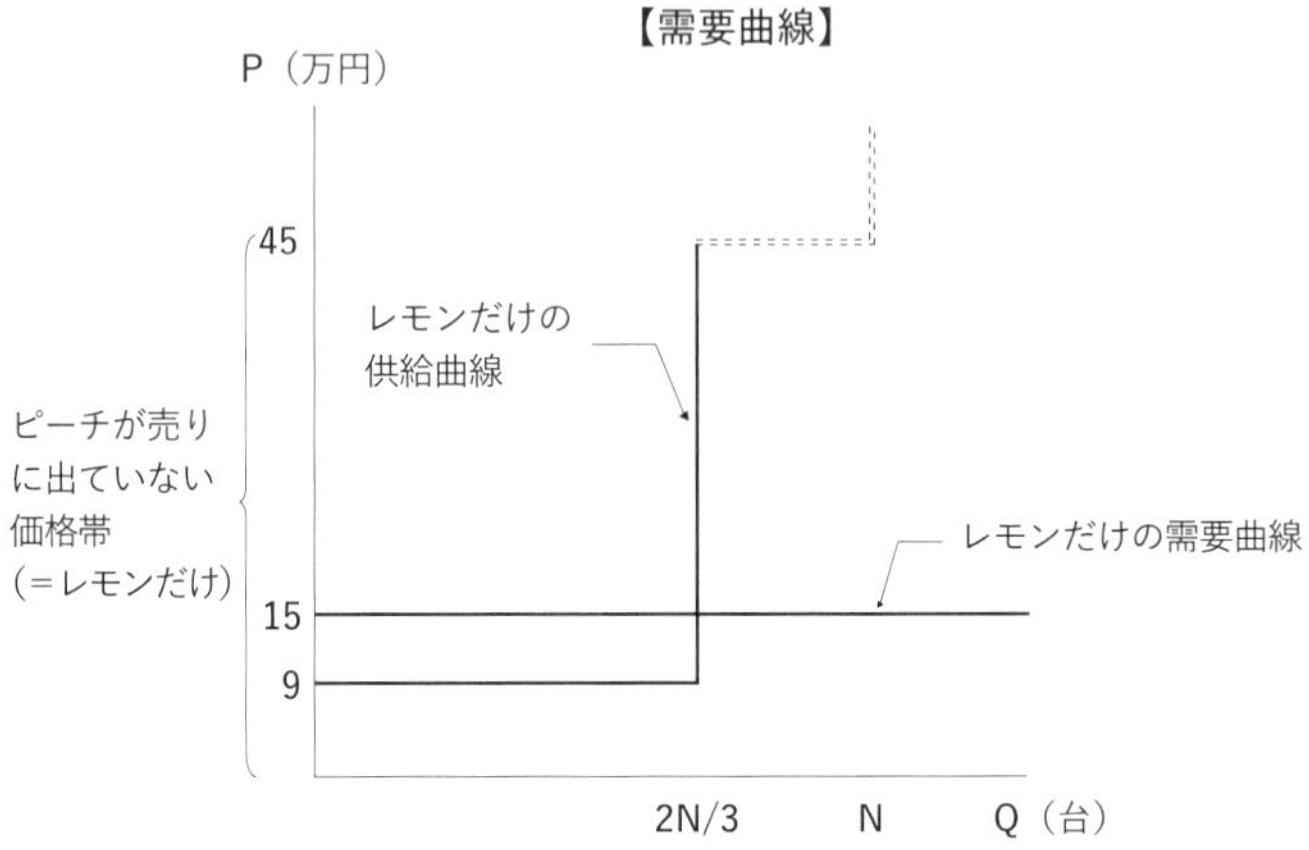

→レモンだけの需要市場になる＝レモンはピーチを駆逐する（「レモン」の原理）

らレモンを買うつもりで行動した方が合理的である。結局、売り手と買い手の間に情報の非対称性があり、市場における財・サービスの質が見極められない場合には、良質な財に対する市場が成り立たないという結論が導かれる。

4 情報の非対称性を現実に照らして考える

アカロフが問題提起した「情報の非対称性」による市場の失敗は、身近なところでも起きている。例えば、数年前に起きた冷凍ギョウザ事件にみられる食品の安全問題がそうである。ある国で加工された冷凍食品に有害物質の混入があった場合、その原因や経路の解明が不充分であれば、事件とは無関係の良質なものであっても、同じ国の冷凍食品は消費者にとって識別が難しいため、積極的に購入しようとはしないだろう。その結果、その国で加工された冷凍食品は、市場から駆逐される圧力にさらされてしまう。東日本大震災に伴う原子力発電所の放射能漏れ事故の直後に、外国の一部でみられた日本製品を拒む動きも同様である。

また、サブプライム問題で大揺れとなった金融市場でも、情報の非対称性に起因する市場の混乱が起きた。複雑な仕組みの金融商品にどれだけの損失が紛れ込んでいるかを買い手の投資家が識別できない状況に陥った結果、金融市場の機能が麻痺してしまい、取引自体が一時的に成立しなくなってしまった。金融商品の質に関する情報が不充分で、買い手にとってリスクの大きな玉石混交の市場と映ってしまったからである。

このように、質的情報に関する非対称性の問題が解決されないと、市場の機能が充分に発揮できないどころか、社会を大混乱に陥らせることさえある。逆にみると、情報の解像度が高まり、買い手がレモンとピーチを識別できれば、それぞれの価格で取引が成立し、市場の機能は回復することになる。現実の経済では、情報の非対称性に起因する不都合を回避するため、産地表示やブランド戦略、品質保証制度など様々な工夫が凝らされている。約40年前に問題提起された「アカロフのレモン市場」を機に「逆選択」「モラル・ハザード」「シグナリング」など、従来の経済学にはなかった新しい概念が次々と導かれ、その後の経済学の発展のみならず、現実社会への応用にも貢献したといえるだろう。

3 逆選択の罠からMade in Japanを救う

アカロフが問題提起した情報の非対称性について、さらに詳しくみると、取引開始前の情報の非対称性から生じる問題(逆選択)と取引の開始後の情報の非対称性から生じる問題(モラル・ハザード)に整理できる。これらの概念を解説しながら、その解決方法とＩＴで拓かれる可能性を考えてみよう。

図表1-10 情報の非対称性が生み出す問題

①「**逆選択**」
取引開始前の「情報の非対称性」
……玉石混交の取引となる(品質を調べる費用がかかる)
……その結果、市場が成立しない！

②「**モラル・ハザード**」
取引開始後の「情報の非対称性」
……相手の行動が観察できない(モニタリング費用がかかる)
……その結果、行動規範に緩みが生まれる！

1 取引開始前の問題は何か？

アカロフのレモン市場では、中古車の売買が実行される前に、売り手と買い手の間で、中古車の質に関する情報の非対称性が存在していた。その結果、市場には調子の悪い中古車(レモン)だけがはびこって、調子の良い中古車(ピーチ)が駆逐されるという問題が起きた。市場を通じて人々手は良いものを選んで取引しようとしているのに、結果的には逆のことが起きている。この現象を「逆選択」という(図表1－10)。

例えば、保険市場を考えてみると、一人ひとりは自分の健康状態をよく知っていても、保険会社は健康に自信のある壮健な人と健康に不安のある病弱な人の区別を個別にはつけにくい。つまり、加入者の健康に関する情報の解像度が低い。健康に自信のある壮健な人は病気になる確率が低く、健康に不安のある病弱な人は病気になる確率が高いと考えられるが、それを識別できない保険会社が、全体をひとまとめにして平均的な疾病率で保険料率を決定するならば、壮健な人にとっては割高で、病気がちの人にとっては割安な保険料となってしまう。

この状態では、健康に自信のある人は割高な保険への加入を敬遠し、疾病確率の高い人ほど割安だと考えて加入する傾向が強まる。すると、保険に加入しているグループの疾病確率はますます上昇し、保険料率のさらなる引き上げの必要に迫られる。その結果、健康に自信のある人は次々に保険への加入を見合わせ、保険料が一段と高まるという連鎖が生まれてしまう。

同じことは、自動車保険にも当てはまる。もし、運転の技能が高くて安全運転が身についているドライバーと、技能が未熟で事故を起こしがちなドライバーの区別がつかないために、保険会社が一律の料率で保険料を課すならば、安全運転のドライバーには割高で、事故を繰り返す危険なドライバーには割安な自動車保険となり、結果的に運転に問題のある危険なドライバーだけが保険に加入する傾向を強めてしまう。アカロフのレモン市場と同様に、レモンがピーチを駆逐する「逆選択」が起きるのである。

2 取引開始後の問題は何か？

取引開始前の情報の非対称性が「逆選択」の問題を引き起こすのに対して、取引開始後の情報の非対称性は、これとは異なる問題を生み出す。再び自動車保険の例を用いれば、保険契約後の加入者に規律の緩みが生まれてしまうという問題である。自動車保険に加入した結果、多少荒っぽい運転をして車にキズがついても、保険会社が修理費を全額支払ってくれるなら、自分の懐は全く痛まないことから、気持ちにスキが生まれて安全運転をおろそかにしたり、極端な場合は、保険金目当てに故意にキズをつけたりするような行動を招きやすい。経済学では、こうした行動規範の緩みを「モラル・ハザード」という。

モラル・ハザードが生まれるのは、保険会社が自動車保険に加入した後の運転者の行動を完全には監視（モニタリング）することができないからである。自動車保険の加入者が従来どおりの慎重さで運転したにもかかわらず不慮の事故で車をキズつけたのか、モラル・ハザードによって事故が起きたのかを識別できないとすれば、保険会社はどちらも同じ扱いにせざるを得ない。取引開始後の行動をモニタリングする費用が高く、「情報の非対称性」があると、このような問題が誘発される。

同じことは、雇用契約でもみられる。例えば、引越しのアルバイトを雇った場合に、雇い主が作業の様子をモニタリングできない状況で時給払いの契約にすると、テキパキ働けば3時間で終了する作業を5時間かけるような手抜きを誘発しかねない。この例も、引越しの作業について、アルバイト契約後に雇い主と作業者の間で「情報の非対称性」があることから生まれるモラル・ハザードの一種である。

図表1-11 情報の非対称性を克服する手段

①シグナリング：情報量の多い側の行動
- 品質保証
- ブランド、標準化（フランチャイズ）……品質がみえる
- 資格（学歴はシグナリングの1つ）

②スクリーニング：情報量の少ない側の行動
- 自己選択メカニズム
- 統計的選別

③制度と組織
- 強制保険、認証制度、監視制度
- 企業組織と産業組織

3 情報の非対称性を克服する手段（その1）——シグナリング

現実社会では、逆選択やモラル・ハザードなど、情報の非対称性に起因する問題を克服するために様々な手段が講じられている。その1つがシグナリングである（図表1－11）。シグナリングは、情報を持っている側が持っていない側に積極的に情報を発信して非対称性をなくそうとする行為で、品質保証、資格、ブランドなどがそれにあたる。

例えば、アカロフのレモン市場で、情報を持っているピーチの中古車の売り手が、「2年間の無料修理」という品質保証をつけるならば、調子が悪くてそうした保証のできないレモンの売り手との違いをシグナルとして発信することができる。そうすれば、品質情報の少なかった買い手が、この売り手は中古車の品質に自信を持っているので、売り出されているのはレモンではなくピーチだと判断しやすくなる。食品などの安全問題でも、使用される原材料の産地、加工地、製造方法などを明示することで、消費者に品質の違いをシグナルとして発信することができる。

また、学歴や資格などもシグナリングの一種である。就活の時期になるとリクルートスーツを着た学生らの就職活動が盛んになるが、一般に、労働市場は情報の非対称性が大きいことで知られている。なぜなら、求職者は自分のことをよく知っているが、採用する企業の側は求職者の技能、能力、協調性などについて、充分な情報をもっていないからである。このとき、なぜ誰もが同じような服装をするのかというと、礼儀正しく社会のしきたりに従順で、突飛な振る舞いをしないというシグナルを発するためであろう。また、学歴や英語検定試験のスコアも、能力について求職者から採用企業側へ発信するシグナリングとして機能する。

企業や商品のブランドにも同様の機能がある。初めて訪れる見知らぬ土地で、レストランやホテルの選択に迷う場合、フランチャイズで標準化されたブランドの店舗があれば、どのようなサービスのグレードか内容が「みえる化」するため、少なかった情報量が増して、より的確な選択がしやすくなる。このように、情報を多く持つ主体が情報量の少ない主体へ積極的にシグナルを発すれば、情報の非対称性を緩和させ、「逆選択」の問題をうまく回避できるのである。

4 情報の非対称性を克服する手段（その2）——スクリーニング

情報の非対称性を克服する手段には、スクリーニングという方法もある。これには、情報量の少ない側が工夫を凝らし、情報をより多く持つ相手の自発的な行動を促して選別する「自己選択」という手段や、蓄積された過去の経験を踏まえて統計的手法で選別する方法などがある。

「自己選択」の代表例は、戦略的料金体系（価格差別）の設定である。例えば、次も来てくれるリピーター客への割引サービスを考えてみよう。1回限りで次は来てくれない客なのか、店を気に入って何度も来てくれる大切なリピーター客なのかは、客自身が持つ情報で店の側にはわからない。だが、この店が5回分の値段で6回分のサービスを受けられる回数券を発行していれば、この回数券を購入する客がリピーターとなる可能性の高い大切な客だという情報を得ることができる。回数券を買う客は、強制されたわけではなく、回数券を購入するという自発的な選択の行動で自分の情報を提供している。

情報の非対称性が問題になりやすい保険市場では、自己負担付保険という形で「自己選択」の仕組みが取り入れられている。これは、保険料は安いが病気や事故の場合に一定金額までは保険金が支払われず、加入者が自己負担する仕組みである。自己負担の金額を調整し、保険料は高いがどんな場合でも全額保険金が支払われる全面保障型の保険とあわせて品揃えし、複数種類のサービスを提示すれば、滅多に病気にはならないがいざというときのために保険が必要と考える壮健な人は、自己負担が比較的大きな保険に入り、健康に不安のある病弱な人は、全面保障型の保険に加入するという自発的な選択が生まれるだろう。

このように、売り手が買い手の情報を持たない場合も、価格体系を戦略的に設定することによってより多くの情報を持つ買い手の自己選択を促し、情報を得ることができる。

保険市場では、統計的選別もよく使われている。例えば、喫煙者と非喫煙者で成人病の疾患率が異なることや、免許を取りたての若い独身ドライバーと運転歴が長く扶養家族のいる中年ドライバーでは事故率が違うといったことなど、過去に蓄積された経験則を統計的に処理し、年齢、嗜好、属性などで保険加入者をグループに分けて料率に反映させれば、情報の非対称性から生じる逆選択の問題を回避することができる。

5 ITが生み出すMade in Japanの新たな可能性

シグナリングやスクリーニングの他にも、現実社会では、制度と組織の形成によって、情報の非対称性に起因する諸問題を解決する工夫が凝らされている。自動車保険ではどんなドライバーも全員が加入しなければならない強制保険の制度、食品安全では品質に関する認証制度、金融・資本市場では様々な取引に設けられている監督制度、さらには、長期的な関係の中で形成される評判をもとにモラル・ハザードを回避する「組織の形成」などである。

これらは、情報の非対称性が生み出す問題を回避するために社会が生み出した仕組みで、情報経済学が内部組織の経済学や産業組織論へと展開していく手掛りでもある(詳しくは第5〜7章)。加えて、現在進行中の情報技術革新も、情報の非対称性が生み出す問題に影響を及ぼしている。それを「消費者サイドの可視化」という観点から考えてみよう。

図表1-12｜ＩＴで高まる情報の解像度

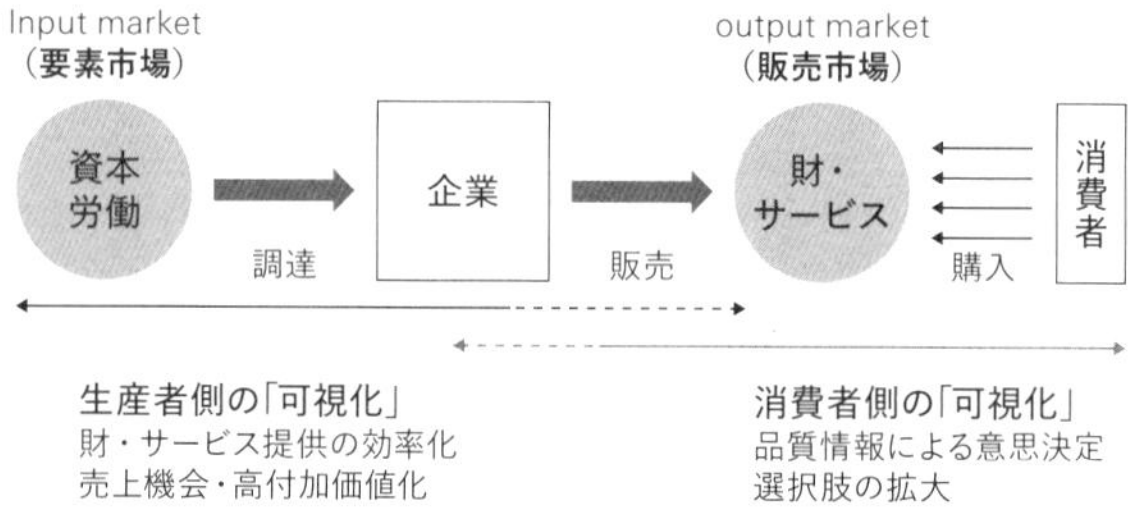

ＩＴの世界では、21世紀に入ってからモバイル化とブロードバンド化が進展し「情報の解像度」が一段と高まっている。その結果、取引される財・サービスについて、価格のみならず、原材料、製造工程、流通過程、販売店舗、ユーザーの評判など、きめ細かな情報を以前よりも容易に入手できるようになった。しかも、その領域は、１９９０年代のような企業と市場を中心とした領域から消費者の領域にまで広がっている（図表１－12）。

情報の非対称性が問題となる「レモン市場」で、高級な財（ピーチ）が高価格＝高コストとなって駆逐され、低価格＝低コストの粗末な財（レモン）がはびこってしまうのは、品質情報が不充分なため、消費者にとっては玉石混交の不確実な取引市場と映るからに他ならない。もし、情報の解像度が高まって「消費者サイドの可視化」が進めば、レモンとピーチを別の財と見分けることができるため、それぞれの価格で市場取引が成立する。つまり、高コストとして駆逐されたピーチは、正当に品質を評価されて高付加価値品へと転化することになる。

技術革新によって、情報の解像度が高まり「消費者サイドの可視化」を実現する技術が低コストで利用できれば、これまで不可能だった品質情報を可視化できる領域が広がる。それにより、高コストで競争力がないとされてきた日本の農産物も、手間をかけて良質に生産された作物であれば、消費者に安全で安心な高付加価値品と識別され、所得水準の向上で購買力を高める新興国など海外の市場でMade in Japanの高級品として販売する道が拓かれる。

そう考えると、情報技術の進歩と普及は、スティグラーが提起した価格情報の不完全性ばかりでなく、アカロフが提起した質的情報の非対称性に起因する現実問題の解決にも影響を与えるということがよく理解できるだろう。

4 情報の非対称性から派生する概念

1 プリンシパル・エージェンシー関係とは何か?

経済活動で「情報」が問題になるのは、分業に基づく「交換」が行われるからである。無人島に漂着したロビンソン・クルーソーのように、自給自足によって、何もかもすべてを1人で生産し、消費するのであれば、交換に伴う情報の問題は生じない(ただし、第4章で述べるように、時間の概念が入った情報の問題＝将来の不確実性は残る)。

分業で生まれる情報の問題は、依頼人と代理人の関係に整理して考えるとわかりやすい。例えば、会社の営業戦略に携わる経営幹部(依頼人)が、実際の販売活動は営業員(代理人)に多くを任せなければならないように、依頼人と代理人の関係は業務の分担で必然的に生じる。英語では、依頼人のことをプリンシパル、代理人のことをエージェントといい、経営幹部はプリンシパルとして営業員に販売を任せ、営業員はエージェントとして販売を実践する。プリンシパルとエージェントの関係は、株主と経営者、店主と店員、施主と施工者、患者と医者、広告主と広告代理店の関係など日常の場面でもよくみられる。

こうした関係で生まれる問題を分析する枠組みとして、経済学には「エージェンシー理論」がある。既に解説したモラル・ハザードは、「プリンシパル・エージェンシー関係」と「情報の非対称性」が同時に成立するときに生まれる。もし、プリンシパル・エージェンシーの関係があっても、前者が後者の行動を完全にモニタリングできるならば、「情報の非対称性」が生じず、したがって、モラル・ハザードの問題も起きないからである。

2 インセンティブで解決する

それでは、完全なモニタリングが不可能な現実の経済活動で、プリンシパルとエージェントの分業関係から生まれるモラル・ハザード問題をどう克服することができるだろうか。解決方法を考える上では、インセンティブ（誘因）という概念が重要になる。これは、プリンシパルとエージェントの利害が合うように工夫を凝らし、エージェントのやる気を引き出す仕組みのことである。

例えば、経営幹部と営業員の関係で、もし、営業員の給料が販売実績にかかわらず一定の固定給だとすると、営業員には頑張って売ろうという誘因が生まれにくいため、営業成績の悪い層では「努力しなくてもいい」という怠惰な気持ちが、また、営業成績の良い層では「努力しても報われない」という無力感が起きやすい。すると、会社の営業部門全体が「どうせわからないなら手を抜こう」というモラル・ハザードのムードに包まれてしまう。この場合に、固定給を抑えて販売実績に応じた歩合給を加算する報酬体系にすると、頑張って売ろうという誘因が生まれやすくなるだろう（もっとも、それが行き過ぎると、全体がギスギスしてチーム・ワークが崩れるという副作用も生まれてしまう）。

医療問題では、患者は医者に治療を依頼するプリンシプルの立場にあり、医者は依頼を受けて治療を行うエージェントという関係になるが、治療法や薬の処方などについて、患者は医者に比べて専門知識＝情報量が少ないので、「情報の非対称性」が存在する。この関係にあって、出来高払いの点数制で医療費が支払われると、不必要な治療や投薬によって医療費を増やすようなインセンティブが働きかねないとの指摘もある。この見地に立てば、風邪の治療なら一律いくらというように、疾病ごとに医療費が定額となる包括払い方式をとると、過剰な医療行為を防ぐインセンティブが働くことになる（もっとも、それによって、今度は必要な処置を怠るような手抜きのインセンティブが働かないよう、診療内容や治療実績に関する情報開示などの工夫も組み合わせないといけない）。

「情報の非対称性」でたびたび話題になる保険市場では、保険の更新に際して、無事故や無疾病の場合に保険料を割り引くような商品設計もなされている。これは、保険加入者ができるだけ事故にあわない（あるいは病気にかからない）ように努力するインセンティブを織り込んだものである。このように、情報の問題から派生したエージェンシー理論やインセンティブなどの概念は、現実の問題を整理して考える際に有用である。

3 危険中立者とはどんな人か？

さて、スティグラーやアカロフの議論を解説する中で、「危険中立者」という言葉がたびたび出てきた。危険中立者が「期待値」で行動することの意味を、時給1000円で10時間働いたアルバイト料金を次の4種類で受け取れる場合を想定して考えてみよう。

【アルバイトの報酬の受け取り方】

①素直に1万円もらう
（期待値：1×10,000＝10,000）
②コインを投げて表なら8000円、裏なら1万2000円
（期待値：1/2×8,000＋1/2×12,000＝10,000）

③コインを投げて表なら5000円、裏なら1万5000円
（期待値：1/2×5,000＋1/2×15,000＝10,000）
④コインを投げて表なら0円、裏なら2万円
（期待値：1/2×0＋1/2×20,000＝10,000）

この例では、①が確実な所得なのに対して、②、③、④はコイン投げの結果次第で受け取り額が異なる不確実な所得という違いがある。さらに、②、③、④の中では、コイン投げの結果によって所得のバラツキ具合が異なっている。4種類のどれを選ぶか、受け取り方の好みは人によって様々で、どの選択が正しいかは問題にならない。レストランの食事の後に、飲み物をコーヒーにするか紅茶にするか選択するのと同様で、ここでは、飲み物ではなく不確実性（厳密には「リスク」）に対する好み＝選好の違いが問われているに過ぎない。見逃してならないのは、所得のバラツキ方が異なる一方で、期待値はいずれも1万円で同じという点である（図表1－13）。

バラツキの程度を考えるときは、平均からの乖離＝偏差をみるとわかりやすい。確率的なバラツキでは、期待値が平均と同様の意味を持つ。①では偏差が0、②では±2000円、③では±5000円、④では±1万円ということになる。偏差を2乗した「分散」を「リスク」、「分散」の平方根をとった「標準偏差」を「ボラティリティ（変動性）」と呼ぶが、前記の場合、①はリスクもボラティリティも0で、②、③、④の順に高くなることが容易にわかるだろう。つまり、①はリスク

図表1-13 期待値（平均）と偏差（バラつき）

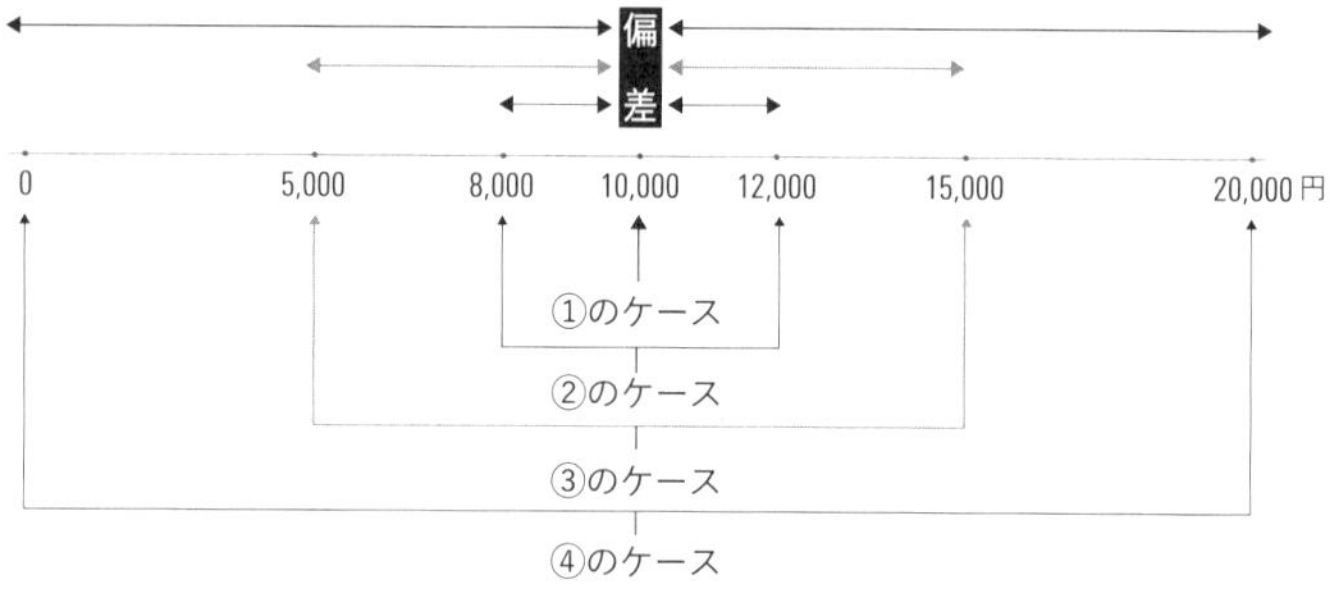

が小さく、②、③、④の順でリスクが大きくなるのである（リスクと不確実性の違いは第4章）。

ここで、「危険中立者」とは、期待値が同じならば①〜④のどれも同じ満足感と考える人のことをいう。だが、次に述べるように、これはかなり特殊なことである。

4 効用の期待値という考え方

常に期待値で判断する「危険中立者」の行動が必ずしも合理的でないことは、「セント・ペテルスブルクの逆説」として知られている。「ベルヌーイのコイン投げ」といわれる次のようなゲームを考えてみよう。これは、コインの表が出るまで投げ続け、裏が連続して出た回数に応じて賞金が増えるゲームで、賞金の期待値は無限大になるが、だからといって、ゲームへ参加するために100万円や1億円を支払ってもよいと判断する人は、ほとんどいないだろう。つまり、期待値が同じならどれでもよいと判断する「危険中立者」の行動は、必ずしも合理的とはいえないのである（Bernoulli［1738］）。

【ベルヌーイのコイン投げゲーム】

- 1回目に表が出れば賞金は2円　〔確率＝1/2〕
- 1回目が裏で2回目に表が出れば賞金2^2円　〔確率＝$(1/2)^2$〕
- 2回続けて裏で3回目に表が出れば賞金2^3円　〔確率＝$(1/2)^3$〕

…　…

- $n-1$回続けて裏でn回目に表が出れば賞金2^n円　〔確率＝$(1/2)^n$〕

【コイン投げゲームの賞金の期待値】

- $(1/2)\times 2+(1/2)^2\times 2^2+(1/2)^3\times 2^3+\cdots+(1/2)^n\times 2^n=1+1+1+\cdots+1=\infty$

このパラドックスを解くのが、所得の期待値ではなく、所得がもたらす「効用の期待値」で人々は行動するという「期待効用仮説」である。効用とは満足度のことで、「危険中立者」にとっては、期待値が同じならどれも同じ満足度だが、慎重なタイプの人にとっては、確実な1万円が得られる①の満足度が最も高く、リスクの大きい④が最も避けたい、満足度の低い受け取り方ということになる。

図表1-14 所得のリスクに対する姿勢

(危険中立者) 確実な1万円もどんな分散の期待値1万円も同じ
所得が大きいほど満足度が高い
+
期待値が同じであれば満足度が同じ

(危険回避者) 確実な1万円が一番満足(同じ期待値なら不安定でない方が満足)
所得が大きいほど満足度が高い
+
期待値が同じであればリスクの小さい方が満足

(危険愛好者) 確実な1万円が一番つまらない(同じ期待値なら一か八かの方が満足)
所得が大きいほど満足度が高い
+
期待値が同じであればリスクの大きい方が満足

このような効用をもつタイプを「危険回避者」と呼ぶ。逆に、ハラハラどきどきのスリルが味わえる④の満足度が最も高く、何のサプライズも起きない①は平凡でつまらないと思うタイプは、「危険愛好者」と呼ばれる。いずれも「所得が大きいほど満足度が高い」という点では共通しているが、リスクに対する好みの違いが行動の差に表れる(図表1-14)。

もちろん、同一人物でも、金額の大小や条件に応じてリスクに対する選好が変わるため、ある状況では「危険中立者」の人が別の状況では「危険愛好者」になったり「危険回避者」になったりするのはいうまでもない。

5 情報が不完全でも対称の場合とは?

ところで、アカロフのレモン市場では、情報が不完全でかつ非対称の場合が考察されたが、質的情報が「不完全だが対称」の場合、つまり、情報が不完全性はあるが非対称性はなく、売り手も買い手も同じように情報がわからない場合はど

図表1-15 不完全だが対称な情報

	完全情報	不完全情報
情報は対称（売り手と買い手に均等）	完全市場	この場合どうなる?
情報は非対称（売り手と買い手に不均等）	——	アカロフのレモン市場

うなるだろうか。この場合は、アカロフのレモン市場とは異なり、売り手もレモンとピーチの区別がつかない状態にあるため、一種の「くじ引き」のような取引として市場が成立することになる（図表1-15）。この点を、次のような数値例で整理してみよう。

【売り手の仮定】

（1）ピーチ（状態のよい中古車）：45万円以上なら売る

（2）レモン（調子の悪い中古車）：9万円以上なら売る

【買い手の仮定】

（1）ピーチ：60万円以下なら買う

（2）レモン：15万円以下なら買う

【市場の仮定】

（1）買い手だけでなく売り手もピーチとレモンの区別がつかない（例えば、相続で得た中古車を売却するような売り手しか存在しないと考える）

（2）ただし、買い手も売り手も市場の1／3がピーチで2／3がレモ

ンと知っている
(3)買い手も売り手も危険中立者……確率(期待値)で行動する

【導かれる結論】

(1)ピーチもレモンも21万円から30万円の間で取引が成立する
↓買い手：30万円以下なら購入する(150,000円×2/3＋600,000円×1/3＝300,000円)
↓売り手：21万円以上なら売却する(90,000円×2/3＋450,000円×1/3＝210,000円)
(2)したがって、「逆選択」は起きない

街角で売られている宝くじは身近な例である。宝くじ1枚1枚について、それがアタリ券(ピーチ)かハズレ券(レモン)かは、買い手だけでなく売り手も知り得ない。この場合、売買される宝くじの内容について情報は不完全だが、この不完全さは売り手にとっても買い手にとっても「対称」なため取引は成立している。

もっとも、宝くじの場合は、厳密にはこの仮定と異なる。なぜなら、ある宝くじでは、1枚当たりの当選金期待値は141円だったが、この宝くじは1枚300円で売られていた。それでも売買が成立するのは、宝くじを買う人は、確実な141円よりも、もしかすると大金が手に入るかもしれないというハラハラどきどきする夢の効用が大きく、300円以上の価値があると考えるからである。したがって、この宝くじの買い手は、危険中立者ではなく、危険愛好者ということになる。

5 生産的情報とロスチャイルド家の伝説

次に、「情報の価値」について考えてみよう。情報には、「生産的情報」と「消費的情報」があり、ミクロ経済学の応用として発展してきた「情報経済学」が得意とするのは、不確実性を減らす「生産的情報」である。たびたび引き合いに出される「ロスチャイルド家の伝説」は情報の価値を物語る有名な故事といえる。

1 不確実な所得の価値を考える

アフリカのソマリア沖では「海賊」行為が頻発し、国際貿易に欠かせない船舶の運航に支障がでていると報じられている。ハイテク時代の21世紀に、国際社会が「海賊」に悩まされるとは意外だが、遠く離れた異国との貿易には大きな「危険＝リスク」がつきものだと再認識させられる。まして歴史を500年ほど遡る「冒険商人」の時代となると「リスク」の大きさは今とは比べ物にならなかったであろう。それでも、彼らを貿易に駆り立てたのは、船が無事に帰港した際に得られる利益が莫大だったからに他ならない。

こうした冒険商人の話を手がかりに、次のような例で期待効用、リスク、情報の価値を考えてみよう。

- A国の商人X氏は、遠く離れたB国に向けて出港した船が帰港するのを待っている
- その船は、A国で品薄の貴重な商品をB国で大量に船積みしてA国に帰ってくる予定
- 船が本日帰港すれば、1隻当たりの積荷で1億円の利益を上げることができる
- ただし、A国とB国の間には嵐や海賊など危険な区域がある
- これまで無事にA国に帰港した船の確率は1/4（4隻のうち3隻は行方不明）

X氏が持つ船荷の権利は、どのような価値があるだろうか。もし、X氏が「危険中立者」であれば、期待値で判断するので、その価値は2500万円（=100,000,000円×0.25+0円×0.75）と考えて、それ以上の値段であれば売却してもいいと判断するだろう。だが、X氏が「危険回避者」であれば、それよりも低い金額、例えば1000万円で売却してもいいと判断するかもしれない。なぜなら、「危険回避者」にとっては、確実に得られる1000万円の方が、どうなるかわからない不確実な所得の期待値の2500万円（つまり、75%の確率で0円になるかもしれない1億円）よりも安心で、「効用=満足度」が高いからである。

この点を、X氏の効用関数を特定化して、具体的な計算例で考えてみよう。

・**X氏の効用関数**（危険回避型）

$u=\sqrt{x}=x^{1/2}$…………（1）　ただし、u：効用、x：所得

X氏の効用関数が仮に前記の（1）式で示されるとすれば、X氏は625万円以上の価格でこの船荷の権利を売却すると考えられる。なぜなら、船荷の権利に対するX氏の期待効用（Eu＝効用の期待値＝効用の確率加重平均）は下記のとおり2500という水準（単位は円ではない）になり、それと同水準の効用＝満足度が得られる「確実な所得」は、625万円となるからである。この625万円を「確実性同値額」という。

・**X氏の期待効用**（Eu：効用の期待値）

$Eu=100{,}000{,}000^{1/2}\times0.25+0^{1/2}\times0.75$
$=(10{,}000^2)^{1/2}\times0.25+0$
$=10{,}000\times0.25$
$=2{,}500$

・確実性同値額（期待効用と同水準の満足度が得られる〝確実な所得〟）

$2{,}500=\sqrt{x}=x^{1/2}$

$x=2{,}500^2=6{,}250{,}000$円

2 情報を得て不確実性を減らす

さて、ここで、X氏と全く同じ効用関数をもつY氏がいると仮定しよう。この場合、船荷の権利について、X氏は625万円以上で売却しようとし、Y氏は625万円以下で購入しようとするので、両者に折り合いがつく625万円で取引が成立する。

ただし、Y氏は世界中に情報網をもっていて、船が危険領域を無事に通過したかどうか、情報をいち早く入手できる場合はどうだろうか。もし、船が危険領域を無事に通過したという情報によって、これまでの経験から、船が帰港する確率は1／4から3／4に高まるならば、情報を入手する前後でY氏の所得の期待値、期待効用、確実性同値額は、次のように変化する。

【情報入手〝前〟のY氏】

・所得の期待値

$100{,}000{,}000\times0.25+0\times0.75=25{,}000{,}000$円

- 期待効用

$Eu = 100{,}000{,}000^{1/2} \times 0.25 + 0^{1/2} \times 0.75 = 2{,}500$

- 確実性同値額

$2{,}500 = \sqrt{x} = x^{1/2}$

$x = 2{,}500^2 = 6{,}250{,}000$円

【情報入手〝後〟のY氏】

- 所得の期待値

$100{,}000{,}000 \times \underline{0.75} + 0 \times \underline{0.25} = 75{,}000{,}000$円

- 期待効用

$Eu = 100{,}000{,}000^{1/2} \times \underline{0.75} + 0^{1/2} \times \underline{0.25} = 7{,}500$

- 確実性同値額

$7{,}500 = \sqrt{x} = x^{1/2}$

$x = 7{,}500^2 = 56{,}250{,}000$円

このように、追加情報によって、船の帰港に関する確率分布が変化し、それに伴って船荷から得られる所得の期待値、期待効用、確実性同値額は変化する。重要なのは、Y氏がいち早く情報を得

たことで、5625万円と同等の満足度をそれよりもはるかに低い金額（例えば625万円）で入手し得る有利な立場で取引に参加できることだ。これこそが情報の「価値」といえるだろう。

3 情報で財を成したロスチャイルド家の伝説

リスクのある不確定な状態では、起こり得る事態は複数存在する。フランク・ナイトが唱えたように、確率分布で計算可能な「リスク」とそうした計算による予測さえ困難な「不確実性」は厳密には異なるが（詳しくは第4章）、物事が確定していない様子をリスクも含めて広く不確実性と呼ぶならば、この不確実性こそが情報価値の源泉となる。

前記Y氏のように、情報量が増すことで不確実性は減少し、確率分布は変化する。確率分布が変化すれば、意思決定や行動＝戦略を変化させることが可能となり、情報がなかった場合に比べて大きな利益を得る道が拓かれる。このような性格の情報を「生産的情報」という。「生産的情報」の例として、たびたび引き合いに出される故事は「ロスチャイルド家の伝説」である。

金融財閥のロスチャイルド家は、フランス（ナポレオン）とイギリス（ウェリントン）の決戦となった1815年のワーテルローの戦いで、イギリス勝利の情報をいち早く入手し、イギリス国債の売買で巨万の富を得たといわれている。しかも、イギリスが勝利したにもかかわらず、国債をひとまず売却して、人々にイギリスが敗戦したとの誤った認識を広め、紙くず同然に暴落したところでひそかに買い集めた。その後、イギリス勝利の事実が伝わって国債が暴騰したところですかさず売却するという老獪な戦略であったとされる。善し悪しは別にして、価値ある「生産的情報」の使い方（戦略）も巧みだったようである。

4 鑑賞で効用を高める消費的情報

「生産」と「消費」は経済活動の二本柱といえる。身近な例でわかりやすいのは、生産財と消費財である。生産財は、シリコンなどの材料や半導体などの部品類が代表的で、それ自体も立派な生産物だが最終財ではなく、別の財を生み出すために何らかの形で次のステップの生産活動に投入される（中間投入財とも呼ばれる）。他方、消費財は、Tシャツなどの衣類やコンビニで売られているおにぎりなどが代表的で、それ自体が最終ステップの生産物として人々に使用されて役割を果たし終える（最終消費財とも呼ばれる）。

面白いのは、同じ財であっても使われ方次第で生産財と消費財に分かれることだ。食材を例にとると、ファミリーレストランなど外食産業で業務用に購入される（＝企業の生産活動に投入される）食材は生産財、家庭で夕食用などに購入される（＝家計の消費活動に供される）食材は消費財という関係になる。もう1つ身近な例としてクルマを考えると、前者は宅配業者が業務用に使用するクルマ（正確には数年にわたって企業の生産活動に投入される「資本財」）、後者は個人がドライブを楽しむために利用

図表1-16 情報の2つの側面

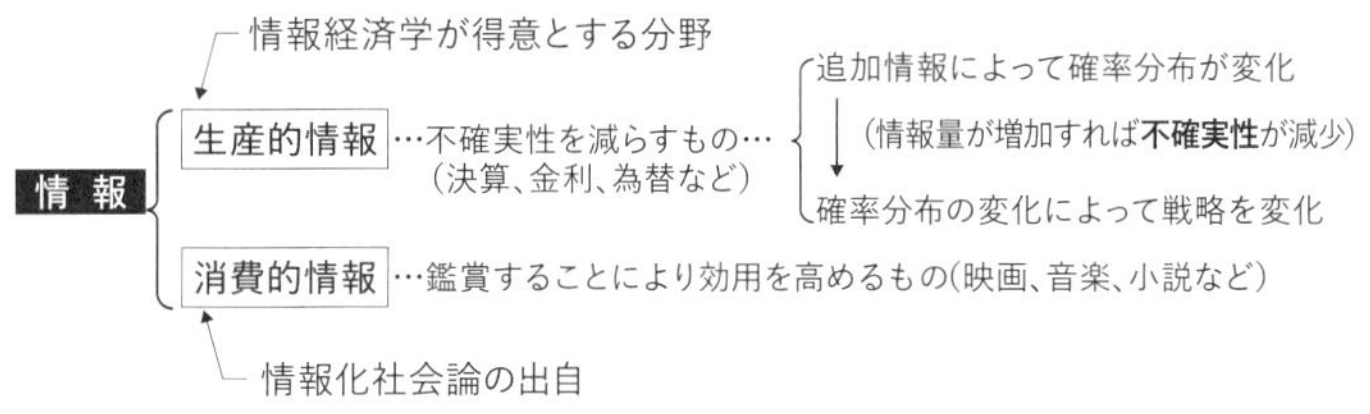
情報経済学が得意とする分野
情報
生産的情報
…不確実性を減らすもの…
（決算、金利、為替など）
追加情報によって確率分布が変化
（情報量が増加すれば**不確実性**が減少）
確率分布の変化によって戦略を変化
消費的情報
…鑑賞することにより効用を高めるもの（映画、音楽、小説など）
情報化社会論の出自

するクルマ（正確には数年にわたって家計の消費活動に供される「耐久消費財」）である。

生産と消費の区分は、情報など形のないサービスについても同様にできる。ロスチャイルド家の伝説は、不確実性を減らして意思決定や戦略に活かされる「生産的情報」の典型といえるが、これとは別に、小説、音楽、映画など、鑑賞することで人々の満足度＝効用を高める「消費的情報」もある（図表1－16）。

生産的情報が、何らかの成果を得るための行動に活かされるなど、次のステップに「投入される情報」であるのに対して、鑑賞などに供される情報は、人々がそれに接すること自体で満足感をもつ「消費される情報」といえる。身近なところでは、レポートや報告書の作成などのためにパソコンを検索して得られる情報は生産的情報であり、ユーチューブなどで楽しむ音楽や動画は消費的情報といえるだろう。

5 豊かになると高まる情報への需要

「消費的情報」を視野に入れて経済問題を考えると、「経済発展」や

図表1-17 映画鑑賞の頻度と1人当たりGDP

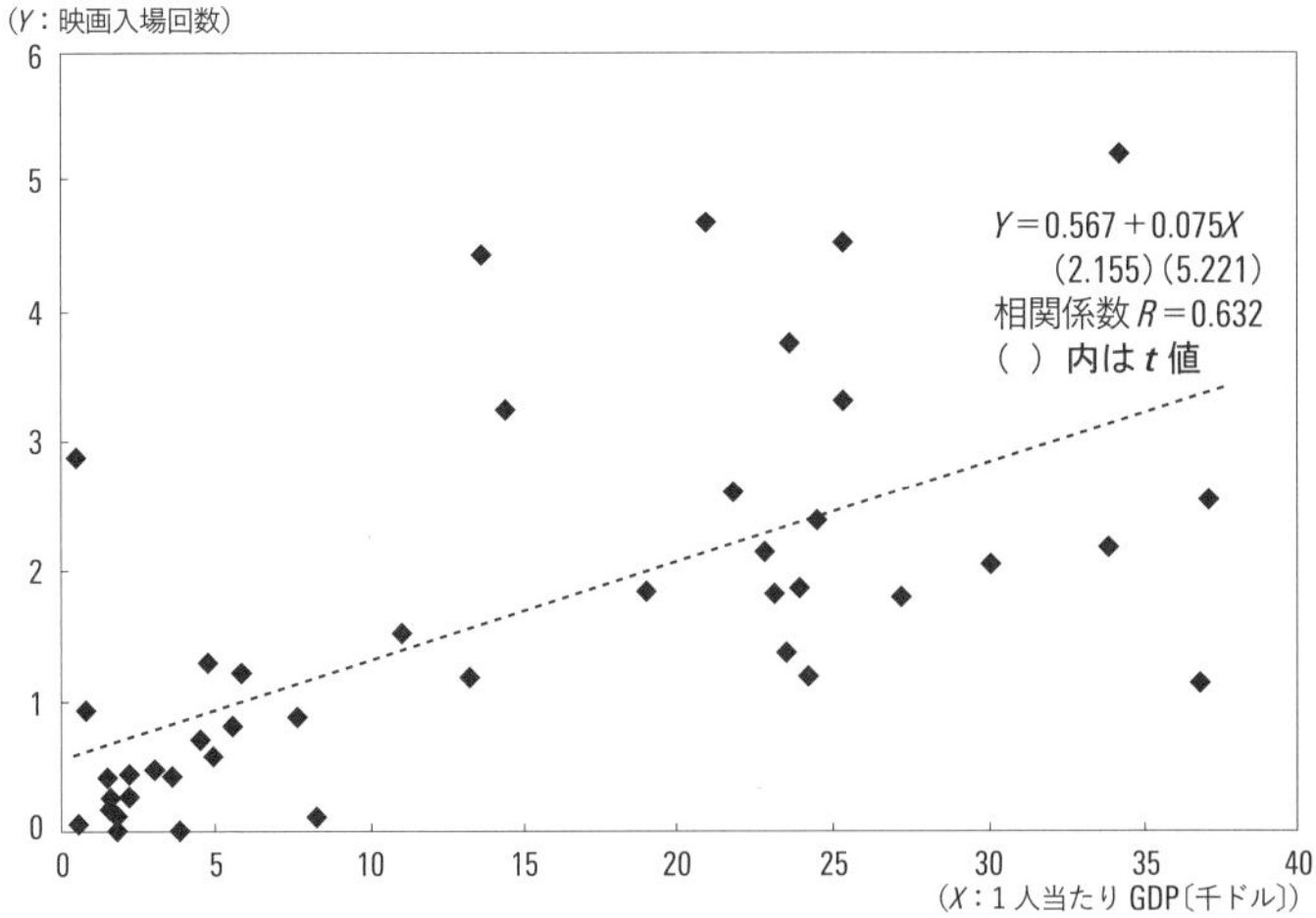

備考：総務省統計局『世界の統計2008』より利用可能な世界43カ国のデータで分析。

「産業構造」に関する議論が深くかかわってくる。というのも、食べることに精一杯で経済的に余裕のない社会ならば、人々は、娯楽など「選択的消費」への支出を控えて、衣食住などの「必需的消費」への支出を優先せざるを得ないからである。論語にたとえると「衣食足りて〝娯楽〟を知る」ということかもしれない。

もちろん、「豊かさ」の概念は人によって様々で、物財の豊富さなど経済的な側面だけが「豊かさ」を測るモノサシではない。モノが豊富ではない太古の時代から、人々は様々な「消費的情報」を楽しんできた。だが、社会全体を見渡して、消費的情報を享受できる層の厚さ、すそ野の広がりを考えると、経済発展で1人当たりの所得が増加していけば、そうでない場合に比べて余裕が生まれ、物財だけでなく教養・娯楽など消費的情報への支出を増やし、豊かな時間を過ごす可能性が高まるのは間違いない。

実際、消費的情報の1つの典型として「映画」を例に国際比較すると、テレビやビデオの普及率など各国の事情でバラツキはあるものの、1人当たりの映画入場回数と1人当たりGDP(国内総生産)との間には、緩やかな正の相関が認められる(図表1－17)。つまり、経済的に豊かな社会ほど映画鑑賞の機会が増大する傾向にあると統計的に確認できる。その意味では、映画、音楽、小説など、鑑賞することによって人々の効用(＝満足度)を高める消費的情報は、経済が発展し社会が成熟するにつれて存在感を高め、活動の規模と範囲を拡大させていく性格のものといえる。

経済学では、所得が増加するにつれて需要が増加する財・サービスを正常財(Normal Goods)と呼び、所得の増減率に対する需要の変化率のことを所得弾力性と呼ぶ。正常財でも、所得の増減に敏感に反応する(＝所得弾力性の高い)ものとそうでない(＝所得弾力性の低い)ものとがある。例えば、会社の業績が厳しくて給与やボーナスがカットされた場合に、海外旅行などの娯楽支出を大幅に減らすことはあっても、食費や住居費をそれと同じペースで減少させることは難しいだろう。つまり、前者は所得弾力性が高く、後者は低いということになる。

6 情報への需要は経済発展と密接に関係

もちろん、こうした所得弾力性の特徴も経済の状態によって変わり得る。所得水準が低い段階では、教養・娯楽などの需要は所得の増減によって大きく変化し、所得弾力性が高いと考えられる。だが、経済発展によって所得水準が高まり社会が成熟してくると、こうした需要は短期的な景気動向による所得の増減にかかわらず、維持される傾向も生まれる。所得が減ってもネットや携帯電話がなかなか手放せない現象からもわかるように、所得弾力性の高い「選択的消費」から所得弾力性の低い「必需的消費」へと転換するのである。

いずれにしても、経済が発展し所得が増加するにつれて、人々の求める需要が変化する以上、それに応じて新たな産業が生まれ、同時に、ある種の産業が縮小することは避けられない。新しい産業は、最初は小規模であっても、やがて同類の財・サービスを提供する生産者の数が増え、そうした生産者の集合が層を成して中核産業を形成していく。マクロ経済はいくつかの産業で構成されており、その構成比＝産業構造が経済発展とともに変わっていくのは、需要の変化とそれにかみ合った供給側の変化が起きるからに他ならない。こうした変化を経済学では「資源配分（Resource Allocation）」の変化と呼ぶ。

ミクロ経済学の応用として展開されてきた「情報経済学」は「生産的情報」の取り扱いを得意とし、厳密な論証を積み重ねてきたが、産業構造の変化や経済発展などを巨視的に論じることは、必ずしも得意ではなかった。そうした中、経済発展とのかかわりが深い「消費的情報」の高まりを視野に入れて、ダイナミックな経済社会の変貌をいち早く論じたのが「情報化社会論」である。「情報化社会論」の源流を遡ると、「情報経済学」と同様に、テレビ放送が黎明期にあった1960年代にたどりつく。次章では、文明論的、未来論的ともいわれるその壮大な議論の概要と、生産性問題に至る論点の変遷をみていこう。

第2章

情報化社会はどう展望されてきたか

――未来論から現実論へ

1 気宇壮大な発想の情報化社会論

1 Industrial AgeからInformation Ageへ

18世紀から19世紀にかけてイギリスで起きた産業革命（Industrial Revolution）により、世界は大きく変貌した。フローニンゲン大学（オランダ）のマディソン名誉教授による長期経済統計で世界の経済史を振り返ると、産業革命による「工業化」を境に経済成長率が大きく高まったことがわかる（図表2－1）。それ以前の世界は、1人当たりGDP（＝生産性）の成長率がコンマ以下で、「2倍豊かな社会」の実現には数百年を要した。西暦1500年から工業化が本格化し始めた1820年までの世界をみると、1人当たりGDPの成長率は年率0・1％前後であり、「2倍豊かな社会」の実現には、西欧で462年、日本で770年の歳月が必要であった。これは、1世代を約30年とすれば15世代から25世代という時間軸である。

ところが、産業革命で工業化の波に乗った日米欧では、1人当たりGDPが年率1％台半ばから2％程度成長し、「2倍豊かな社会」が2～3世代で達成されるようになった。つまり、子や孫という「生存の時間軸を共有できる世代間隔」でライフ・スタイルの伝統や習慣が大きく変化する時代を迎えたのである。

図表2-1 生産性上昇率の世界史

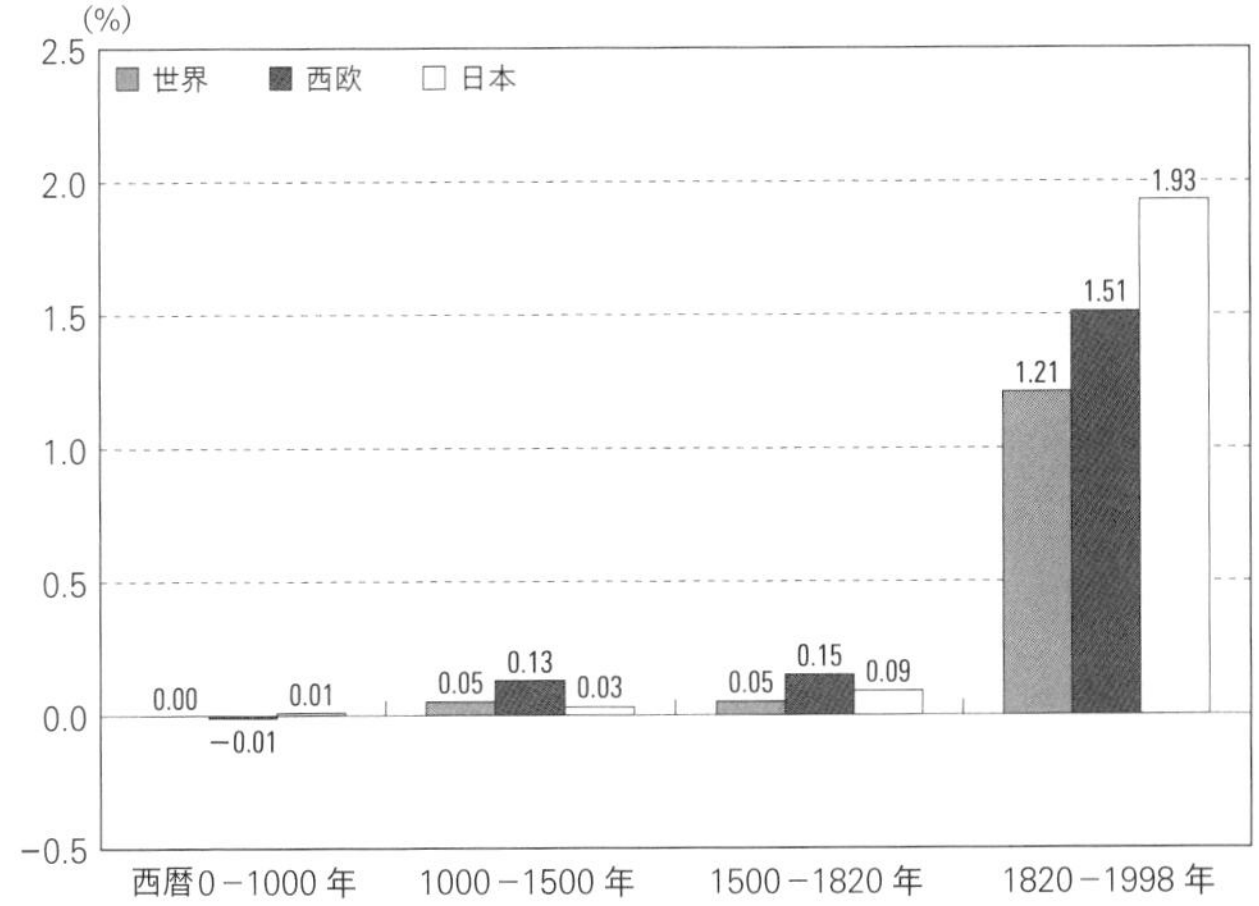

出所：Maddison (2001) 記載の統計資料をもとに作成。

その「産業革命」から約２００年を経て、現在は「情報革命」の渦中にある。本書の冒頭で述べたように、経営史が専門のチャンドラー(２０００)は、20世紀最後の10年、つまり１９９０年代を「工業の時代(Industrial Age)」から「情報の時代(Information Age)」への転換期と位置付けた。彼は、当初この変化を第３次産業革命(The Third "Industrial" Revolution)と認識していたが、研究を進める過程で、こうしたとらえ方は適切でないと考えるようになった。

というのも、英語のIndustryには「工業」や「製造業」の語意が備わるが、彼の考えによると、18世紀末から19世紀にかけて英国でみられた商業の時代(Commercial Age)から工業の時代への転換、すなわち工業化が第１次産業革命、そして同じ工業化の枠組みの中で19

世紀末から20世紀にかけて欧米で起きた転換が第2次産業革命であり、工業化の枠を超えた「情報の時代」への転換を第3次「産業」革命（"Industrial" Revolution）と表現するのはふさわしくないと考えたからである。

実は「情報化」を「工業化」と区別する考えは、チャンドラーよりもかなり以前になされていた。その1人が、1960年代初頭に「情報産業論」を先駆的に提唱した梅棹忠夫・国立民俗学博物館名誉教授である。研究の道を理学系の生態学・動物学から民俗学へと展開していった梅棹は、約50年前の論文で「情報産業は工業ではない。それは工業の時代に続く、何らかの新しい時代を象徴するものなのである」と述べ、迎えつつある新しい時代を「情報産業の時代」だと位置付けた。

2 水と油の関係にあった情報経済学と情報化社会論

梅棹がこの文章を書いたのは、コンピュータの商業利用や民間テレビ放送が次第に本格化しはじめた頃で、既にみたとおり、スティグラーの論文などによって、「ミクロ経済学」の応用として「情報経済学」が産声をあげた頃でもある。

情報化による社会の変貌を「マクロ的」に観察し、全貌をとらえようとする研究は、この他にも数多くみられた。代表的なものとして、フリッツ・マハループ（1962）、林雄二郎（1969）、ダニエル・ベル（1973）、マーク・ポラト（1977）、アルビン・トフラー（1980）、大平号声（1982）

などの研究がある。これらは、スティグラーやアカロフのようなミクロ経済学の応用たる情報経済学としてではなく、経済発展論、産業構造論、社会論的なアプローチで情報と経済社会の問題に迫ったものである。

ただし、それぞれの論文や著書を読むとわかるとおり、論者によって情報化、知識産業、脱工業化、サービス化、ソフト化という具合に用語の使われ方がまちまちで、分析対象の輪郭に曖昧さがあるため、論点が必ずしも一致していない観は否めない。この点は、あえて定義を行わずに「ソフト化」を論じた館他編(1983)の次の文章に端的に表れている。

「情報化の時代」は「ソフト化」の時代である。物が重要な「工業化社会」に対して、情報が物以上に重要な資源となり、情報の価値の生産を中心とした社会は、「情報化社会」といわれる。ダニエル・ベルのいう「脱工業化社会の到来」であり、アルビン・トフラーのいう「第三の波」である。

そのせいか、情報化社会論は、経済学の主流派が取り扱う中心テーマから離れた社会学的、文明論的な色彩を帯びやすかった。こうした、時に気宇壮大な構想を描く「情報化社会論」と、前章でみたように厳密な前提条件の下で精緻に論理展開する「情報経済学」との間には、埋めがたい溝があり、両者は相互のつながりを深めることなく、それぞれ独自に展開される状況が1990年代の

「生産性論争」まで続くことになった。

3 情報化社会論の3つの主要論点

多義性や曖昧さがあった情報化社会論だが、論点を整理してみると、いくつかの共通の視点も浮かび上がる。それは、生産活動において、単に物的な価値(実用的機能)だけでなく、デザイン、色、ブランドなどの非物的価値(情報的機能)が重要性を増し、そのことが放送、広告、出版、調査・研究といった情報関連産業の成長基盤になると考え、情報の問題を核に産業構造や社会の変貌をとらえるという視点である。

研究が深まるにつれて情報化社会論の輪郭も明確になってきた。経済分析という面では、様々な産業で情報に関連した労働や中間投入が増加していく「産業の情報化」と、それに伴って情報関連のサービス提供が独立した産業を形成し発展していく「情報の産業化」という概念に集約され、産業連関表などの統計データを用いた実証分析が積み重ねられるようになったのである。

ここで、情報化社会論のポイントを整理すると、次の3つの特徴にまとめることができる。第1に、議論のベースに経済や社会の発展段階論の視点があること、第2に、一般の財とは異なる情報財の特殊な性質が考察されていること、第3に、情報化の進展を定性的ではなく定量的に示そうとする数値化の努力がなされていることである。以下では、発展段階論、情報財の特殊な性質、定量分析のそれぞれについて、主要な研究成果を具体的に取り上げながら、今も示唆に富む議論の展開をみていこう。

2 21世紀を予見したユニークな発展段階論

1 情報産業は「虚業」か？

まず本節では、コンテンツビジネスの重要性を世界に先駆けて予見した1963年の梅棹忠夫の「情報産業論」を取り上げよう。そこでは、生態学、動物学、民俗学をバックグラウンドに持つ梅棹ならではのユニークな「発展段階論」が繰り広げられている。

日本で1953年に始まった地上波の民間テレビ放送は、その後の高度経済成長による「豊かな社会」の到来と軌を一にして業容を拡大させてきた。前章でみたように、社会が豊かになると鑑賞で効用を高める「消費的情報」の需要が拡大する。民間テレビ放送は、まさにこの発展軌道に乗ったわけだが、当時はまだその黎明期であり、花形産業というわけではなかった。高度成長の真っただ中にあった1960年代は、農村から工業地帯への人口大移動が進行しており、有形の「モノ」に大きな価値が置かれる工業時代の全盛期であった。そのため、製造業などの「実業」に比べると、物的な実態がない放送など「情報」に関連した仕事は「虚業」という感覚が業界関係者の間にもあったようである。

梅棹の「情報産業論」はそうした傍流意識を打ち破り、産業としての積極的な価値と発展の可能性を訴えた。理学系の生態学、動物学を出発点に戦前から世界各地のフィールド調査を経験し、民俗学や文明論に研究の軸足を移していた梅棹は、「情報はモノと違った価値があり」これからの時代を担う「明らかな知的生産」活動だと考えた。今では一般化している「情報産業」という用語はこのときの造語とされる。

梅棹のいう「情報産業」とは「何らかの情報を組織的に提供する産業」であり、新聞や雑誌を含めて「マスコミの時代」が訪れたと指摘されている。後述するように、彼は情報化によって「精神の産業化」が進むとも考えており、既に約50年前から今の言葉でいう「コンテンツ」の概念を含めて情報産業をとらえていた。情報を「人間と人間とのあいだで伝達される一さいの記号の系列」と広く定義し、それを「売る」ビジネスが情報業だと考えるならば、「興信所から旅行案内業、競馬・競輪の予想屋に至るまで、おびただしい職種が、商品としての情報を扱って」おり、「映画や芝居」「歌謡曲」「教育」「宗教」なども含めて巨大な産業が形成されることになる。

2 半世紀前に「メディア」と「コンテンツ」を峻別した慧眼

興味深いのは、これらの産業における「技術の発展」に関する記述である。歴史を振り返ると、中世の歌比丘尼や吟遊詩人、神を情報源とする情報伝達者の宗教人、占星術者や陰陽師、権力者に秘策を説く諸子百家など「語る」ことで生計を立てる多くの「情報屋」が存在しており、「産業化」に至るまでに永い「前史」が存在する。

ただし、かつては「舌」こそが「ほとんど唯一最大の資本」だったため、社会の中で細々とした存在だったのに対して、今では印刷や電波など「情報の記録・伝達の技術発展」が実現し、これからはさらに「自動計算機械の開発など情報処理の技術」が「おどろくべき発展をとげるにちがいない」から、技術進歩を梃子に情報活動が急速に拡大して「産業化」の軌道に乗るはずだと梅棹は考えた。

その上で、新聞や放送を取り上げ、情報＝コンテンツの重要性について、次のような鋭い指摘を行っている。すなわち、「新聞社の売るものはもとより新聞であるが、新聞とは、物質としての新聞紙ではない。新聞紙そのものは（中略）間に合わせ的な包装材料であるにすぎないし、その売買は廃品回収業者の仕事である。新聞社が売っているものは、新聞紙という物質的材料の上に印刷されたニュース」であり、また、「民間放送において、しばしば〝時間を売る〟という表現がとられるけれど、売っているのは（中略）時間ではなくて、その時間を満たす〝情報〟なのである」との指摘である。

メディアとコンテンツを峻別し、メディアを舞台に技術革新が進むとしても、価値の源泉がそこにあるわけではないことを半世紀も前に鋭く洞察している。メディアは「情報の容れもの」に過ぎないと喝破した梅棹の考察は、技術進歩で情報＝コンテンツの価値がますます高まっている21世紀の現在を見通したまさに慧眼といえるだろう。

3 発生学的にとらえたユニークな展望

梅棹の議論で特筆すべき点は、その多彩な学際的バック・グラウンドから、動物発生学の概念を応用したきわめて独創的な発展段階論が唱えられていることである。産業の発展を人類の歴史と文明という悠久の時間軸でとらえた梅棹は、有史以来の「農業の時代」、産業革命を機に物質とエネルギーが中核となる「工業の時代」、迎えつつある「情報産業の時代」の3段階に分け、「情報産業の時代には精神の産業化が進行する」と考えた。

なぜなら、受精卵が分裂を重ね生物体としての形態を形成していく発生学の概念を応用して情報産業を展望し、その新興を説くからである。まさにこの点こそがユニークなのだが、彼は「農業の時代」が消化器官系を中心とする「内胚葉産業の時代」、「工業の時代」が筋肉や骨格を中心とする「中胚葉産業の時代」、「情報産業の時代」が脳脊椎神経系の「外胚葉産業の時代」に対応すると見立てた（図表2－2）。これは産業の発展を「有機体としての人間の諸機能の段階的拡充」の過程になぞらえたもので、放送など新しい情報関連産業の立ち上がりを「来るべき外胚葉産業時代の夜明け現象」だと述べている。

図表2-2 梅棹忠夫の「情報産業論」

【時代背景】 1960年代……テレビ放送の黎明期、高度成長による「豊かな社会」、工業全盛期

【産業史の三段階】

● 発生学的考察

「農業の時代」……食料の生産……消化器官系の機能……内胚葉(消化器官、呼吸器官の形成)

「工業の時代」……物質とエネルギーの生産……筋肉……中胚葉(筋肉、骨格、循環器官、血液)

「情報産業の時代」……情報流通……活発な精神活動……外胚葉(脳神経系、皮膚、感覚諸器官)

● 「脱工業」現象

「工業の時代」

……物質およびエネルギー開発方式の異常な発展が特徴

「情報産業」は「工業」の発達が前提

……エレクトロニクスは工業の時代と情報産業の時代の結節技術

「情報産業の時代」

……「精神」の産業化が進行(精神産業の時代)

……一般的な実業の概念からはみだしたところに成立した、いわば奇怪なる産業

主要生産物が食料である「農業の時代」には、人々は食べることに追われており、当時の経済・社会システムを生物学・発生学的にとらえると、消化器官系＝内胚葉器官の機能が重要な時代ということになる。ところが、技術による労働の代行が進んだ産業革命後の「工業の時代」には、物質とエネルギーの生産が重要となり、経済・社会システムは筋肉や骨格を中心とする中胚葉器官の機能が拡充された時代を迎える。こうした生物の発生や進化の経過を援用して、内胚葉、中胚葉に続く新時代を展望すると、脳脊椎神経系を形作る外胚葉産業、すなわち精神産業＝情報産業の時代が訪れるというわけである。

梅棹は、第1次産業(農林水産業)、第2次産業(鉱工業)、第3次産業(商業、運輸業、サービス業)というC・G・クラークの産業分類について、商業、運輸業、サービス業のかなりの部分は工業の時代の商品を処理するための産業で、「情報産業のような精神産業とは原理的に異なる」とも指摘している。もちろん、工業の時代でも農業が消えてな

くならなかったように、精神産業の時代に入っても、工業や農業がなくなることはないし、「中胚葉産業の時代にあっても、のちに発展をするはずの外胚葉産業の芽はいくらでも存在」する。だが、「新しい産業の発展につれて、古いものの相対的な重要さが減っていく」のであり、自動制御やエレクトロニクス（電子工業）の技術は、工業の時代と情報産業の時代をつなぐ結節点の技術に位置付けることができる。

情報化社会といえば、スマホやタブレット端末などIT関連の新しい機器の普及や通信インフラの整備といったハードウェアの進歩に目が向かいがちである。しかし、発生学の視点から情報化をとらえ、情報産業を精神産業と呼ぶ梅棹の発想に基づけば、「脱工業」という産業構造の変化が明瞭になり、ハードウェア中心からソフト化、サービス化、さらにはコンテンツ化やビックデータ化が進展する情報経済の新潮流が読みやすくなる。

4 世界に先駆ける日本の情報化社会

情報化社会の到来に関する文明論的な展望として、日本では1980年に発表されたアルビン・トフラーの『第三の波』が有名である。トフラーは、農業革命による農耕社会（第一の波）、産業革命による工業社会（第二の波）を経て、人類は脱工業化による情報化社会の到来という第三の波を迎えていると説いた。既述したように、経営史が専門のチャンドラーも、学術研究の過程で、情報技術革新による経済社会の変貌を「工業の時代（Industrial Age）」の枠内でとらえる「第三次産業革命（The Third "Industrial" Revolution）」ではなく、「工業の時代」から「情報の時代（Information Age）」への転換と考えを改めた。

トフラーは、学術的というよりもややジャーナリスティックな筆致で、チャンドラーの20年前に同様のとらえ方を示したといえるが、注目されるのは、工業化によって「生産者（Producer）」と「消費者（Consumer）」、あるいは、「生産活動」と「消費活動」とに分離されてしまった人々の日常生活が、情報化社会の到来で再び融合するという洞察である。トフラーは、この新概念を「生産消費者＝プロシューマー（Prosumer）」という造語で表現し、２００６年に出版された夫人との共著『富の未来』でも改めてこの点を強調している。

確かに、ウィキペディアやリナックスなどユーザー参加型の情報生産活動が広がり、今では、放送局や新聞社など既存のメディアだけでなく、従来は受身の立場だった消費者が双方向型のネット環境を活かしてコンテンツ提供者に転化するＣＧＭ（Consumer Generated Media）の動きが加速している。あらゆる活動がデジタル・コンテンツ化していく最近の動きをみると、プロシューマーは21世紀の情報化社会を先取りした概念だったといえる。

それにしても、梅棹の「情報産業論」が傑出しているのは、そのユニークな発展段階論がアルビン・トフラーの『第三の波』より17年も前に発表され、世界に先駆けていた点である。梅棹の論考から半世紀たった今日、海外の知見や文物を取り入れることに熱中するあまり、日本国内の身近な価値や先人の活躍を見逃しがちだが、アニメ、ファッション、和食、おもてなしなど日本が発する様々な「情報」が世界中で支持されていることからも窺えるように、日本社会のコンテンツは、意外な魅力を秘めているのかもしれない。50年前の「情報産業論」はそんな思いを奮い立たせてくれる。

3 情報財の特殊な性質——立ち読みお断りと坊主丸もうけ

ユニークな発展段階論を唱えた梅棹は、情報財という「奇怪なる擬似商品」の特殊な性質についても、「立ち読みお断り」や「坊主丸もうけ」という親しみやすい表現で鋭い洞察を行った。「情報が擬似商品」だった1960年代に、将来は「商品が擬似情報」になると着想した彼の考え方は、その後の「情報経済学」で生まれたいくつかの新しい概念に通じるものがある。以下では、この点を解説しながら「端末はなぜ0円になりやすいのか」を考えてみよう。

1 情報産業の創出は虚数の発見に匹敵？

工業に続く情報産業の時代には、コンテンツにこそ価値があると説いた梅棹は、そこで取り扱われる情報財が、モノとして実態のある工業製品とは異なって、「きわめて特殊な性質」をもつ「奇

図表2-3 虚数の発見に匹敵する情報産業の勃興

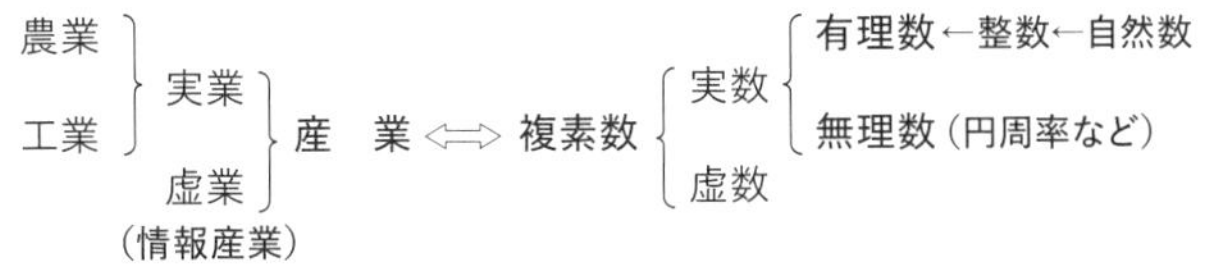

怪なる擬似商品」だと指摘した。工業の時代の商品、すなわち「かたち」のある一般の「商品」(＝財)は、何らかの物理的な計量が可能であるのに対して、情報財はそれが困難だからである。

もちろん、情報量の大小をビット単位で示すことは可能だが、「現実には、〝今夜のテレビ・ドラマの情報量は何ビットであった〟などということは、まるで意味をなさない」のであって、情報の価値は工業の時代の発想ではつかみどころがないのである。

それが、情報産業の「傍流意識」にもつながったとみられる。梅棹は「工業的生産の体系の中では、何らかの物から、何らかの物をつくる〔中略〕のが原則で、〔中略〕〝実業〟という呼び名の裏には、そのような実質あるもののずしりとした重々しさが感じられる」のに対して、「実質的な物、あるいは商品を扱わないというところに、情報産業の特徴」があると述べている。そして、「虚業であるが故に、それは実業にはない新鮮で独自の性格をもち得たのである」と「虚業観念の居直り」を唱えた。

なぜなら、それは「数学における虚数の発見に似ている」からである。はじめは単純な自然数から出発した数学に小数点が加わり、有理数と無理数の区別がわかって、やがて虚数が発見される(図表2-3)。このあたりが、理学系のバック・グラウンドをもつ梅棹らしいのだが、「虚数とは、虚しき数でもなければ、存在しない数でもない。それは、実数とは全く異なる独自の性格をもって実在する数の発見で〔中略〕、実数と組み合わされて、複素数という、もっとも一般化された数概念の世界に到達」できた。確かに、この文脈で考えると「奇怪なる擬似商品」を扱う情報産業の積極的な意味付けが可能になる。

2 「立ち読みお断り」と「坊主丸もうけ」

それでは、情報産業が扱う「奇怪な擬似商品」(=情報財)にはどのような特殊な性質があるのだろうか。梅棹は「立ち読みお断り」と「坊主丸もうけ」という身近な表現を巧みに用いて核心を突く考察を行っている。

「立ち読みお断り」は、後述するように、不確実性や不可逆性という情報財の特殊な性質に対処するため、人々が編み出した日常ルールの1つである。モノとは違って情報はいったん伝えてしまうと相手から取り戻すことはできない。つまり、「情報の内容を言ってしまってから、〝この情報を買わないか〟と持ちかけても商売にならない」ので、「情報産業においては、さきにお金をとるのが原則」となる。

本や雑誌や新聞は、紙としての物的な実態はあるが、それは、既述したように、「情報の容れもの」に過ぎず、中身が読まれてしまえば取り返しても後の祭りで何の意味もない。書店や駅の売店での「立ち読みお断り」だけでなく、映画や芝居が「入り口で入場料をとる」のもそうした情報財の性質によるもので、「情報産業の提供する商品を、買い手は、その内容を知りもしないで（つまり不確実なまま）、先き金を出して買う」のが一般的である（（　）は引用者の加筆）。

2つ目の「坊主丸もうけ」は、コスト面からくる情報財の特殊な性質を言い当てたもので、今日では複製可能性、限界費用ゼロ、もしくは、フリー・コピーと呼ばれる概念に相当する。梅棹は、物的な実体を伴わない情報財は「原価計算ができないものがはなはだ多い」と述べた上で、お布施を取り上げ、その値段は「お経の長さによってきまるわけでもないし、木魚をたたく労働量できまるものでもない。お経の内容のありがたさは、何ビットであるか、とうてい測定はできない」と巧みな議論を展開している。

結局、「お布施の額を決定する要因は〔中略〕お坊さんの格〔中略〕ともう一つは、檀家の格である」として、次のような「お布施の原理」を提唱する。それは、「お布施の額は、この二つの人間の、社会的位置によってきまるのであって、坊さんが提供する情報量や労働には無関係である」というものである。工業製品のような原価計算を当てはめて価格を導くのが難しいのは、「芸術家の作品料や出演料も同じ」で、「論文や小説は、長いほど価値があるというものでもなかろう。むしろ、全部でいくら、というふうに、全面的お布施原理の方がすじが通る」と論じている。

これは、日本が苦手とする無形のものに対する価格付け（プライシング）、あるいは、コスト積み上げ型ではない成果（アウトプット）評価の問題といってもよいであろう。「お布施理論」を「いわば社会的・公共的価格決定原理」だと考える梅棹は、黎明期の民間テレビ放送にも深くかかわっていたが、「情報産業を主軸とする外胚葉産業が、本来きわめて社会的・公共的な性格のものである」とするならば、「講演料やラジオ・テレビの出演料などは、実質的にはやはりこのお布施原理によって支払われている」と解釈するのも頷ける。

3 情報財の特殊な5つの性質

梅棹が50年前に「立ち読みお断り」や「坊主丸もうけ」と表現してユニークな考察を試みた情報財の特殊な性質は、その後の情報経済学の発展により、現在では、不確実性、不可逆性、複製可能性、外部性、不可分性という概念に整理されている(図表2－4)。

「不確実性」とは、情報財の取引が完了するまでは実際に内容を見聞できず、価値がわからないという性質である。既述した「ロスチャイルドの伝説」を例にすると、ある情報屋がワーテルローの戦いに関する情報を売り込みに訪れたとして、その中身がどのようなものか、話を聞くまではわからない。もう既に誰もが知っている情報かもしれないし、仮に新情報だとしても、部分的な戦況や途中経過の情報に過ぎなければ、イギリス国債の取引にとって価値のある情報とはいえない。同様のことは、上映中の映画や最新号の雑誌の内容＝情報についてもいえることで、実際にその内容を鑑賞したり読んだりしないと、価値あるものかどうかは判断できない。こういう財を経験財ともい

図表2-4 情報財の特殊な性質

- **不確実性**(情報財の品質は取引前に判断できない〔石橋をたたいては渡れない〕)
  モノは内容を確認してから取引されるが、情報は取引の後で初めて内容を知る
- **不可逆性**(一旦出された情報は回収できない〔覆水盆に返らず〕)
  モノは返品すれば済むが、情報は聞かなかったこと、みなかったことにはできない
- **複製可能性**(限界費用がゼロに近い〔著作権や知的財産権の問題〕)
  モノは渡すと手元からなくなり、もう1つ作ると費用がかかるが、情報は「容器」の費用だけ
- **外部性**(正の外部性〔流行、話題〕と負の外部性〔スクープ、企業秘密〕)
  共有することで情報の価値が増加(消費的情報)vs.共有することで情報の価値が減少(生産的情報)
- **不可分性**(体系的情報〔＝知識＝全体像〕⇔部分的情報〔＝ジグソーパズルの一片〕)
  モノは数量と価値が比例的な関係にあるが、情報はあるまとまりでなければ価値が失われる

うが、対価を払うにふさわしいかどうか、取引の判断は不確実な条件のもとで行われることになる。

だからといって、先に内容をみてから購入を決めるわけにもいかない。洋服であれば、試着して購入の判断をすればよいだろうし、モノであれば、多くの場合、気に入らなければ返品して現状復帰すれば何とか対処できるが、情報の場合は、「覆水盆に返らず」のことわざどおり、いったん伝えられてしまうと、みなかったこと、知らなかったことにできない。この性質を「不可逆性」という。確かに、ワーテルローの戦いの結果について、価値ある情報の内容を聞いてから「やはりいらない」と対価の支払いを断るようなことが起きると、情報屋は〝商売あがったり〟ということになる。梅棹が指摘した「立ち読みお断り」や「入場料先払い」は、情報財の不確実性や不可逆性に対処するための日常ルールなのである。

「複製可能性」とは、情報財の限界費用がゼロに近いというコスト構造上の特徴から生まれる。今では、フリー・コ

ピーと呼ばれることも多いが、「お布施の原理」で出てきた原価計算の困難性はこの点を見事に突いている。通常の経済学では、生産を増加させると追加的な費用が次第に増嵩《ぞうすう》することを前提にしている。これを経済学では限界費用逓増もしくは限界収益逓減という。農業を例にすると、生産量を増やそうとすれば、一般的には肥沃で生産力の高い耕作地から、次第に耕作に不向きで手間ひまのかかる苛酷な土地に手を広げざるを得ないと考えられるからである。

ところが、お坊さんがお経を読むのに、1人を相手にしようと10人を相手にしようと手間はほぼ同じであるように、情報の生産では、追加的な費用がほとんどかからない場合が多くみられる。しかも、デジタル化やIP（インターネット・プロトコル）化の進展によって、複製後もほぼ完全にオリジナル情報が維持でき、その技術を誰もがきわめて安く活用できる環境が整ってきている。こうした経済取引が一般的になれば、農業や工業の時代には当たり前だった収益化の仕組み（ビジネス・モデル）は通用しなくなるであろう。現在、情報産業では広告モデルと課金モデルをどのように組み合わせて事業を成り立たせるか試行錯誤が続いている。これは、情報財の特殊な性質に対応したビジネス・モデルが、今まさに確立の途上にあることを物語っている。

この点は、情報財の公共財的性質から生まれる「外部性」にもかかわっている。一般の「商品」（＝財）では、例えば、飲料や衣料のように、購入者が利用（飲んだり着たり）している財を別の誰かが利用することは、物理的にできないし（つまり排他性がある）、その消費からもたらされる満足度（効用）は、購入者以外の他人の行動とは無関係に得られる。ところが、情報財の場合は限界費用が低く複製可能性が高いということもあって、道路や公園などの公共財と同じように排他性がなく多数が利用しやすい。また、他人の行動が利用者一人ひとりの満足度に影響しやすく(外部性の存在)、ある情報財を共有する自分以外の人数の大きさがその情報財の価値を左右することも多い。

この「外部性」と呼ばれる性質には正と負の両面がある。共通の話題や流行など多くの消費的情報は、自分以外の多くの人が同じ情報を共有することによって、ますます効用を高めるため正の外部性が働く(第6章参照)。一方、金融資本市場での最新情報や研究開発に関する企業機密など多くの生産的情報は、広く情報が行き渡れば効用がなくなるため、負の外部性が働く。前者はみんなが知っていることに価値が、後者は誰も知らないことに価値がある情報といってもよいだろう。

最後に「不可分性」とは、ある意味をもつ一体的なまとまりでなければ、情報としての価値が著しく損なわれるという性質のことである。飲料や衣料など一般の財であれば、グラム単位や個数単位である程度比例的に価値が増減し得るが、情報財の場合はジグソーパズルの一片だけでは全体像がわからないように、分割されて部分的、断片的になれば、その価値が著しく低下する。この点は、図表2-5にある「情報と知識のピラミッド構造」を考えると理解しやすい。

いずれにしても、情報財には一般財とは異なるユニークな性質があり、伝統的な経済学の理論と分析の枠組みに大きな挑戦を突きつけていることは間違いない。そのことに早くから気がついた梅棹は、既存の経済学は工業の時代に対応したもので、情報産業の時代には虚数の発見に匹敵するほどの発想の転換が必要と考えたのである。

図表2-5 情報と知識のピラミッド

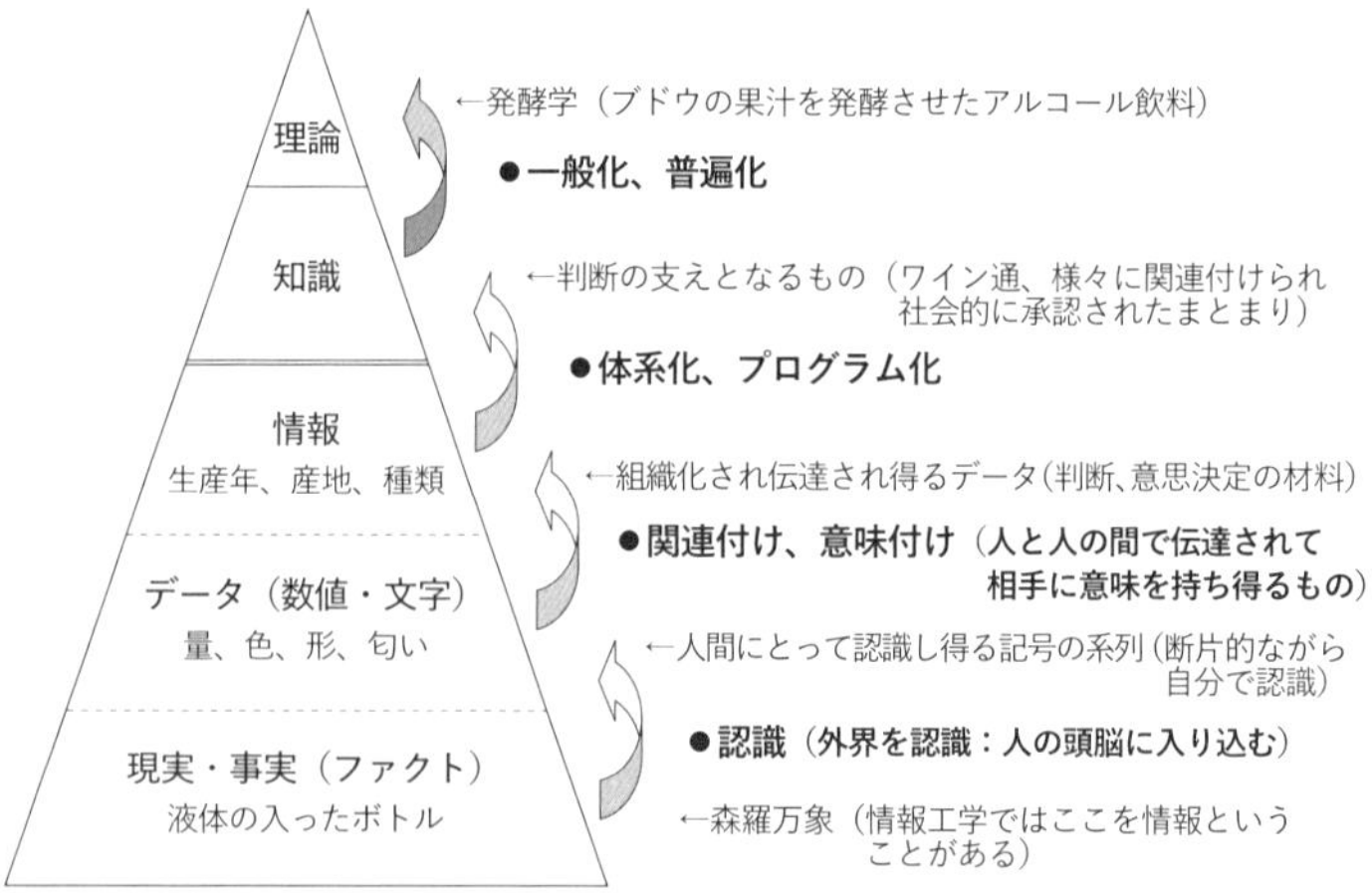

備考：福田他（1997）を参考に作成。

現実世界の様々な事実、すなわち、森羅万象の「ファクト」は、人間がそれを色、音、形、量、匂い、味などの記号として「認識」することで何らかの「データ」に置き換わる。それを意味付けたり関連付けたりして、自分だけでなく他人との間で伝達されて意味を持ち得る「情報」が生まれ、意思決定や判断の材料となる。これをさらに、体系化し、組織化（プログラム化）することで、社会的に承認された情報のまとまりとして「知識」となり、知識を一般化、普遍化したものが「理論」となる。

例えば、ある酒店に液体の入ったボトルが山積みになっているとしよう（ファクト）。この事実に気がつかなければ、話はこれでおしまいだ。もし、それに気がつけば、ボトルの数や色や表面に貼られたラベル、漏れた液体の匂いなど何らかの認識が生まれる（データ化）。さらに、これらのデータを関連付けて、これがワインのボトルだとわかれば、ラベルの内容から生産年、産地、種類などを関連付けてワインを評価するに必要な「情報」が生産される。このとき、ワインに関する「知識」が豊富な場合は、こうした「情報」をもとに適切な評価や判断ができるだろう（そうでない場合は、ただの断片的情報でおわってしまい、貴重な高級ワインがあったとしても見過ごしてしまう）。さらに、これらの知識を大学や研究所などで一般化したり普遍化したりすれば、発酵学などの「理論」に発展していく。

4 端末はなぜ0円になりやすいのか？

梅棹は、世界に工業化の波が押し寄せた19世紀半ばに提唱されたエンゲル係数（消費支出に対する食料費の割合）について、「その文明史的な意味は、つまり、家計の中における中胚葉産業的要素と内胚葉産業的要素の比率ということなのだ」と論じて、これからは教養費や娯楽費など「家計の中における外胚葉的要素の占める割合をあらわす、新しい係数」が「しだいに増大する」と情報化社会の将来を展望した。

実際、20世紀後半から今日まで先進国の経済はそうした道筋を歩むことになる。現在のような「情報経済学」が成立するはるか以前に「奇怪なる擬似商品」との知的格闘を試みた梅棹は「さまざまな精神的生産物、たとえば著作権料とか、特許料とか、あるいは原稿料、講演料、演奏料のたぐいの価格がどうしてきまるのだろうか」と問題意識をさらに深め、「こういう点になると、どうもふつうの経済学の価格決定理論からは、はっきりした答えが出てこないのではないか（中略）。そういうものは、おおむね経済外的現象として、経済の議論からは除外してあるのではないだろうか」との考えに至る。

そして、「現在の経済学は、どの学説も、けっきょくは第二期の中胚葉産業時代の経済学にしかすぎないのではないか」と疑問を呈し、「中胚葉産業の時代にあっては、こういう情報みたいなものは、社会全体の経済の動きからみれば、ほとんどいうに足りないことであって、それを無視して経済学を組み立てても、いっこうにさしつかえがなかった」のであろうと述べている。このあたりの論考は、2001年にノーベル経済学賞を受賞したスティグリッツの指摘に通じるものがある。

スティグリッツによると、アダム・スミスは今日の情報経済学で「逆選択」の問題として定式化されている内容に触れており、ジョン・スチュアート・ミルやアルフレッド・マーシャルなど偉大な経済学者も情報の問題について言及しているが、これらはあくまで例外的な扱いでしかなく、情報の問題を全面的に取り入れると経済分析があまりに複雑になるため、経済学の主要テーマとして扱われることはなかった。スティグリッツは、これを可能にしたという意味で、20世紀の経済学の発展に最も貢献した分野の1つが「情報経済学」だと述べている（Stiglitz［2000］）。

経済学が専門ではなかったにもかかわらず、梅棹が1960年代にこうした発想を抱いたのはやはり先駆的といえるだろう。でき上がった理論の枠で実態を解釈するのではなく、実態をつぶさに観察して壮大な文明論を構築してきた梅棹の面目躍如である。「いまは情報が擬似商品として扱われているけれど、そう〔情報産業の時代に〕なれば逆に商品が擬似情報として扱われるようになる」という50年前の梅棹の着想は、21世紀の情報経済で充分通用する。同じ素材を使い、同じ工場から出荷された製品であっても、ブランドやロゴ・マークなど「情報」の違いで価格が大きく異なることを私たちは日常的に経験している。また、家電量販店の店頭に並ぶネット・ブック、タブレット、高速無線端末などをみると、これらのハードウェアはオマケ程度の価格で、ソフト、サービス、コンテンツを核にした収益化の仕組みが事業戦略で重要になっていることを痛感させられる。

端末はなぜ0円になりやすいのか。それは、まさに梅棹が50年前に展望したとおり、「情報が擬似商品」としてではなく価値の実態として産業の中核に位置する時代には、「商品が擬似情報」として扱われるからに他ならない。工業社会をうまく登りつめた日本は、有形のモノに対するプライシング(=評価)は精緻だが、無形のものに対するプライシングは不得手のようにもみえる。情報時代の新ビジネス創出には、思い切った発想の転換が必要なのかもしれない。

4 産業の情報化と情報の産業化

1 エンゲル係数にかかわるのは何か？

1960年代の日本と比べると、現在の消費者が健康や環境への関心を一段と高めているように、経済が発展して生活が豊かになるにつれて、人々の嗜好は変化し、消費支出の内容も変わっていく。これは需要サイドの動きだが、それに呼応して、人々が求めるものをうまく生産できるように供給サイドの資源配分が変化すれば、その社会の中核産業も次第にシフトしていく。つまり、産業構造は需要サイドと供給サイドのそれぞれの動きがうまくかみ合ったときダイナミックな変貌を遂げる。

図表2-6 エンゲル係数とペティ=クラークの法則

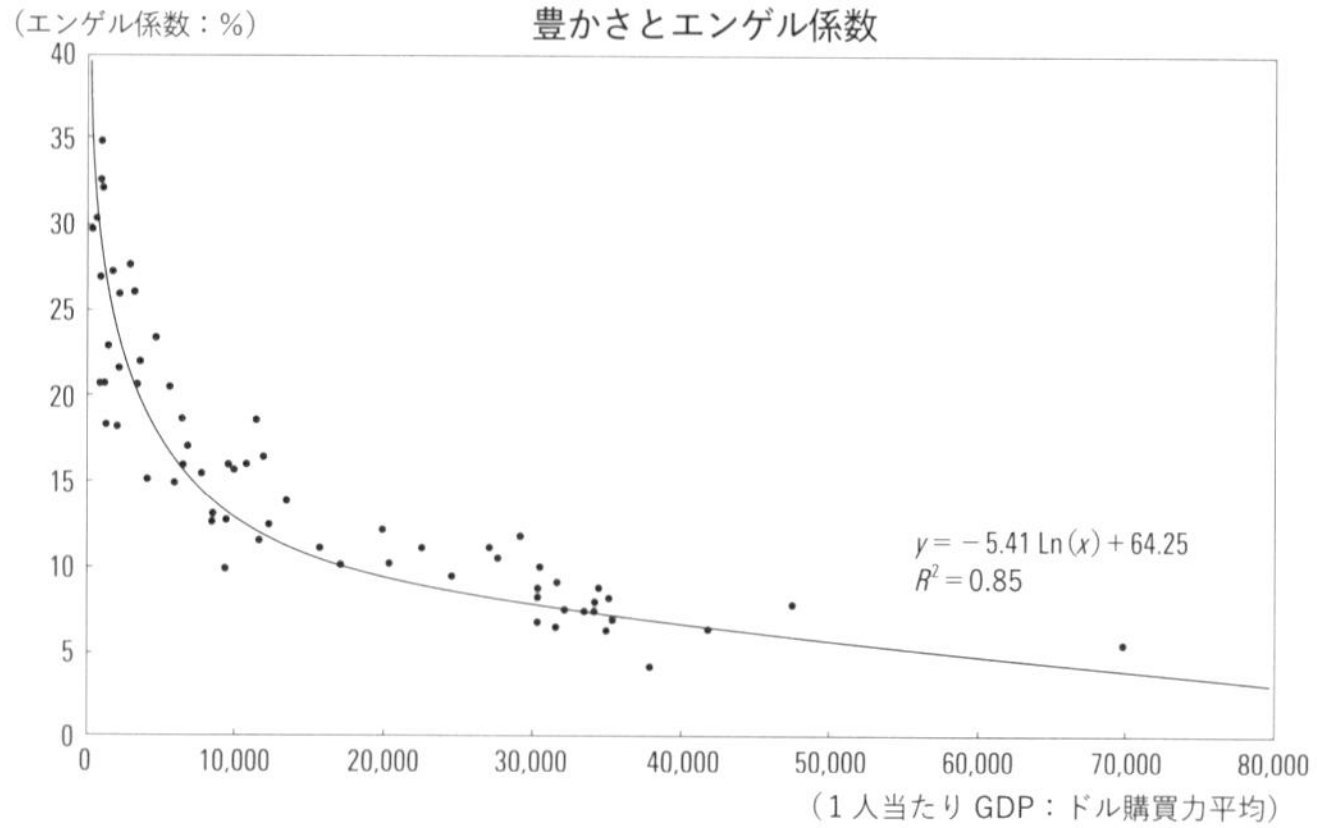

備考：総務省統計局『世界の統計2009』をもとに作成。中東産油国を除く世界70カ国のデータ。

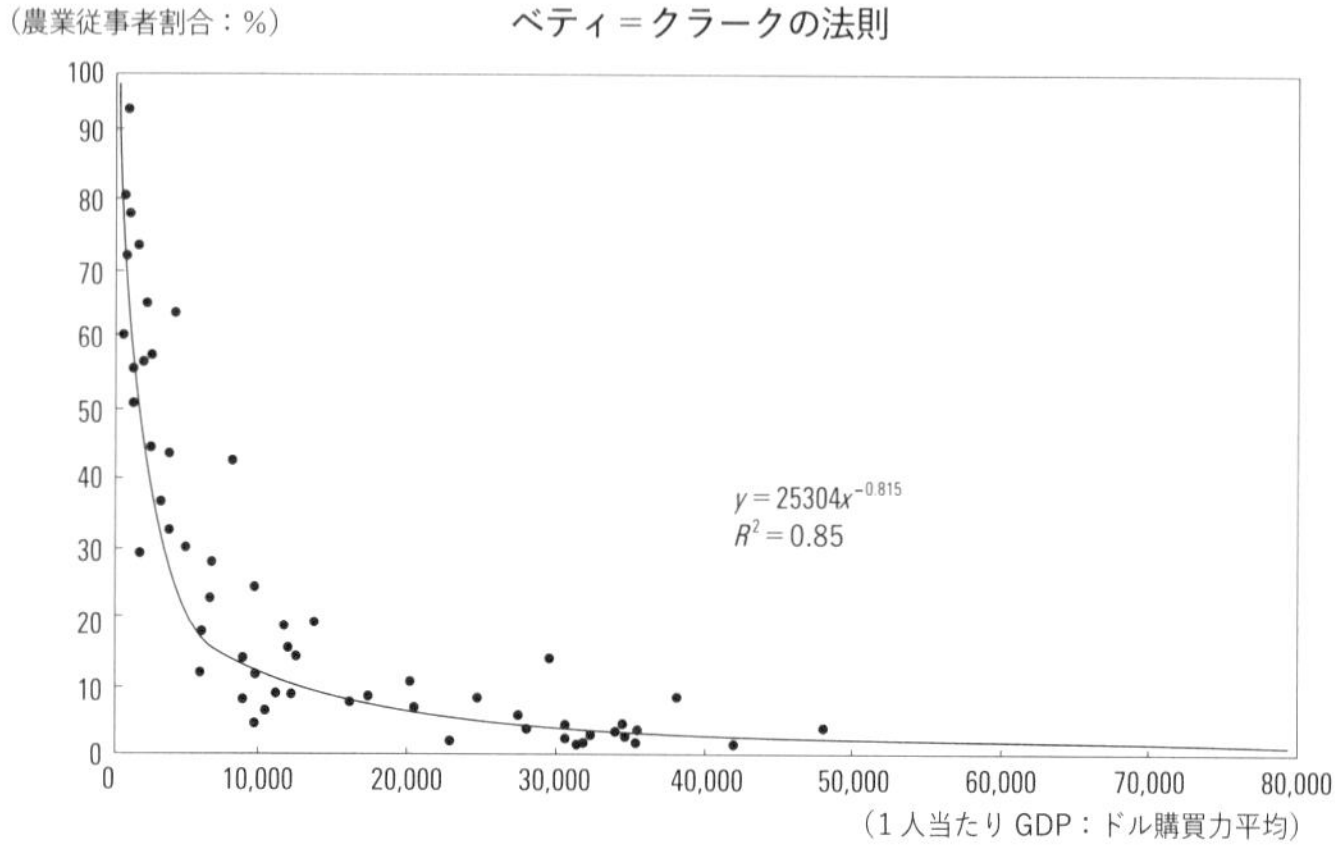

備考：総務省統計局『世界の統計2009』をもとに作成。中東産油国を除く世界65カ国のデータ。

産業革命による農業の時代から工業の時代への変化は、需要サイドでは、梅棹が「家計の中における中胚葉産業的要素と内胚葉産業的要素の比率」と表現したエンゲル係数の低下となって現れる。一方、供給サイドでは、農業など第1次産業から第2次産業（工業）や第3次産業（サービス業）へ生産力がシフトするため、第1次産業の就業人口割合が次第に低下することになる。有名なペティ＝クラークの法則である。

実際、豊かさの指標である1人当たりGDPと対比して世界各国のエンゲル係数（1人当たり最終消費支出に占める食料費の割合）や経済活動人口に占める1次産業従事者の割合を観察すると、需要サイドでは、豊かな国ほどエンゲル係数が低くなる傾向にあること、また、供給サイドでは、豊かな国ほど1次産業の就業人口割合が低下し、ペティ＝クラークの法則が現在の世界経済にも作用していることが確認できる（図表2-6）。

もっとも、この場合は、エンゲル係数もペティ＝クラークの法則も、経済発展によって、それまで生活と生存の基盤であった「農業が衰退する」様子を測っているため、新しい産業の勃興を追い求めるというよりも、従来の産業の衰退をみとどけるという印象が強くなる。こうした提示の仕方では、どうしても指標に「マイナスのイメージ」がつきまとうが、商品の擬似情報化という「虚業観念の居直り」を唱えた梅棹は、情報化によって「外胚葉的要素の占める割合」が「しだいに増大する」という「プラスのイメージ」でこの変化を取り上げた。工業時代の全盛期にあって、情報化の進展を製造業の衰退＝工業の比率低下としてではなく、知識・情報関連活動の拡大という、次の時代に向けた積極的な視線でとらえようとしたのである。

2 産業の情報化とは何か

ただし、いつの時代もそうだが、新領域を数値化して統計的にとらえるのは至難の業といえる。新しい経済活動は既存の枠には収まらず、しかも当初は小さな規模である。そのため、統計データの整備が追いつかず、数値情報として捕捉することが難しい。また、個々の研究者の努力で何らかの指標や数値化ができたとしても、基本的な概念がバラバラで散発的なものにとどまれば、議論がかみ合わず、継続性も失われるため応用が利かない。重要なのは、そもそも情報化の進展とは何か、基本概念を明確にして観察を継続することであろう。

情報化の進展については、現在も様々な指標が提示されているが、基本的な概念を整理すると次の2つの側面からとらえることができる。1つは、情報産業に限らずあらゆる産業において、原料や素材などの単なる物的な投入による生産活動だけでなく、デザインや色や広告など非物的な情報活動の比重が高まるという「産業の情報化」である。この点は、梅棹の「商品が擬似情報」になるという発想にも通じるもので、林雄二郎が今から約40年前に行った次の考察がわかりやすい。

林（1969）は、「社会の情報化とは、この社会に存在するすべての物財、サービス、システムについて、それらが持っている機能の中で、実用的機能に比して情報的機能の比重が次第に高まっていく傾向をいう」と述べた上で、「商品の情報化」として万年筆を例にあげ、商品として売れるためには、「字を書く」という実用的機能に加えて、「色、手ざわり、デザイン」など「字を書く機能とは直接かかわりがない」付随的機能＝情報的機能が必要で、「売れるか売れないかのカギは、情報的機能」にこそあると論じた。彼は、消費者の購買動機に関する調査から「情報的動機が商品の購買動機として、きわめて高い比重をもっており、実用的動機は概ねそれに劣る」と分析している。こうした消費者の嗜好にうまく対応しようとすれば「すべての産業はそれぞれなにがしかずつ情報産業化して」いかざるを得ず、突き詰めると「全産業が情報化する」ことになる。

3 情報の産業化とは何か

2つ目は「情報の産業化」である。前述した傾向で、デザインや広告など情報関連の活動が多くの企業や産業で盛んになるにつれて、こうした活動を専門に引き受ける新しい企業が生まれ、それらの企業が群を成して産業を興し経済全体の中で比重を高めていく。確かに、アマゾン、グーグル、フェイスブック、楽天など現在華々しく事業展開しているネット関連企業は、15年前には存在しなかったか、あったとしても細々とした活動に過ぎなかったが、情報技術革新に促されて、今ではネット関連の経済活動がある一定のまとまりをもつ独立した産業を形成し発展を続けている。

これを端的に示すのが日本の広告市場の動向である。ネットを活用した広告は、当初は一般企業のオフィスの片隅で、ホームページ上のバナー広告などを制作するというような小さな活動に過ぎなかったが、次第に独立した企業群を形成し、２００４年にはラジオ広告を、２００６年には雑誌広告を、さらに２００９年には新聞広告をそれぞれ上回る産業へと成長し、現在ではテレビ広告に次ぐ勢いに発展を遂げている。

４　両者の違いを産業連関表で考える

「産業の情報化」と「情報の産業化」の両面から情報化の進展をとらえ、しかも数値化して分析するにはどうすればよいだろうか。アプローチはいろいろあるだろうが、最も適していると考えられる手法の１つが産業連関表による分析である。情報分野の経済活動に関する統計が整備されるにつれて、産業連関表の内容もどんどん「情報化」している。具体例をあげると、２００９年3月に公刊された最新の産業連関表では、インターネット付随サービスが新たな産業部門として登場している。

図表２－７は産業連関表の概念図だが、このマトリクスをタテ方向（投入表）にみると、例えば自動車産業では車の生産のためにどのような経済資源が投入されているか――鉄鋼製品やゴム製品やガラス製品をいくら使い、広告にいくらかけたかなどの投入構造――を読み取ることができる。

また、これをヨコ方向（産出表）にみると、例えば半導体などのＩＴ部材がどの産業の生産活動でい

図表2-7　産業連関表で考える「産業の情報化」と「情報の産業化」

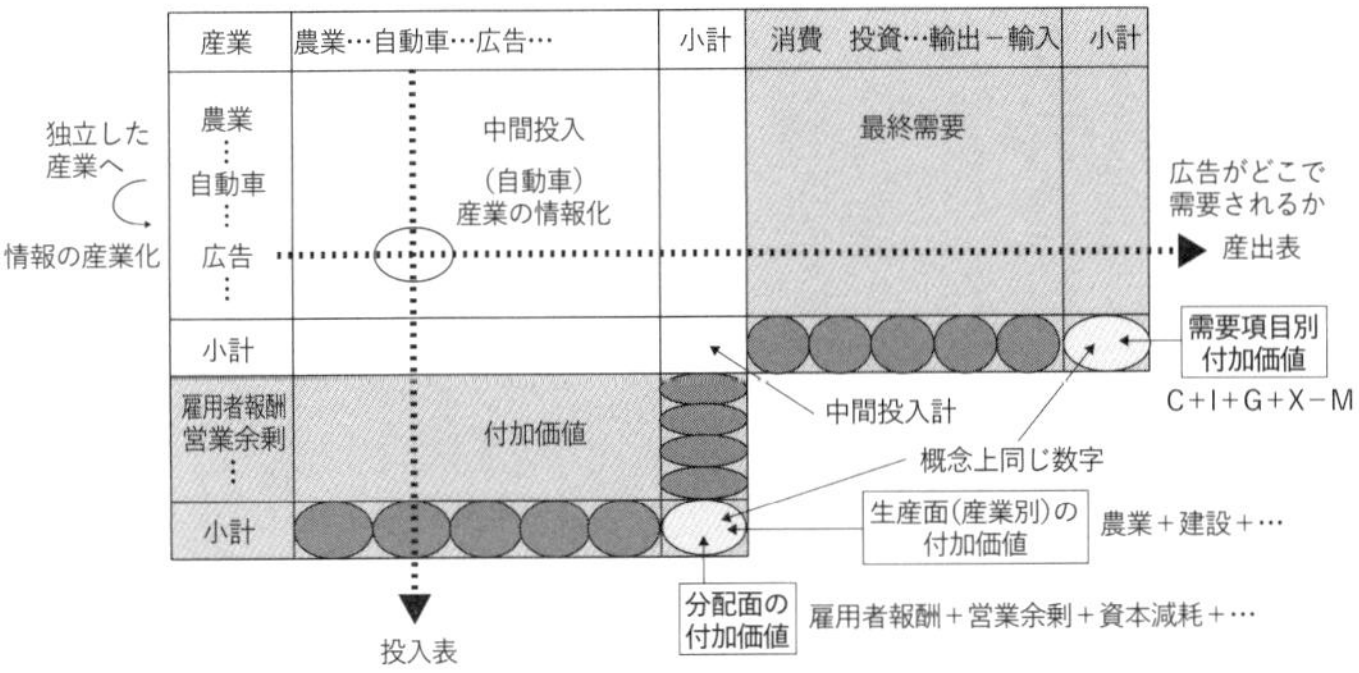

自動車がどの産業からの材料（投入）で生産され、生み出された付加価値がどう分配されるか

くら使われているか、あるいは、広告や情報処理などITに関連したサービス活動がどの産業でどのくらい必要とされているか、産業部門ごとに需要先の構成を追うことができる。

産業連関表のこうした仕組みをうまく使うと、様々な産業における情報投入——例えば、広告費や情報処理にいくら費用がかかったか——の変化を追うことで「産業の情報化」を計測することが可能である。さらに、「情報の産業化」という点では、ITに関連したいくつかの財・サービスの生産活動を1つにまとめることで、情報産業の規模やその波及効果などを計測する道も拓かれる。かつては未来論、文明論的に語られてきた「情報化社会」を客観的な統計データをもとに体系的に分析することが可能になるのである。

情報をキーワードに私たちの社会を巨視的にとらえ、経済や産業の変貌を描くという点で、情報化社会論は経済発展論や産業構造論と深く結びついている。ただ

図表2-8 「発展」をめぐる情報化社会論の展開

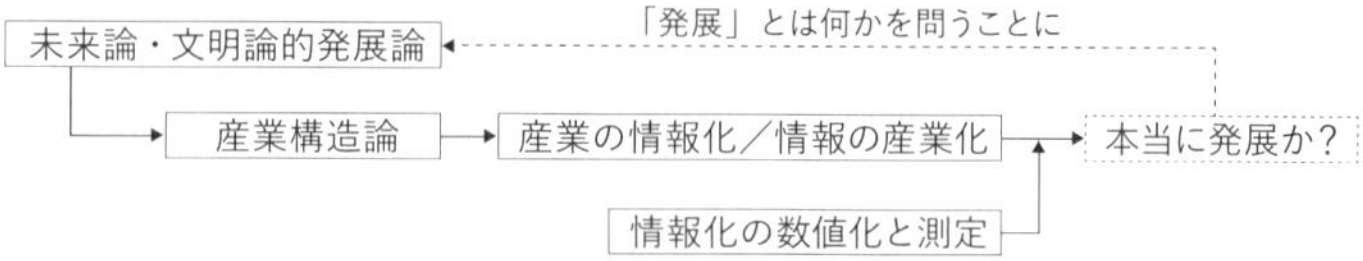

し、その一方で、分析の対象に曖昧さを残した気宇壮大な議論も多く、中には奇想天外な見解もあって、実証分析にはなじまない面が多かったのも事実である。だが、財の生産について単に物的な価値＝実用的機能だけでなく、デザイン、色、ブランドなどの非物的価値＝情報的機能が重要性を増し（＝産業の情報化）、そのことが広告、放送、出版、調査・研究といった情報関連産業の成長基盤になる（＝情報の産業化）という概念整理と並行して、数値化の努力も地道に積み重ねられてきた。

とりわけ、1980年代以降は、産業連関表などを用いた実証分析が活発になり、情報化社会論は定性的な議論にとどまらず、定量的な分析に基づく議論へもウィングを広げることになった。ところが、こうした実証分析が深まるうちに「情報化の進展は本当に発展といえるのか」という思いがけない疑問が生まれた。情報化が進めば経済成長が鈍化するという分析結果が導かれたからである（図表2－8）。

5 情報化すれば経済は停滞する？

1 政府も力を入れた実態把握の取り組み

産業や経済の実証分析について、日本では、統計資料などの数値情報が豊富に揃う旧通商産業省や旧経済企画庁といった経済官庁の取り組みが重要な役割を果たしてきた。情報化についても同様で、廣松・大平（1990）によると、これらの官庁では既に1960年代半ばから情報化をテーマにした審議会答申や各種の報告書が出されている。情報化がかなり早い段階から注目されていた証左といえるだろう。

当時の日本は、敗戦後の混乱から立ち上がり、欧米先進諸国の仲間入りを果たすことに懸命な努力を重ねていた。将来の有望産業を育成する観点からも、また、経済全体の成長戦略を練る観点からも、情報関連市場の需要見通しとその拡大に伴う産業構造や就業構造の変化について関心が寄せられていたのである。

こうした産業政策や経済政策に軸足を置いた問題意識は、その後の日本における情報化の実証研究に少なからず影響を及ぼした。日本の定量分析では、梅棹（1963）らが展望した「情報化社会」がどのように進展しているか、その実態を「情報の産業化」や「産業の情報化」という側面から明らかにする点に主眼が置かれ、情報に関連した産業活動や雇用機会が拡大していく様子を統計データの裏付けによって確認しながら、その時々の政策に反映していくという関係が築かれた。

2 数字でみる日本経済の情報化

情報化の実証分析に関する具体的なアプローチをみると、その源流は米国にたどり着く。マハループ（1962）は米国で知識の生産・流通活動に多くの資源が投入されていることに着目して、様々な角度から経済全体に占める「知識産業」の割合が高まっていることを定量的に示し、ポラト（1977）はそれをさらに精緻化して情報化指標を作成した。

情報（あるいは知識）産業の定義や具体的な計測方法等では差異があるものの、日本の実証研究はこれらの流れを汲むものであった。先駆的な研究を行った大平（1982）は、ポラトの手法を日本に適応して情報化の進展度を計測している。その中で大平は、さらに独自の産業連関分析を加えて、サービス・情報産業が自立的な物財産業の活動に依存していることを明らかにした。また、情報職業就業者の割合をもとに、日本の情報化が1980年の段階で米国との間に10年以上の開きがあることも示している。

一連の研究を踏まえて、廣松・大平（1990）は日本の産業を放送、広告、情報提供サービスなど情報財の生産を行う狭義の「情報産業」、情報活動に利用される財・サービスを提供する端末機器製造や通信などの「情報支援産業」、それ以外の一般産業群からなる「非情報産業」に3分類した上で、新しい視点として一般企業の組織内情報活動を視野に入れて、より体系的、包括的なマクロ実証分析を行った。

それによると、1985年における情報産業の中間投入を含めた総産出額は27兆円、これに情報支援産業を加えた広義の情報関連では総産出額が79兆円となっているが、分析結果で注目されるのは、一般企業の組織内情報部門の費用総額がこれらをはるかに上回る117兆円の規模に達していることである。一般企業における情報活動の拡大（＝産業の情報化）が情報産業の発展（＝情報の産業化）を促している構図が具体的な数値情報で浮き彫りになった。

日本の情報化はその後も一段と進んだ。同様の分析を行った飯沼・大平・増田（1996）によると、1990年には情報産業の総産出額が34兆円と5年間で26％増加し、これに情報支援産業を加えた広義の産業規模でみると、同40％増の110兆円となっている。さらに、一般企業の組織内情報活動にかかる総費用は5年間で48％増加して173兆円の規模に拡大している。1980年代後半の5年間で、情報関連の産業規模は約3〜4割拡大しており、「情報の産業化」は、もちろん順調に進んでいるが、それにも増して、一般企業における情報活動の拡大、すなわち、「産業の情報化」が急速なペースで進展している様子が窺える。これらの実証分析によって、日本は「情報の産業化」と「産業の情報化」が車の両輪のようにうまくかみ合い、急速に「情報化社会」へ突き進んでいることが確認された。

3 果たして情報化の進展は発展といえるのか?

ところが、ここで厄介な疑問が生まれた。情報関連産業の成長や一般企業の情報活動の増大は、確かに「情報化」の進展度を測る重要な指標であるが、別の見方をすると、それが最終的な付加価値の向上につながらなければ、経済活動の中で情報費用という新しいコストが増大しているに過ぎないといえる。林(1969)に準じると、万年筆の生産のために、デザイン料や広告費をより多くかけた結果、高コスト構造となって収益を圧迫するようなことが、マクロ的にも起きてしまうという話である。

一般に、中心産業が工業からサービス業や情報産業へと移っていく「ソフト化」や「情報化」は、それ自体で〝経済発展〟の証とされるが、この見方には注意が必要なのである。この点は飯沼・大平・増田(1996)の次の指摘が的を射ている。

情報活動とは、〔中略〕経済活動にとって手段であっても目的ではない。〔中略〕われわれがパソコンやソフトを購入し利用するのは、そのほうがパソコンがないときよりも一層効率よく仕事ができるからであって、パソコンやソフトを購入するのが目的ではない。〔中略〕それにもかかわらず、これが産業全体あるいは国民経済全体になれば、その見方に変化が生じ、情報産業や情報活動の成長がその経済にとってあたかも経済発展の成果であるように錯覚してしまうということが起こりうる。つまり、情報化という手段を目的視するという間違いを暗黙のうちに犯しうる。情報産業の発展が持つ、その経済にとっての意味付けはここでの議論とは別の次元で行われるべきものである。

この指摘は、生産的情報を念頭に置いたもので、消費的情報については必ずしも当たらないが、バラ色の情報化社会論が見落としがちな点であることは間違いない。また、大平(1982)によって早い段階から指摘されていたことであるが、サービス活動が中心となる情報部門は、物的生産が中心となる非情報部門に比べて労働生産性が低く、両部門の生産性格差を単純に当てはめれば、情報化の進展に伴って「情報部門が大きくなればなるほど、GNP全体の成長率の低下を招く」というパラドックスに直面する。

情報化の進展によって経済効率が低下するのを防ぐには、情報部門の労働生産性を引き上げる工夫が必要であり、そのための取り組みこそが、かつていわれたオフィス・オートメーションの導入(OA化)、今日いうところの情報化投資に他ならない。したがって、情報化に関する実証分析では、情報産業の拡大といった量的側面だけでなく、それを導入し利活用する一般産業の効率性に焦点を当てた「生産性分析」が重要になってくる。

4 日米で異なる生産性論争へのアプローチ

ちょうどその頃、海の向こうの米国でも、情報化による経済成長に懐疑的な見方が澎湃《ほうはい》とわき起こった。いわゆる「ソローの生産性パラドックス」である。ここで注意が必要なのは、日本と米国では「パラドックス」に至るアプローチが若干異なっていたことである。

日本の場合は、大平（1982）が指摘したように、労働生産性の低い情報産業の拡大は、経済全体の発展や成長には必ずしも寄与しないのではないかという問題提起であったが、それは、日本の実証分析が情報に関連した「産業の拡大」を主な対象としてきたからに他ならない。他方、米国の実証分析では、一般企業におけるITという新技術の「導入効果」に関心が集まり、様々な産業における「IT利用」が対象となっていた。

別のいい方をすれば、日本では、情報化によって関連産業への「需要」がどの程度「量的に拡大」し、産業構造がどう変貌していくか、産業政策や経済政策の観点からも関心がもたれたのに対して、ビジネス界の関心とアカデミズムの経済分析とが密接な関係にある米国では、「IT利用」を目的に実行された民間企業の投資が「供給サイド」の「効率性」をどの程度高めるのか、その投資効果が主な関心であった。つまり、日本では、「産業」「需要サイド」「量的拡大」が主な関心だったのに対して、米国では、「利用」「供給サイド」「効率性」に関心が高まったのである。

いずれにしても、この生産性をめぐる議論がインフォメーション・エコノミーの新展開につながった。度々指摘しているように、ミクロ経済学の応用として緻密な論理が積み重ねられた「情報経済学」と気宇壮大な文明論にまで広がる「情報化社会論」との間には埋めがたい溝があったが、ノーベル経済学賞を受賞した学者らを交えた論争によって、生産性や経済成長といった主流派のマクロ経済学者が関心を寄せる領域へと導かれたからである。

第3章

生産性論争とは何か

――ソロー・パラドックスとニュー・エコノミー論

1 ソロー・パラドックスとは何か

1 製造業が国を救うのか?

"You can see the computer age everywhere but in the productivity statistics"（いたるところでコンピュータの時代を目にするが生産性の統計ではお目にかかれない）というソローの軽妙なコメントは、コーエンとザイスマンによる共著*Manufacturing Matters: The Myth of the Post-Industrial Economy*（『脱工業化社会の幻想――製造業が国を救う』）に対する書評の中の一節である（Solow［1987］）。後にソロー・パラドックスといえば「情報化が進んでも生産性の向上が実現しない逆説」と認識され、さらに「情報化投資による生産性向上は、統計的に確認できるか否か」という実証研究の論争へと展開していくが、もともとの問題提起は「1970年代以降に米国経済が直面した生産性の長期停滞の原因は一体何なのか」というものであった。

この本が出版された1980年代後半は、自動車や電機などの製造業を中心に、日本経済が優れた国際競争力とマクロ経済パフォーマンスを示す中で、米国経済が停滞感を強めた時期であった。コーエンらは、経済のサービス化や脱工業化をはやしたてる当時の論調に対して、サービス活動は製造業の活動と密接につながっており、彼らの書名がまさに示すとおり「製造業こそが国を救う

（重要である）」と論じた。

同書への書評で、ソローは、米国が日本や西独などと厳しい国際競争を繰り広げる中で、高い賃金や投資収益を確保し悪化した対外バランスを回復させるには、製造業の再生が欠かせないとして、著者らの主張に一定の理解を示しつつも、次の点で鋭い疑問を投げかけた。それは、研究開発や技術開発に積極的に取り組むことが生産性向上への道であり、高度なエレクトロニクス技術やコンピュータ技術を導入した生産の効率化＝「製造業革命」が欠かせないと強調される場面である。

2 "Why"というソローの深い問いかけ

ソローは、先進国は新技術や研究開発への投資を積極化しているにもかかわらず、どの国も1970年代以降に生産性上昇率の下方屈折に見舞われているではないか、と反論したのである。そして著者らだけでなくソロー自身も日本や西独が「相対的に」優位になった真の要因を正確には理解しておらず、生産性の問題は未解明のままであると問題提起した。

この論旨の中で、書評の終盤にさりげなく述べたのが先の「いたるところでコンピュータの時代を目にするが生産性の統計ではお目にかかれない」という有名な一文である。つまり、ソローが提起した「生産性パラドックス」は、ITの導入が生産性の向上に寄与するかどうかの検証という限定的な問題ではなく、長期的にみて米国の生産性上昇率に下方屈折がみられるのは「何故」なのか、たとえ最新技術の象徴といえるコンピュータを導入してもこの停滞が克服されないのは一体どうしてなのかを問うものであった。

それは同時にコーエンらも論じている脱工業化や情報化、さらには1980年代の日米経済の明暗をも視野に入れた幅広い文脈から発せられており、米国を取り巻く当時の経済情勢を色濃く映し出した深い問題提起であったといえる。

3 社会に漂う明るい未来論への懐疑

1980年代は、かつて未来論、文明論的な文脈で遠い将来の話として語られてきた情報化社会がより具体的で現実的なイメージを伴って身近に意識され始めた頃である。2度のオイル・ショックで、資源やエネルギーを大量に使う鉄鋼や化学などの重厚長大型の産業が限界に達し、省エネルギー型の自動車製造や半導体などの電子機器製造が新しい産業として伸び始めた時期にあたる。

コンピュータ産業では、集積度の増したIC（集積回路）を利用して、小型のパソコンが出回り始め、大型計算機メーカーの巨人IBMも1981年にPC市場に参入した。通信分野をみると、米国では独占的企業のAT&Tが1984年に分割され、日本では1985年に電々公社がNTTへ民営化されると同時に新しい通信事業者の設立と市場参入が始まった。コンピュータと通信の融合などを囃して「ニューメディア・ブーム」がわき起こったのもちょうどその頃である。

ところが現実には、多くの企業がこぞって情報化投資を行い、その維持・運用や新機種への更新投資などで、経済全体としては相当の資金を費やしたにもかかわらず、目にみえる効果がなかなか現れていなかった。ソローの軽妙なコメントは、バラ色の情報化社会論に対する痛烈な一撃となり、楽観的な展望と現実との間に大きなギャップを感じていた人々の関心をひきつけた。

4 マクロ経済学のメインストリームも論戦に参入

ソロー・パラドックスは、情報化をマクロ的にとらえる研究領域に新たな可能性を切り拓くきっかけにもなった。マクロ経済学のメインストリームにある成長理論や生産関数を用いた実証分析はもちろんのこと、新技術導入の経済的影響に関する歴史的な分析、企業組織や資本市場、労働市場との関係などまさに「経済学のあらゆる分野」を総動員してこのテーマの分析が盛んに行われるようになったからである(Jorgenson[2001])。情報化社会論はマクロ経済学の舞台に躍り出たといえる。

もっとも、論争の過程で「生産性が長期的に低下したのは何故か」というソローの深い問いかけは、「情報技術の導入は果たして生産性の向上に寄与しているか否か」という特定化されたYes / No Questionへと変貌していった。1990年代初頭までの研究では、情報化投資と生産性の間に肯定的な関係が確認されず、パラドックスの存在を支持する分析結果が数多く出されていた。米国労働省の報告書には、情報化投資と生産性に関する過去の研究成果がレビューされているが、それによると、1980年代から1990年代初頭までは、情報化投資と生産性の間に肯定的な関係が確認されず「ソロー・パラドックス」の存在を支持する分析結果が数多く出されていることがわかる（U.S. Department of Labor［1994］）。

レビューで取り上げられた研究内容の要約によると、例えば、最新の情報システムを導入した2000社に対する調査結果では、少なくとも4割で期待した効果が得られなかったことが示されている。また、欧米の製造業60社を対象に情報化投資の生産性に対する影響を分析した研究では、情報化投資と生産性の間に強い関係は検証できず、主要製造業の33事業部門について1982年から87年までのデータで情報化投資の効果を分析した研究でも、両者の間に有意な関係は検証されなかった。さらに、情報化投資はむしろ生産性にマイナスの影響を及ぼしているとする分析結果もあったと報告されている。

こうした研究の状況に変化がみられ始めたのは1990年代半ばのことである。米国経済が情報化投資の増勢とともに長期の停滞を脱して再活性化するにつれて、企業レベルのミクロ分析、経済全体のマクロ分析、産業レベルのセミ・マクロ分析で情報化投資のプラスの効果を確認する研究結果が相次ぐようになった。それにつれて議論の枠組み自体も大きく変わることになる。

2 解消に向かうパラドックス

1 企業レベルの実感

米国経済は1991年3月から2001年3月まで10年に及ぶ長期の景気拡大を達成した。景気回復の序盤には、厳しい雇用情勢が続いたため、「Jobless Recovery（雇用なき回復）」といわれたが、情報化投資に牽引された景気拡大の中で、米国企業の体質改善が劇的に進んだのも事実である。

Business Week 誌は1993年6月に「The Technology Payoff（技術に効果あり）」という特集を組み、ITの導入が企業や産業の生産性向上に効果を現し始めたとする複数の事例を取り上げた。また、翌1994年5月には、「The Information Revolution（情報革命）」というタイトルの増刊号を出し、インターネットの普及などに触れながら「今や情報革命への臨界点を越えつつあり」企業、産業、経済の繁栄にとって重要なテーマになったと訴えている。

長く失われていた成長力に再加速の兆しがみえ始め「これまで企業が費やしてきた莫大な情報化投資がついに全面的に開花したことを反映している可能性がある」と肯定的にとらえる論調からは、情報化投資を原動力とする景気拡大の中で、「ソロー・パラドックス」が解消しているとの実感が産業界に生まれていたことを窺わせる。

2 進むアカデミズムの実証研究

産業界のみならず、研究者たちの間からも肯定的な分析結果が報告され始めた。その先駆けとなったのが、ブリニョルフソン＝ヒットの論文である。1987年から1991年までの367社のミクロ・データをもとにした生産関数モデルの推定結果をみると、コンピュータ関連の投資収益率は一般資産に比べてかなり高く、「生産性パラドックスは解消された」と結論付けられている（Brynjolfsson and Hitt［1993］）。筆者は同様の分析をマクロ・レベルで行うべく、コンピュータの他に通信機器やオフィス機器も含めた広義の概念で計測を行った（篠﨑［1996］）。資本ストックを情報関連ストックと一般資本ストックに分けたモデルの推定結果から資本の限界生産性（資本ストックを追加的に1単位増加させたときに得られる付加価値の増分）を求めたところ、一般資本ストックの限界生産性が20・2％なのに対し、情報関連ストックの限界生産性は63・9％とかなり高いことが確認できた。これは、一般資本に対する情報資本の割合が高まるほど、つまり、資本設備の情報化が進むほど労働生産性が向上することを意味する。分析結果から実際に計測してみると、1982年から1994年までの米国の労働生産性上昇率のうち約3分の2は、資本設備の情報化で説明されることが判明した。

このように、情報化投資の効果について肯定的見解が現れ始めた背景には、米国経済の再生という確かな実態が備わっていた。日本にとって1990年代といえば、かつてジャパン・アズ・ナンバー・ワンと称された経済力が勢いをなくし始めた時期にあたる。これとは対照的に、米国は1970年代から続いていた長い停滞期を脱し、経済が再活性化した年代であった。史上最長といわれる長期の景気拡大は、物価の安定と低い失業率が両立する中で実現されたが、その牽引力は企業の設備投資で、中でも情報化投資の力強い増勢が一番の原動力となっていた。マクロの経済統計をみると、実質設備投資の増加の3分の2は情報化投資で、最新の情報技術に対する集中的な投資が経済再生の「かなめ」であったことがよくわかる。

3 電力革命と情報革命

ソロー・パラドックスの解明は歴史的な観点からの分析も進められた。デービッドは、19世紀末から20世紀にかけての第2次産業革命期にみられた電力技術の導入を分析対象に取り上げ、新技術の導入開始から生産性向上の実現まではかなりのタイム・ラグがあったことを丹念に跡付けている。それによると、1881年のニューヨーク中央発電所建設から約20年後の1899年時点で、電気の普及率は製造業で5%、一般家庭で3%に過ぎず、普及率が5割を超えたのは、さらに約20年後のことであった(David [1989])。

電化がもたらす経済社会全体へのプラスの効果はそれから後にようやく現れ始めた。デービッ

図表3-1 創造的破壊を伴うS字型の経済発展

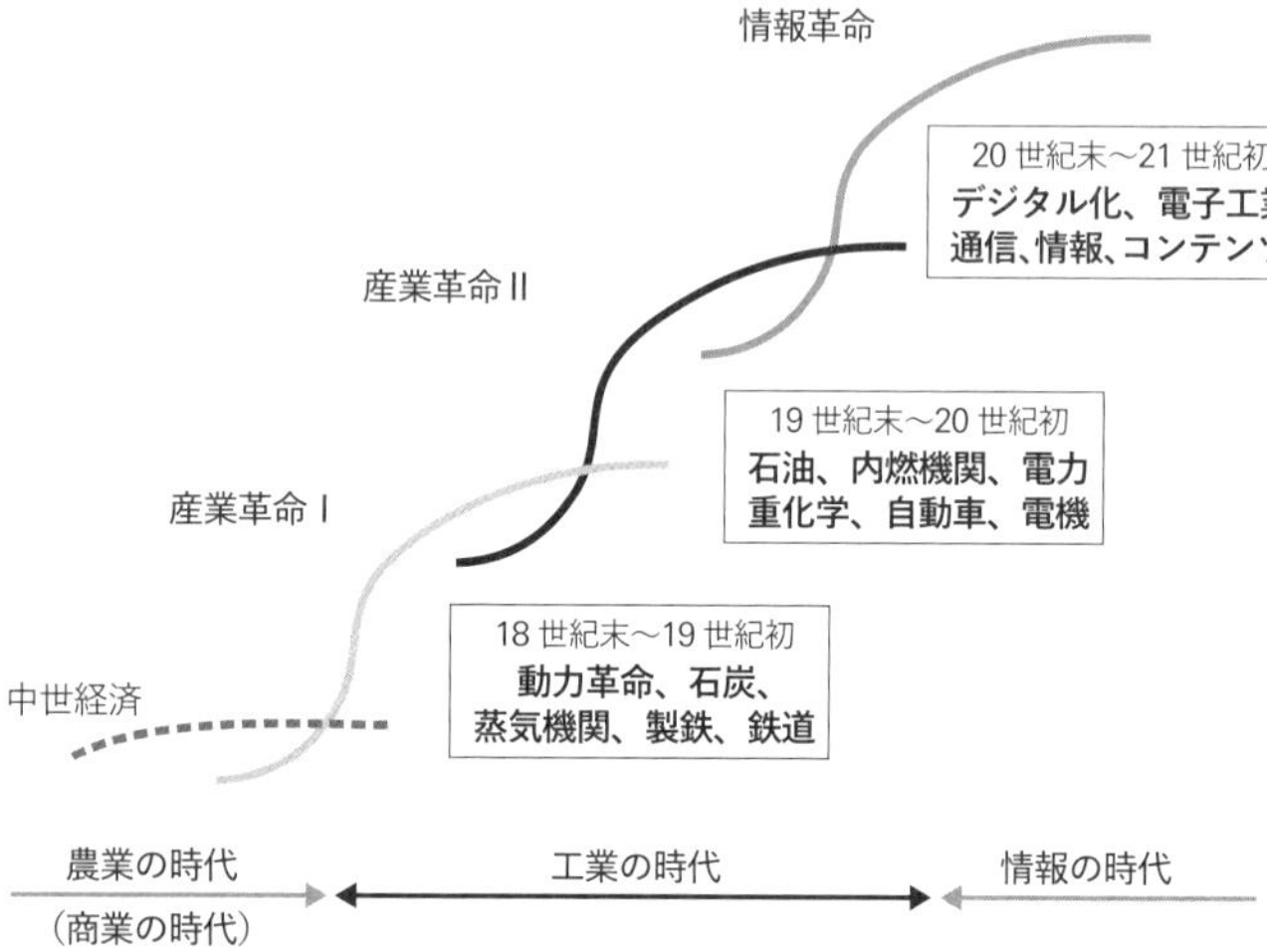

ドによると、米国製造業の全要素生産性は1920年代以降に急上昇したが、それまでの間は、蒸気機関という旧技術と電力という新技術の併存による非効率が避けられない。電力の導入が工場内のスペース利用、照明度、施設の維持管理、安全性の面ではるかに優れているとしても、既存の稼働可能な設備装置をすべて廃棄して一気に電力対応型へと更新したのでは、過去の投資が膨大な埋没費用となって経営を圧迫してしまう。そのため、動力源が蒸気か電力かによって工場内の設備配置と作業内容が全く異なるとしても、新技術と旧技術との併存期間が続かざるを得ない。こうした新旧技術の二重構造は、人材育成や組織管理などの面で非効率の温床となり、経済全体の生産性を停滞させることになるのである。

だが、別の見方をすると、一定の期間を経て旧技術から新技術への転換が完了したあかつきには、新技術導入による生産性上昇の効果が全面的に現れることを意味する。この点は、経済発展の軌跡を長期の時間軸で観察すると、単調な右上がりではなく、助走期、勃興期、成熟期と推移するS字型の曲線が描かれるという歴史的経験からも類推できるだろう。

4 社会の適応には2世代かかる？

電気の発明と電力技術の導入では、社会の適応に「40年から50年の時間」を要しており、およそ2世代分の時間軸に相当する。この歴史的アナロジーからは、1950年代に始まったコンピュータ開発と商業利用による技術革新の効果は、1990年代以降にようやく現れ始めるという解釈を可能にする。つまり、それ以前に生産性向上を求めることは「非現実的な性急さ」なのである。

確かに、技術変化の時間軸に比べて人的資源、組織体制、社会制度などの適応には、より長期を要するという事実は、現在も厳然と横たわっており、新技術導入の経済効果という今日的な問題を考察する際には、歴史分析が貴重な手掛りを与えてくれる。米国の生産性論争では、こうした歴史分析が学会のみならず産業界でもかなり説得力をもって受け入れられるようになった。

「パラドックスの解消は時間の問題」という期待感が社会全体で醸成されていたのである。ソローが問題提起を行った1980年代後半は、米国経済は繁栄に向けて正しい道を歩んでいるのか、という「不安」や「迷い」が強かった。これに対して1990年代半ば以降は、そうした意識が希薄になり、むしろ米国経済は正しい道を歩んでおり、今は生産性の向上が明示的に確認できないが、間もなく明らかになるという強い「自信」が芽生えていた。

こうした論調の変化にはソロー・パラドックスが発せられてから10年間にみられた米国経済の驚くほどの再生が影響していたのは間違いない。やがてそれは、過剰な自信とバブルの雰囲気を醸し出し、ジャーナリスティックで熱狂的なニュー・エコノミー論へとつながっていく。

3 暴走するニュー・エコノミー論

1 議論はどう膨張したか

パラドックス解消の期待感が広がる中、1990年代の後半にわき起こったのが「ニュー・エコノミー」論である。1996年10月7日号の*Business Week*誌は、FRB（米連邦準備制度理事会）の金融政策に関する論評の中で、大文字の固有名詞として「ニュー・エコノミー」を用いている。それによると「ニュー・エコノミー」とは、技術革新やグローバル化が進展する中で、設備投資の増勢と激しい国際競争による生産性の向上で、インフレーションを加速させることなくより高い成長を実現することが可能になった米国経済の姿を表す言葉で、産業界の多くが支持していたとされる。

ニュー・エコノミー論では、第1にインフレなき景気拡大の強さはいかほどか、第2にこの好景気がいつまで続くのか、すなわち「成長率の高さ」とその「景気の持続力」に主要な関心が向けられた。第1の論点は、潜在成長力への関心を通じて生産性の問題につながり、第2の論点は、インフレーションの加速が引き起こす景気の転換点への関心を通じて景気循環の問題につながった。つまり、生産性の問題だけでなく景気循環の問題にも議論が膨張したところにニュー・エコノミー論の大きな特徴がある。

2 グリーンスパン証言はお墨付きを与えた？

ニュー・エコノミー論は1997年7月のグリーンスパンFRB議長の議会証言や同じ時期に出された著名学者らの論文をきっかけに一段と注目されるようになった。当初は充分な検証がなされてはおらず、産業界や市場関係者の期待が入り混じった感覚的議論の域を出ていなかったため、ニュー・エコノミー論の正統性を求めるべく、経済分析能力の高さで定評のあったグリーンスパン議長やアカデミズムの関係者がこれをどうみるかに高い関心が寄せられていたのである。

慎重な姿勢のグリーンスパン議長は、1996年12月には株式市場の急ピッチな上昇を「根拠なき熱狂（irrational exuberance）」と牽制し、1997年2月の議会証言では「歴史を振り返ってみても、〝新時代（new eras）〟というのは、結局幻想に過ぎなかったという教訓が得られる」と述べており、安易な楽観論に対して一定の距離を置く姿勢を貫いていた。

ところが、その後の発言で次第にトーンが変わっていく。1997年5月の連邦公開市場委員会（FOMC）では、「実際の生産性は現行の公表統計以上に上昇し、インフレーションの抑制に重要な役割を果たしている可能性がある」との見解を示した。こうした経過の中で注目を集めたのが、タイ・バーツ暴落に端を発したアジア通貨危機の渦中に行われた1997年7月の議会証言である。

グリーンスパン議長は「現在の発展が、国の内外で起きている1世紀のうちに1、2度起きるような生産性の上方シフトかどうか、あるいは、通常の景気循環の中でたまたま異例の事態が起きているだけなのかはわからない。最近の生産性の向上は一時的で短期的な需要や産出の増加によって作り出されたものであるかもしれない」と、いつもの慎重な言い回しを行った。だが、同じ議会証言の中で実質成長率見通しの上方修正とインフレーション見通しの下方修正を行い、米国経済が長期的に効率性を改善しているとの判断をほのめかした。この文脈で「1世紀に1、2度起きるかどうか」という表現を用いたのである。

エコノミストや市場関係者の間では、インフレーションを最も警戒するFRBが、生産性上昇による潜在成長力の上方シフトを認めた証言であると解釈された。日本の新聞では「米国企業のハイテク投資に伴う生産性の大幅上昇について『100年に1度か2度の現象』である可能性に言及した」とさえ報じられた（「日本経済新聞」1997年7月23日付夕刊）。

3 クルーグマンの批判

同じ時期にもう1つ注目されたのがクルーグマンのニュー・エコノミー論に対する批判である。1997年7・8月号の*Foreign Affairs*には、歴史的考察から景気循環の安定を論じたフィッシャーの著書*The Great Wave: Price Revolutions and the Rhythm of History*に対するクルーグマンの批判的書評が掲載された（Krugman［1997a］）。

その中で、クルーグマンはインフレなき長期の経済成長が続いた結果、1990年代初頭の景気後退を最後にもはや不況は訪れないとする楽観的な議論が蔓延しているとニュー・エコノミー論を牽制した。1960年代も同じような主張が広くなされたが、実際は異なる結果に終わり、歴史的に考察するならば、景気循環は常に生き残ると解釈しなければならないと反論したのである。クルーグマンは1997年7・8月号の*Harvard Bussiness Review*でも、失業率と成長率の間に成り立つ「オーカンの法則」をもとに、米国の潜在成長率は従来と変わらず2％台前半だと主張し、ニュー・エコノミー論の楽観的姿勢を痛烈に批判した。

経済誌などのジャーナリズムで繰り広げられていたニュー・エコノミー論にグリーンスパン議長や著名な経済学者が加わったことで論争は一段と白熱した。もちろん、景気の波が緩やかになったと主張した研究者も、論文を仔細にみると景気循環が完全になくなったと断じたわけではなく、サービス化、グローバル化などによって、経済全体の柔軟性が高まったと指摘したに過ぎない。例えば、1997年7・8月号の*Foreign Affairs*で景気循環が緩やかになったと論じたウェバーは、"Those fundamental forces of the business cycle have not gone away"と記している（Weber［1997］）。だが、論争の過熱とともに、米国経済は永遠の繁栄期を迎えたとする主張が市場関係者の間でもてはやされるようになり、中には既存の経済学は古くなり過ぎて現代の経済には適用できないという意見さえ現れた。

4 生産性論争の結末はどうなったか

1 現実が否定した「極論」と新たな「極論」

当時の論争を整理すると、現象面では生産性上昇率の加速、景気循環の消滅、株式相場の上昇が取り上げられ、要因面では情報技術革新、グローバル化、規制緩和、労働市場の変化などが指摘された。こうしてみると、ニュー・エコノミー論はソロー・パラドックスの解明として取り組まれてきた一連の生産性論争の過程で、1990年代後半の一時期にみられた議論の膨張だということができる。それはある意味、経済再生を果たした当時の米国の世相を映し出す一種のバブル的現象でもあった。

安易なニュー・エコノミー論に対して慎重なスタンスを取り続けたクリントン政権の経済諮問委員会は、同政権による最後の経済報告書（2001年）でニュー・エコノミー論を全面的に取り上げ、それを「技術革新と企業行動と経済政策の高度化が結びつくことによってもたらされた、生産性の向上、所得増加、低い失業とインフレーションの抑制という特筆すべき経済成果」だと定義した。その上で、経済学の基本法則がもはや通用しない領域に転換したと考えるのは大きな誤りであり「経済は依然として景気循環による変動を受けやすい」との賢明なる一文を付け加えることも忘れなかった。

その後の経過がこれを如実に物語っている。コンピュータ・プログラムの西暦2000年問題（Y2K問題）を背景に一段の金融緩和が加わり、1990年代末から2000年にかけてはITバブルの様相が強まったが、数カ月後にはその反動による株式市場の下落と景気後退でバブルが崩壊し、「景気循環の消滅」や「永遠の繁栄」という極論は見事に否定された。

とはいえ、IT導入による生産性の向上が幻だったと考えるのも短絡的であろう。1990年代にみられた集中的なITへの投資を十把一絡げにただの「バブル」ととらえ、経済構造に何の影響も与えなかったと結論付けてしまうのは、別の意味で「極論」といえる。実際、ニュー・エコノミー論がジャーナリスティックに過熱する中、ソロー・パラドックスの解明というアカデミックな研究は、この喧騒に一線を画して着々と進んでいた。

2 ソロー自身が納得した結末

実証研究の分野では「成長率や生産性の加速に対する情報処理技術や通信技術の役割」の問題を「狭義」のニュー・エコノミー論として、膨張した他の議論との混同を避けている（Bosworth and Triplett［2000］）。情報化の経済効果に懐疑的な立場を取り続けるゴードンも、研究の面では、ニュー・エコノミーの定義をＩＴと生産性の問題に限定している（Gordon［2000］）。その意味で、学術研究の領域で使われるニュー・エコノミーという用語は、まさにソロー・パラドックスの解明問題に他ならない（図表3－2）。そして、これまでになされてきた多くの実証分析によって、第1に、1990年代の米国経済が「生産性上昇率の下方屈折」という1970年代以降の停滞期を脱し「生産性の向上を復活させた」こと、第2に、それが「ＩＴ投資の活発化とともにみられた」ことの2点は、少なくともアカデミックな世界では共通認識になっている。

1987年にニューヨーク・タイムズ紙の書評で生産性のパラドックスを指摘したソロー自身も、2000年3月に同紙の取材に応えて「今や、生産性の統計でもコンピュータ（の効果）を目にすることができる」と述べている。ただし、取材の中でソローは、「もし生産性の向上が次の景気後退局面でも続けば安心なのだが」とさすがにノーベル経済学賞を受賞した学者らしい慎重さをみせている。

図表3-2　ソロー・パラドックスとニュー・エコノミー論

ニュー・エコノミー論（広義）
- 景気循環の消滅・株価の上昇
- 生産性向上＝ソロー・パラドックスの解明（狭義のニュー・エコノミー論）

図表3-3　生産性論争の結末

（年率%）

	1959-73	1973-95	1995-2006	変化	
	(1)	(2)	(3)	(2) −(1)	(3) −(2)
労働生産性(ALP)	2.8	1.5	2.6	−1.3	+1.1
情報資本深化(IT)	0.2	0.4	0.8	+0.2	+0.4
全要素生産性(TFP)	1.1	0.4	1.0	−0.7	+0.6

↑ Solow Paradox（(2) −(1)）　↑ New Economy（(3) −(2)）

備考：Jorgenson, et al. (2008) より作成。

図表3-4　極論に惑わされないアカデミックなコンセンサス

1) IT＝Nothing ×
ニュー・エコノミーはただの幻想
ITは全く意味がない

2) IT＝Everything ×
ITですべての問題が解決
ばら色の社会・職場が自動的に実現

3) **アカデミックなコンセンサス** ○
ITは生産性や経済成長に深く影響する
ただし、その実現には様々な「仕組み」の見直しが必要この点に関しては、その後2000年代後半になされたフォローアップの研究をみるとよいだろう。ジョルゲンソンらの研究によると、1970年代から1990年代前半までの時期は、情報資本が深化しているにもかかわらず米国経済の生産性は労働生産性（ALP）でみても全要素生産性（TFP）でみてもそれ以前に比べて低下している。まさにソローが指摘した「パラドックス」そのものである（図表3－3）。

ところが、1995年から2006年までの11年間についてみると、情報資本の深化が一段と進む中、ALPでみてもTFPでみても、生産性上昇率は加速していることが読み取れる。米国経済は、ITバブルとその崩壊による景気の一巡を含めて、10年という中期のタイムスパンで生産性の再加速を実現しており、ソローの懸念を取り払う内容になっている。1980年代から論争になってきたソロー・パラドックスは、文字どおり統計的にも解消が確認されたのである。

ここで忘れてならないことは、ITを導入さえすれば自動的に生産性が向上するわけではないという事実である。ソロー・パラドックスの解明という一連の研究過程で明らかになったことは、ITを導入してもうまくいく場合といかない場合とがあり、効果を上げるには業務の見直しや人材の再訓練などを実施し、かつてITがない時代に形成された様々な「古い仕組みの見直し」が不可欠だということである（図表3－4）。なぜこうした取り組みが欠かせないのか、その本質を掘り下げていくと「分業に基づく交換」という経済の基本構造にたどりつく。次章では、この点を考察していこう。

第4章

なぜ情報が問題になるのか

――分業のメリットとデメリット

1 ロビンソン・クルーソーの冒険物語で考える

1 分業が情報の問題を生み出す

インフォメーション・エコノミーには、変化の激しい現象を追いかけた様々な横文字の概念が溢れかえっている。しかし、次々に生まれる奇抜な流行語(バズ・ワード)を追いかけるよりも、むしろ古典と呼ばれる土台のしっかりした概念をおさえておく方が応用力は高まる。第1章で解説したように、ミクロ経済学の中から生まれた情報経済学は、当初こそ傍流の扱いであったが、精緻な論証の積み重ねによって、情報の非対称性とその克服手段に関する様々な概念が生み出され、今ではミクロ経済学の主流に位置付けられている。それらの概念の一部は、組織と制度に関する問題にも応用され、内部組織の経済学や産業組織論へと展開するに至った(図表4－1)。

ＩＴの導入に伴う仕組みの見直しは、まさにこの領域に深くかかわっている。第1章で解説したとおり、情報の非対称性を克服する手段としては、「シグナリング」や「スクリーニング」の他に、実社会では「組織と制度」で対応することが多い。これは企業組織、産業組織、市場制度と情報とのかかわりに他ならない。この文脈で「組織と制度」の問題を読み解くには、経済学の礎を築いたスミスやリカード、ノーベル経済学賞を受賞したロナルド・コースやダグラス・ノースらが提

図表4-1　情報に関連した経済学の変遷

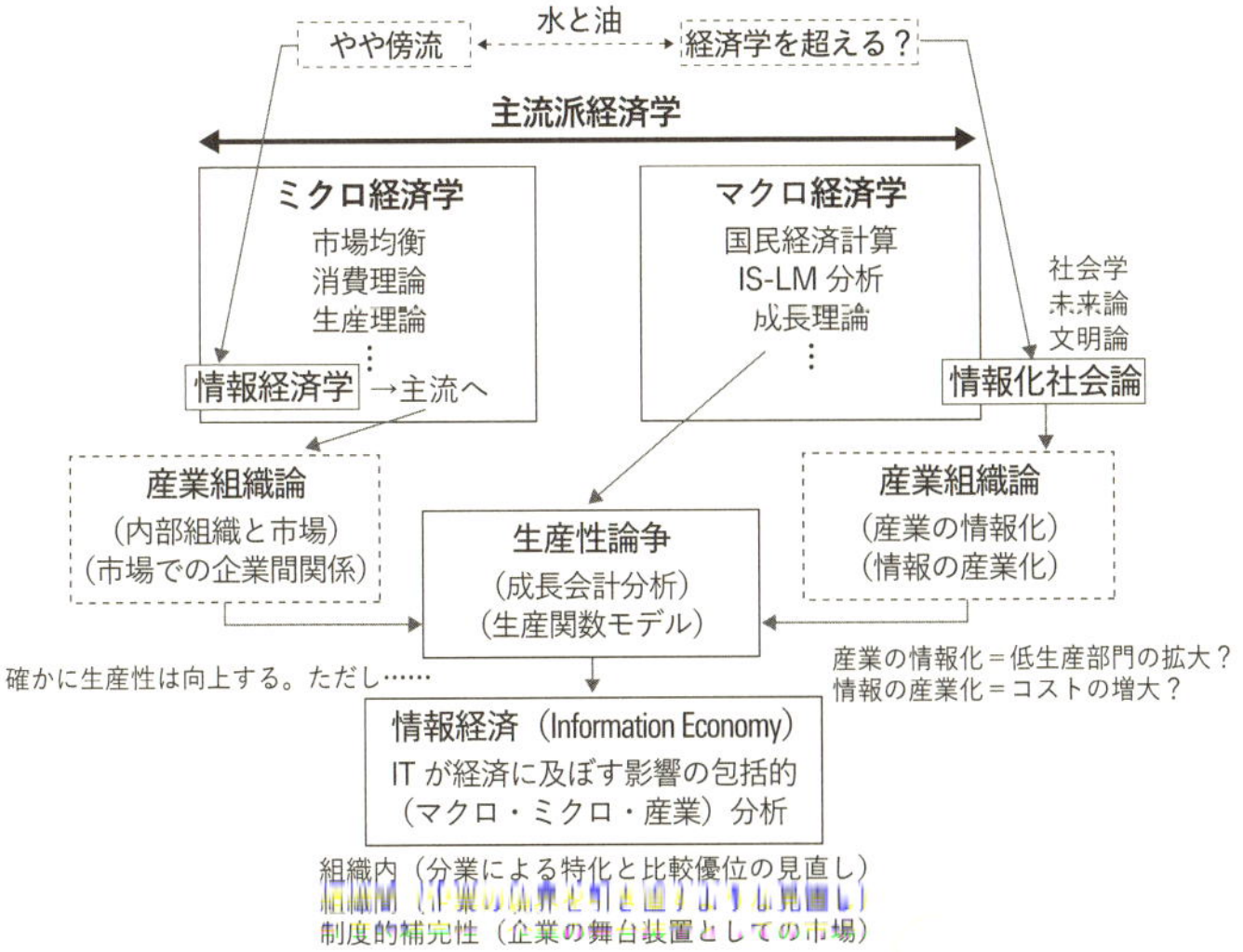

唱した概念が示唆に富む。なぜなら、第1に、企業内部における組織の問題は分業による特化と比較優位領域の見直しを、第2に、企業間における組織の問題（＝産業組織の問題）は企業の境界を引き直すような社会的分業の見直しを、第3に、企業が活動する舞台装置としての市場は、それを支える様々な制度の見直しをそれぞれ要求してくるからである（図表4－2）。

　そもそも経済活動でなぜ「情報」が問題になるのかを改めて考えてみよう。「アカロフのレモン市場」で情報の非対称性が生まれたのは、売り手と買い手が市場を媒介に「分かれた状態」にあるからである。企業を中心に考えると、企業は（1）生産に必要なヒト、モノ、カネを調達するための要素市場（Input Market）と（2）生産物を消費

図表4-2　情報経済学から産業組織論へ

1）企業組織　（スミス、リカード）
分業による特化と比較優位
分業による生産性向上とコミュニケーション費用

2）産業組織　（ロナルド・コース）
取引費用、Make or Buy、Market or Hierarchy
ネットワークの経済性（市場における企業間関係）

3）市場制度　（ダグラス・ノース）
情報処理機構としての市場vs.制度としての市場
技術変化と制度変化の緊張関係と時間軸の違い

者に売るための販売市場（Output Market）という2つの外部市場と向かい合い、その両面で情報の問題に直面している。さらに、企業という内部組織は、2つの市場をつなぐ生産関数（Production Function）であり、その中のやり取り＝内部取引は、しばしば内部市場（Internal Market）の取引と呼ばれるが、その場面でも情報の問題から逃れることはできない。

つまり、経済活動では「分業に基づく交換」＝「取引」があるからこそ「情報」の問題が生まれるのである。確かに、情報の非対称性は、株主と経営者、雇用主と従業員、売り手と買い手、患者と医者など、プリンシパル・エージェンシー関係から生まれるが、そこには「分業」と「交換」という経済の基本構造が横たわっている。別の言い方をすると、情報が対称ではなくなるのは、経済活動に際して、同一主体ではなく複数主体に分かれた状態で「取引」が行われるからに他ならない。

2 ロビンソン・クルーソーが直面した情報の問題とは

これとは正反対なのが、子供のころに読んだロビンソン・クルーソーの冒険物語である。無人島に漂着したロビンソンのように、自給自足によって何もかもすべてを1人で生産し消費するのであれば、「分業に基づく交換」＝「取引」は存在せず、情報の非対称性は生まれようがない。生産者と消費者、雇い主と労働者がロビンソン・クルーソーただ1人であり、情報は全く対称だからである。もっとも、ロビンソンの場合も、情報は「対称」ではあっても「完全」ではない。なぜなら、時間の概念を含む情報の問題、すなわち、将来の不確実性という問題が残されているからである。この点は、山羊の猟をするため、難破船に残っていた火薬を使う場面に表れている。火薬を一カ所に集中保管していたのでは、天候次第で雨に濡れてしまい、使用できなくなってしまう恐れがある。そこで、彼は保管場所を分散し、雨や嵐による水濡れという、いつどこで起きるかわからない将来の不確実性に対処した。これは、リスク分散による一種の保険である。

ここで、情報の非対称性や不確実性という概念をもう一度整理しておく必要がある。情報が不完全であるということは、広い意味の不確実性であるが、これには「環境的不確実性」と「通信的不確実性」の2つがある。前者は将来の出来事が確定できないという時間の概念が入った問題であり、後者は同一時点において情報の非対称性があることから生まれる不確実性である(図表4－3)。

暖房器具など冬物のクリスマス商戦を例に考えてみよう。これらの商品の生産にはリードタイム

図表4-3 情報の不完全性に関する分類

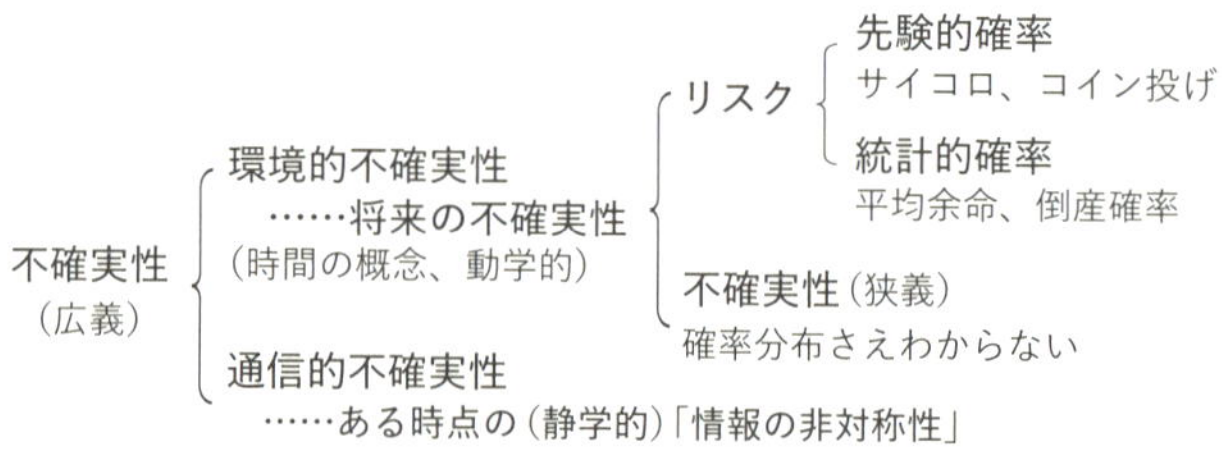

が必要であり、早くも夏場から生産計画を立てなければならない。とはいえ、どんなに気象予報が発達しても、夏の段階では数カ月先が暖冬か厳冬かは確定しておらず、販売や業績の予測には不確実性がつきまとう。これは、ロビンソンも逃れられなかった時間の概念を含む「環境的不確実性」の問題である。他方、既にクリスマスの季節に入り、暖冬であることがはっきり確定した状況で、売上が思うように伸びない場合に生まれるのが「通信的不確実性」である。経営陣（プリンシパル）は、営業員（エージェント）が「どうせ暖冬で売れないから」とセールス活動を手抜きしているのか、それとも必死の努力をしているにもかかわらず、暖冬のため売れないのかを正確に見極めるのは難しい。これは、アカロフのレモン市場でみた情報の非対称性そのもので、何もかも1人で行うロビンソンには生じないタイプの問題である。

3 リスクと不確実性はどう違うのか

時間の概念が入った環境的不確実性は、さらに、リスクと狭い意味の不確実性に分類される。有名なフランク・ナイトの考え方に基づけば、リスクとは確率計算が可能なもので、コインを投げて裏が出る確率やサイコロをふって特定の目が出る確率というように、あらかじめ理論的に計算することが可能な「先験的確率」と、人間の平均余命や企業の倒産確率などのように、先験的には判断できないものの、過去の経験則からある程度の確からしさで計算可能な「統計的確率」とがある。

一方、狭い意味の「不確実性」とは経験の蓄積がなく、確率計算さえできない真の不確実性で主観的に判断するしかないものである。新規事業の意思決定場面などで迫られる全く未知の領域の混沌がこれに当たる。金融工学がいかに発達しても、バブルの形成とその崩壊を金融市場が予測できなかったように、真の不確実性に対しては、既成の知識や計算力ではなく、一種の直感のような決断力が求められる。ケインズがいう「アニマル・スピリッツ（血気）」とはまさにこのことだろう。

ちなみに、ロビンソン・クルーソーの物語には、第2章の情報化社会論で触れた「商業の時代」から「工業の時代」への転換も描かれている。一発勝負の冒険商人を夢みたロビンソンは、無人島では堅実な産業人に生まれ変わる。彼は、難波船に残っていた小麦をすべて消費せず、一部を取り置いた上で（つまり貯蓄して）、畑を耕して種をまき（つまり投資して）、より多くの小麦を収穫して生き延びていく。これは、消費と貯蓄のバランスをとり、貯蓄を投資に回した上で労働と組み合わせ拡大生産していくという工業の時代の生き方そのものである（大塚［1966、1977］）。

この物語には、冒険商人から産業人への転換、自給自足経済と情報が問題になる交換経済との違い、リスク分散を通じた不確実性への対応などが巧みに描かれており、「商業の時代」から「工業の時代」を経て現在は「情報の時代」を迎えていると論じたチャンドラー、リスクと不確実性の違いを考察したフランク・ナイトの考察につながる冒険物語といえる。

2 比較優位に基づく分業はいつでも有効か

1 キーボードに向かうマネージャーは生産的か？

経済学の父とされるアダム・スミスが『国富論』で丹念に描写したように、分業によって生産性は飛躍的に高まる。その一方で、「分業に基づく交換」があるために「情報」の問題が生じる。この矛盾こそがＩＴを導入する場面で鋭く突きつけられる企業改革の課題といえる。なぜなら、企業の内部では、例えばマネージャーとアシスタントのように、職務の分担という形で実に様々な分業が行われているからである。

パソコンとインターネットの普及で情報化が加速し始めた１９９０年代半ばに、ある著名なエコノミストから「マネージャーがパソコンのキーボードを打つのは比較優位に反することで生産性は向上しない」と指摘されたことがある。確かに、当時は生産性向上を目指す企業改革の中心は

「キーボードに向かうマネージャー」であったが、たとえITが導入されたとしても能力に応じた業務の分担（比較優位に基づく分業）が好ましいのは間違いない。キーボードを打つような作業はアシスタントに任せ、マネージャーは利益を生み出す付加価値の高い活動に専念した方が良いという主張には一理ある。もしそうならば、マネージャーがキーボードに向かう経済的なメリットは見当たらない。

経済原理に照らしておかしな取り組みは、短期はともかく長期では効率性が低下してしまう。「他社が行っているからわが社も」という表面的な判断で取り組まれた企業改革は失敗する。それを避けるには、社内の業務分担を分業の本質に立ち返ってしっかり理解することが求められる。それでは、マネージャーがキーボードに向かうという一見すると経済原理に反するような現象の背後にはどのような原理が働いていたのだろうか。

2 アダム・スミスが注目した分業のメリット

『国富論』の「第一章　分業について」では、ピンの製造が取り上げられている。そこでは、針金を引き伸ばし、まっすぐにし、切断し、尖らせる……という作業のすべてを1人で行い、1本ずつ仕上げるならば、1日にせいぜい20本程度しか製造できないが、これらを18の作業工程に分割し10人で分業すれば、1人当たり1日4800本以上のピンを製造できるとして、生産性を飛躍的に

図表4-4	分業のメリット

1）特化
⇨専門化と習熟（lerning by doing）
⇨全行程の同時進捗（ボトルネック回避）

2）単純化
⇨利用可能資源の拡大
⇨機械化への展開

3）比較優位
⇨得意分野への最適資源分配（適材適所）

向上させる分業の威力が強調されている。分業の威力とは、第1に「特化」による習熟と専門化、第2に「単純化」による利用可能資源の拡大と機械化、第3に「比較優位」による適材適所の資源配分という3つの経路で生産力を高めることである（図表4－4）。

ピンの製造を例にすると、ある作業員の仕事を針金の引き伸ばしだけに「特化」すれば、彼はその作業に習熟して専門家となり生産性が高まる。分割された作業工程のすべてを同時に進行させることもできるので、作業で使用する道具や器具の無駄な空時間（不稼働時間）をなくすこともできる。「単純化」による利用可能資源の拡大とは、ある作業が苦手なために1人ではピンを作ることができない人も、分業による工程の分割によって、ピンの製造に参加できるということである。

例えば、几帳面な性格のAさんは、針金をまっすぐにする作業は得意だが、刃物の扱いは不器用で切断の作業ができないとしよう。この場合、Aさんが1人でピンを製造することは不可能で、この生産活動に何ら貢献できない。ところが、分業がなされれば、

Aさんは、引き伸ばした針金をまっすぐにするという単純化された工程に貴重な労働力として参加することが可能となる。このように、分業による工程の単純化によって、複雑な応用動作ができる熟練作業者だけでなく、それまで労働力化していなかった人材も生産活動に参加できれば、社会全体の利用資源が拡大することになる。

また、簡素な作業に分割すればするほど、単機能の反復継続動作で威力を発揮する機械の導入も容易になり、生産力は一段と高まる。Aさんの傍らに、刃物を使うのは得意だが几帳面な作業は苦手なBさんがいたとしよう。Bさん1人では不具合のある曲がったピンしか作れないだろうが、伸ばした針金をまっすぐにする作業にAさんを、それを切断する作業にBさんを、という具合に適材適所でうまく配置すれば、こうした問題は解消できる。それぞれが相対的に得意とする分野へ最適な資源配分を行うという「比較優位」の原理が活かせるからである。

3 リカードの比較生産費説で考える

リカードの貿易論から生まれた「比較優位」は、経済学で最も重要な考え方の1つである。これを応用して「キーボードに向かうマネージャーのパラドックス」を簡単な数値例で考えてみよう（図表4－5）。1時間当たり5万円の利益を生み出す営業マネージャーMがいて、利益を生み出す営業の仕事（X）はできないアシスタントAを時給2000円で雇うことができる。ここで、Mが

図表4-5 キーボードに向かうマネージャーのパラドックス

1) **マネージャー**
⇨利益を生む営業の仕事で1時間に5万円稼ぐ

2) **アシスタント**
⇨営業は全くできないが、資料を作成する時給2千円の仕事ならどこでも探せる

3) **キーボードを打つのは……**
⇨アシスタント? or マネージャー?

自ら行えば10時間で済むが、Aが行うと20時間かかるような資料作成(Y)を想定すると、比較優位に基づく分業のメリットはどうなるであろうか。

Aの能力は、利益を生み出す営業の仕事(X)でも資料作成の業務(Y)でもMに比べると劣っているが、Aは利益を生み出す営業の仕事(X)はできないので、それに比べると資料作成の業務(Y)で比較優位がある(負けが小さい)。もしMが資料を作成するなら、Aに支払う賃金は不要になるが、Mはその間利益を生み出す営業の仕事ができないので、営業で得られたはずの利益を失うという「機会費用(=逸失利益)」が生じる。

このとき、Aに資料作成を任せるならば、こうした機会費用による利益の逸失を回避することができる。この例では、Mが資料を作成する場合の機会費用は50万円(5万円×10時間)で、Aに賃金として支払う費用の4万円(2000円×20時間)よりも大きいので、分業のメリットは46万円(50万円−4万円)ということになる(図表4−6の基本型)。つまり、資料作成についての絶対的な生産性はMの方がAより高いにもかかわらず、分業してAに任せた方が会社全体としてはメリットが大き

図表4-6　資料作成は誰がするとメリットが生まれるか

比較優位のメリット（資料作成の時間で考える）

資料作成者	基本型	IT導入後	備考
マネージャー	10時間	1時間	機会費用　5万円／時間
アシスタント	20時間	2時間	賃金費用　2千円／時間
分業のメリット	46万円*	4万6千円**	いつでも比較優位が働く

*5万円×10時間−2千円×20時間＝46万円
**5万円×1時間−2千円×2時間＝4万6千円

いという比較優位の原理が働くのである。

ここで問題となるのは、ＩＴの導入で生産性が大幅に上昇し、同じ資料作成がＭは1時間、Ａは2時間でできるようになったとしても、この原理は不変だということである。メリットの大きさは変化するものの、分業した方が逸失利益（＝機会費用）を回避できることに変わりはなく、分業と比較優位の原理に照らすと、マネージャーがキーボードに向かうのは、非効率な行動ということになる。

それでは、ＩＴの導入にあわせて企業幹部もパソコンのキーボードを打ち、これによって生産性を高める方法は、経済原理からみて誤りなのであろうか？　実は、そうとは限らない。比較優位に基づく分業の考え方には、コミュニケーション費用がゼロという隠された前提条件がある。そして、この点は企業の業務改革で見過ごされやすい落とし穴でもある。

3 トレードオフ関係にあるコミュニケーション費用

1 「頻繁な打ち合わせ」というムダ

前記の例（基本型）では、ITを導入しても分業の威力は不変で、マネージャーはキーボードに向かって資料作りをするメリットはなかった。だが、そこでは分担された業務と業務との間に必要な調整のための機会費用が考慮されていない。どんなに統制の行き届いた組織であっても、分業が仕事の「分担」による「協働」である以上、各業務間にはそれらを調整すべく何らかの情報のやり取り（＝コミュニケーション）が必要となる。分業は業務を「分ける」だけでなく、それらを「束ねる」という二面性があることを忘れてはならない。「分ける」という側面にだけ焦点を合わせると、確かに比較優位に基づく分業はいつでも威力を発揮する。だが、「束ねる」という側面も視野に入れると、分業のデメリットが浮かび上がる。

分担された職務の一つひとつは分業で効率的になっても、その一場面だけでは全体がどのように進行し何を達成しようとしているかがみえにくい。それを補い全体の成果を高めるカギが職務間の調整、すなわち情報のやり取りである。職務間の調整に必要な時間と労力は情報費用の1つといえるが、その仕組みこそが各社に固有の「しきたり」や「社風」を作り上げていく。分業を細かく多

図表4-7　コミュニケーション費用がある場合のメリットとデメリット

比較優位の分業⇨メリット／デメリット

資料作成者	ケースA	ケースB	備考
マネージャー	10時間	10時間	機会費用　5万円／時間
アシスタント	20時間	20時間	賃金費用　2千円／時間
コミュニケーション費用(CC)	2時間	9時間	
分業のメリット	35.6万円*	▲0.8万円**	ケース・バイ・ケース

*5万円×(10時間−2時間)−2千円×(20時間+2時間)＝35.6万円
**5万円×(10時間−9時間)−2千円×(20時間+9時間)＝▲0.8万円

段階にすればするほど、単純化、特化、専門化、機械化などが威力を発揮して効率化するが、その一方で、それらを調整するための情報費用も次第に高まっていく。これは、会議や打ち合わせが多過ぎて本務に専念できないと嘆く企業人が直面する分業のデメリットである。会議や打ち合わせは、情報の非対称性（＝通信的不確実性）をなくすための1つの手段であるが、度が過ぎると「人に任せるくらいなら自分でやった方が良い」という状況に陥りかねない。それはすなわち「分業しない方が良い」ということを意味する。

2　マネージャーはアシスタントに任せない？

マネージャーが資料作成をアシスタントに依頼する場合、完成までには何回かの指示や連絡が必要であり、こうした打ち合わせに合計で数時間かかるとしよう。マネージャーはこの時間を営業の仕事に使えない。その一方で、資料を作成するアシスタントの追加的な職務時間となる。したがって、機会費用と賃金費用が増加する。これを「コミュニケーション費用（CC：Communication Cost）」と呼ぶことにして、基本型を修正すると、分業のメリットは、コミュニケーション費用の大きさ次第で大きく変化する。

打ち合わせに2時間かかる場合(ケースA)と9時間かかる場合(ケースB)を想定してみよう(図表4-7)。ケースAでは、マネージャーはアシスタントに資料作成を任せることで資料の作成に割かれる10時間を節約できるが、アシスタントとの打ち合わせに2時間必要なため、営業の仕事に活かせる時間は8時間(=10時間-2時間)になる。また、アシスタントは資料作成の20時間に加えて打ち合わせのために業務が2時間長くなる。この場合の分業のメリットは、35・6万円〔=5万円×(10時間-2時間)-2000円×(20時間+2時間)〕となる。

一方、打ち合わせに9時間もかかるケースBでは、マネージャーが営業に使える時間はたったの1時間(10時間-9時間)しかなく、分業のメリットは大きく損なわれてしまう。マネージャーがこの貴重な1時間で5万円の価値を生み出しても、アシスタントに支払う賃金費用の5・8万円〔=2000円×(20時間+9時間)〕に満たないからである(この場合、分業のメリットはマイナス0・8万円)。つまり、コミュニケーション費用という条件を加味すると、その大小によって分業のメリットが消滅することもあり得るため、比較優位に基づく分業がいつでも有利なわけではないのである。

3 情報化で分業の良し悪しは予見できない

図表4-8　IT導入によるコミュニケーションの効率化

相対的にCC小⇨分業のメリット／デメリット

資料作成者	ケースA	ケースB	備考
マネージャー	10時間	10時間	機会費用　5万円／時間
アシスタント	20時間	20時間	賃金費用　2千円／時間
コミュニケーション費用(CC)	2→1時間	9→5時間	**←IT導入で低下**
分業のメリット	40.8万円*	20万円**	どちらも分業が有利に

*5万円×(10時間−1時間)−2千円×(20時間+1時間)=40.8万円
**5万円×(10時間−5時間)−2千円×(20時間+5時間)=20万円

これまでの議論は、ＩＴの導入が資料作成という職務の生産性だけを向上させる前提で進めてきたが、厄介なことに、ＩＴはそれぞれの仕事の生産性向上ばかりでなく、分業された業務と業務の間のコミュニケーションを効率化する手段としても威力を発揮する。つまり、ＩＴは分業領域「内」の生産性向上と分業領域「間」のコミュニケーションの効率化の両方に影響するため、メリットとデメリットがアプリオリには定まらない。図表４−８で示しているのは、もともとコミュニケーション費用が大きかったために分業のメリットがなかった仕事（図表４−７のケースＢ）が、ＩＴの導入でコミュニケーション費用が下がった結果、分業のメリットが生まれる一例である（図表４−８のケースＢ）。

分業される職務そのものの生産性向上（資料作成）のみならず、コミュニケーション費用の削減までもが実現できる場合は（現実にはこのケースが多いとみられるが）、事態はさらに複雑となる。図表４−９では、仕事そのものの生産性が２倍向上し、コミュニケーション費用が３分の２の６時間になった場合と３分の１（３時間）になった場合が示されている。前者の場合は、さらに大きく分業のメリットが

図表4-9 IT導入による業務とコミュニケーションの効率化

「分業と比較優位の構造」への影響について正確な理解が必要

資料作成者	ケースB	IT→	業務主体	CC主体
マネージャー	10時間		5時間	5時間
アシスタント	20時間		10時間	10時間
コミュニケーション費用(CC)	9時間		6時間	3時間
分業のメリット	▲0.8万円**		▲8.2万円*	7.4万円**

*5万円×(5時間－6時間) －2千円×(10時間＋6時間) ＝▲8.2万円
**5万円×(5時間－3時間) －2千円×(10時間＋3時間) ＝7.4万円

失われるが、後者の場合は、もともと分業のメリットがなかった業務に分業のメリットが生じている。

4 情報化は各社それぞれの社風を問う

これらの数値例が意味することは、IT導入は既存の分業体制を温存したままでの効率化ではなく、分業領域の再検討というまさに会社組織の「仕組みの見直し」を経営者に迫るということである。ITの影響が企業内のどの場面により強く現れるか――特化された分業領域「内」の業務そのものなのか、それとも分業された業務領域「間」のコミュニケーションの場面なのか――によって、組織の変革のスタイル――分業と特化をより進めるのか、その反対に各業務の領域を広げ統合するのか――が異なってくる。

それは、当然ながら、これまでに形作られてきた職務範囲や部門領域など、各社それぞれの社歴や社風の中で形成されてきた組織構造(＝分業と比較優位の構造)の再設計を促す。各企業に固有の社歴や社風は、その会社ならではの独自の競争力形成に深くかかわっているに違いない。だからこそ、ＩＴ導入に伴う企業改革では、他社の事例を表面的に模倣するのではなく、競争力の源泉を見据えながら、分業と比較優位の本質を問う姿勢で社内の業務領域を根本的に見直すことが大切なのである。

4 効果のない仕事をＩＴで効率化するムダ

1 情報化は効果のない仕事も効率化する

ＩＴ導入に伴う企業改革でもう1つ注意しなければならないことは「効果」と「効率」を混同しないことである。ＩＴを使えばどんな業務でも「効率化」することはできる。だが、そこに大きな落とし穴が潜んでいる。企業の価値創造にとって何が効果のある業務かを判断するのは、ＩＴではなく人間である。この点を踏み外すと、あまり意味のないやり取りがＩＴの導入で効率化してしまい、膨大な量の効果のない仕事が社内に充満するという悲劇が生じる。

かつて日本経済がＩＴブームにわいたころ、ある米系のコンサルタント会社が、日本の大手企業から「どのようなＩＴシステムを導入すべきか」のプラン作りを依頼された。そのコンサルタント会社にとっては、かなり大型の案件になるはずであったが、意外なことに「ＩＴの導入は不要」と

図表4-10「効果」と「効率」の微妙な関係

効果のない仕事を効率化する愚

└→ 社内、社外を問わず、相手にどんな価値を創造できるか？

人間が判断 / ITで実現		効果	
		大	←→ 小
効率	高	目標とすべき	無駄な努力
	↕ 低	改善すべき	親方日の丸

いう結論を出した。その理由がふるっている。依頼された企業の実態をつぶさに調べてみたところ、社内でやり取りされている情報（内部取引）の7割は、それほど必要性がないものだったという。こうした体制のまま使い勝手のいい立派なＩＴを導入すると、確かに社内の情報流通（内部取引）は効率化するが、それでは企業活動の本質からみてあまり意味のないやり取りが社内に溢れかえり生産性が低下してしまうというのである。

ＩＴ導入よりも前に、そもそも今行われている社内のやり取りがどんな意味を持つのか、かつて重要であったとしても、現在は意味を失っていないか、その本質を問う姿勢で業務の洗い直しをしなければ、「効果のない仕事を効率化する」というムダが増大する。「大型案件のチャンスを逃したが、あのままＩＴシステム導入のプランを提案しても効果が出ずに評判を落としたはずだ」と語る落ち着いた口調が印象的であった。

2 ゼロベースからの見直しが求められるのはなぜか

この逸話が物語るように、ＩＴ導入に伴う「仕組みの見直し」では、業務のやり方や流れをゼロベースから描き直すというＢＰＲ（Business Process Reengineering：業務の再設計）の発想が重要であろう。既存の業務フローは、現在のようなＩＴが存在しなかった時代に形作られたもので、こうした古い分業の仕組みを残したまま、最新のＩＴを使って業務を強化したり、簡素化したり、見栄えよくしたりするのでは、せっかくの投資が効果を生まない結果に終わってしまう。下手をするとムダなやり取りが「効率化」されて膨大な量となり、内部取引の錯綜でコア業務が停滞しかねない（初歩的な失敗例は、社内を漂流する膨大な量の添付ファイルありＣＣメールだろう）。

最新のＩＴを導入する際には、コアとなる本来業務を見極めた上で、組織や仕事の流れを充分に理解し、最新技術をどう活かすか判断しなければならない。この三拍子が揃ったところで、仕事の仕方や遂行の仕組みをいったん白紙に戻し、比較優位に基づく分業の領域の見直しを行う視点で抜本的な改革を断行するわけだから、まさに、ＩＴの導入に際しては、経営トップのコミットメントが不可欠といえる。

3 分業が威力を発揮した工業の時代

既にみてきたように、分業領域をどう見直すかは、対象となる業務の性質に依存しており、統合がよいのか、それとも分業がよいのかは、アプリオリに決まるわけではない。コミュニケーション・コストが大きい場合でも、重要な指示や連絡は初回だけで、その後は定型化された単調なやり取りで足りるような反復継続型の業務であれば分業のメリットは大きい。これに対して、1回ごとに仕事の内容が変化し、その都度新しい判断や意思決定を要する非定型の業務では、分業すれば毎回綿密なやり取りが必要になるため、コミュニケーション・コストの大きさが累積されて、分業のメリットが失われていくことになる。

こうしたコミュニケーションの頻度と質を考慮に入れて、大胆に単純化すると、工業化社会の大量生産型ラインでは、全体としては複雑な生産工程であっても、複数の部分工程に分割できれば、定型化されたプロセスの連続となるため、前工程と後工程の間のコミュニケーションは、基本的にそれほど複雑なものにはならない。したがって、新技術の導入による大がかりな設備の近代化があっても、いったん作業手順が整うと、基本はこうした反復継続型の作業となり、それ以後は分業体制による効率アップがそのまま全体の効果につながりやすい。1世紀前に登場したT型フォードの生産方式はその典型といえる。また、ホワイトカラーの事務労働でも、経理処理などの定型化が進んだ事務労働では分業が作業効率を高めると考えられる。

図表4-11 アプリオリに定まらないIT導入の影響

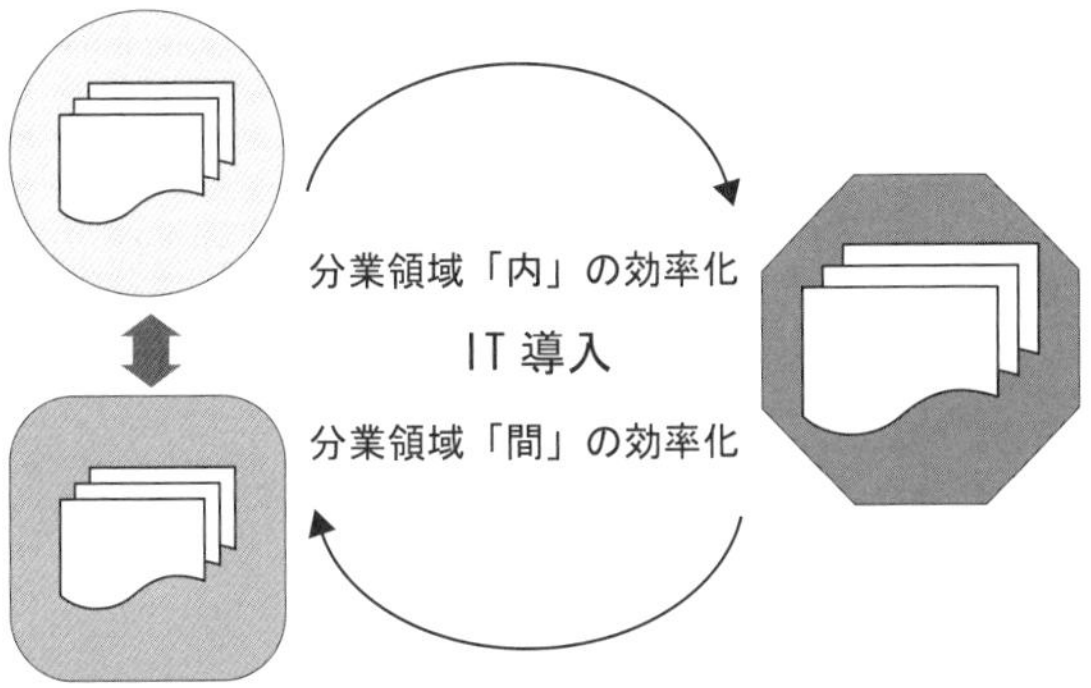

4 情報の時代に求められる効果的な判断

他方、情報化社会の進展とともに、デザインなどの情報的機能が実用的機能よりも重要になると、製品のライフサイクルは短くなり、頻繁な機種の見直しと多種多様な品ぞろえが求められるようになる。こうした製品の生産では、分業に適するように製造ラインの装置をその都度入れ替えるよりも、初めから1人の熟練工が複数の応用動作で組み立てる方が効果的な場合もあるだろう。これを実践したキヤノンの「セル生産方式」は、T型フォードの生産方式とは対極の仕組みである。

また、企画、開発、セールス・プロモーション、財務戦略といったアイデアが勝負となる付加価値創造型の仕事では、どちらかといえば応用動作が求められる非定型の業務が多くなる。それゆえ、細かく分業した方がいいのか、それとも、「頻繁な打ち合わせ」という分業のデメリットを避けるため、1人の業務範囲を拡大した方がいいのか、メリットとデメリットを冷静に見極めなければならない。

このように、情報化の進展が分業と比較優位の構造に与える影響は複雑である。前述した「セル生産方式」も、今では新しいロボット技術を織り込んだ「マシンセル」化が試みられている。統合が効果的かそれとも分業が効果的かは、技術水準に加えて、従業員の士気や組織の運営力、業界における競争上の位置付けなど、各社それぞれの事情によって異なるため、他社のIT導入事例に頼りきった判断では効果が生まれにくいのは当然である。現在進行形で革新を続けるITの導入に際しては、既存の枠組みで速さを競う「効率化」ではなく、技術動向を踏まえて、その会社に最も「効果的」な新しい仕組みが何かを「考え」出すことが大切といえる。そうした取り組みのきっかけとなることにこそIT導入の大きな意義があるといえよう。

第5章

コースの法則で企業改革を考える

——「企業と市場」の境界に何が起きるか

1 アウトソーシングの限界とは

1 なぜ企業が存在するのか――もう1つの分業

これまでは、情報の問題を引き起こす分業について、企業の内側で行われることを暗黙の前提としていた。だが、よく考えてみると、比較優位に基づく分業は企業の外側、つまり、市場での取引を通じて、企業と企業の間でも行われている。したがって、ITの導入は企業の内部だけでなく、例えば外部委託（アウトソーシング）など市場を通じた企業間の関係（＝産業組織）にも深く影響する。

その本質を理解するには、1991年にノーベル経済学賞を受賞したロナルド・コースが1937年の論文で提起した概念が役に立つ。コースは、標準的な経済理論で登場するのは「組織をもたない企業」だと指摘し、企業が形成される理由を分業に求める考え方に対して、「分業は企業を形作らなくとも市場を通じてなされており、なぜ分業が市場の価格メカニズムではなく組織内の調整メカニズムで置き換えられるかを説明しなければならない」と問題提起した。

確かに、現実の経済活動は、アダム・スミスが『国富論』で丹念に描写したような工場内の技術的分業だけでなく、市場を通じた企業間の社会的分業との二層構造で成り立っている。だが、理論が想定する世界では、分業はすべて市場を通じて行われるため、企業内の階層構造で分業体制をとる積極的な理由はどこにもない。マネージャーとアシスタントの例に戻ると、アシスタントの仕事は独立した事務サービスとして外部委託し、市場を通じた取引として行えばよいのである。実際、情報化の進展とともに、以前は企業内で分業されていた事務労働の一部をアウトソーシングし、外部の専門家が提供するビジネス・サポートに置き換える動きが加速している。これはＩＴの影響で企業の境界が揺らいでいることを示す興味深い現象の１つといえるだろう。

では、一体どのような場合に企業の内部で分業が行われ、また別の場合には市場を通じた取引で分業が行われるのであろうか。今から70年以上も前にコースが提起した問題の所在はまさにこの点にあった。

2 アウトソーシングとインソーシング——選択の決め手は何か

コースが指摘したように、標準的な経済理論が想定する完全市場では、一人ひとり独立した個人企業家は存在しても「組織としての企業」は存在しない。分業体制は資源配分の形態そのものだが、現実を見渡すと、「価格メカニズムで調整される市場」と、階層構造によって統制された「組織としての企業」という2つの資源配分メカニズムが併存しており、両者の仕組みは対極的である。

市場では、参加者の利己心がぶつかり合う中で誰もが自由に意思決定を行う。教会や国王などの権力が個別の取引に強制力を持って介入することは許されない。誰かに強要されて取引するのでは

図表5-1 「海」に浮かぶ「島」

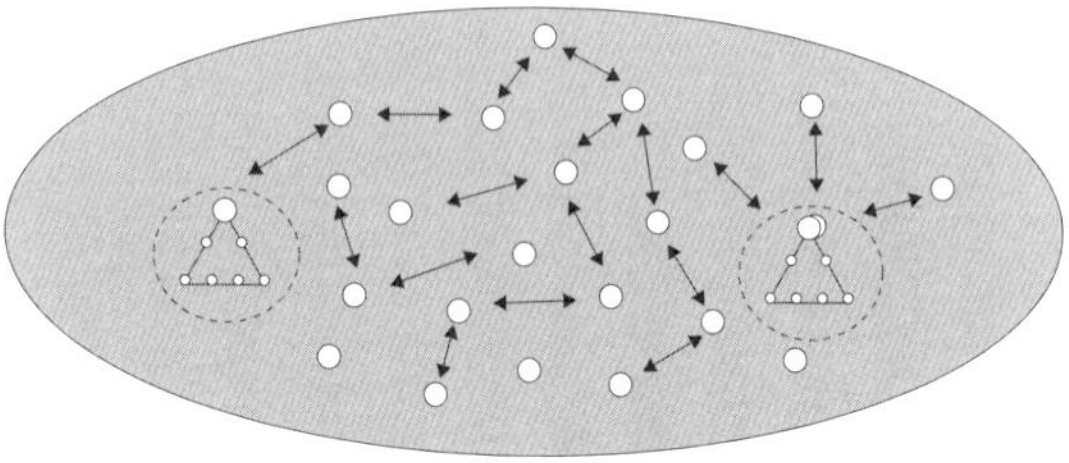

自由に動ける「市場」という海 vs. 固い統制の「企業」という島

なく、各人の自律した行動と判断に任されているという意味で、分権的な意思決定のシステムである。それでも全体として調和が保たれるのは、何らかのメカニズムが働いているからに他ならない。アダム・スミスはこれを「神のみえざる手」と表現した。これに対して企業という組織では、社長—役員—部長—課長—係長—一般社員というような階層構造が形作られており、一定の範囲で各人の行動に裁量の余地があるとしても、原則的には、上司からの指示・命令に対する部下の服務によって、組織としての意思決定が整然と行われる。つまり、自律的で分権的な意思決定の市場システムとは対極にある権限と階層構造に基づく集権的な意思決定システムである。

「企業の本質は価格メカニズムにとって代わることにある」と考えたコースは、市場という海の中で企業という島が存在するのはなぜかを問い、この対極にある2つの異なる仕組みが併存する現実を理論的にどう説明できるか、また、2つの異なる資源配分メカニズムの「選択を可能にする基準」が何かを考えた。「選択の基準」が明確になって初めて、どこまでを企業内部に取り込み、どこから先を市場取引に委ねるかを決定することが可能になるからである。後述するように、ITはこの「選択の基準」に深く影響する。

3 ノーベル賞受賞の経済学者が考える「企業の本質」

企業の内部組織では、市場における競争原理とは異なる計画・指令・調整などの組織原理が働いており、こうした経営管理的な資源配分のために、管理機構を維持・運営しなければならない。なぜ、市場を利用すれば必要でない経営管理機構の維持費用を負担してまで、組織としての企業を形成するのか。コースは価格メカニズムを利用するためには費用がかかるという、後に「取引費用」として一般化する概念を持ち出し、組織としての企業が形成されるのは、市場における取引費用を節約するためであるという視点を提示した。

確かに、市場での取引には、相手を探し出すための「検索費用」、探し出した相手が取引にふさわしいかを吟味する「調査費用」、調べた相手と取引を開始するための「交渉費用」、交渉で決まった取引内容を確認し有効にするための「契約費用」、契約の履行状況をモニターする「監視費用」、契約どおりにいかなかった場合の「紛争解決費用」、一連の取引を円滑に進めるために必要な「情報開示費用」などが必要となる。「組織としての企業」が形成されるのは、経営管理機構を用いることによってこうした費用を回避できるからということになる。

つまり、市場か企業かを選択するための基準は「取引費用」の大きさで、「企業の本質」は「組織を形成して資源配分を経営管理的に決定する」ことにより「市場が機能するために必要な費用を節約できる」点にある。

コースの1937年の論文では、市場での取引費用に関して、価格を見付け出すための費用と交渉や契約の費用があげられ、短期契約の繰り返しの不効率さや不確実性の存在が企業の形成にとって重要な要因であると言及されている。この点は、第1章で解説したスティグラーの「価格情報を探し出すための検索費用」に通じるもので、スティグラー自身がコースの考えに影響されたことを認めている。

もっとも、取引費用の概念は、当の本人が「しばしば引用されたが、ほとんど利用されなかった」と述べているように、長い間大きな関心を集めることはなかった。取引費用の経済学が注目されるようになったのは、ウィリアムソンらによって伝統的な経済理論を補完する分析的枠組みが精緻化されてからのことである。

4 なぜ市場メカニズムの利用に費用が生じるのか

2009年にノーベル経済学賞を受賞したウィリアムソンは、取引費用が生じる理由について、「人間の特性（＝機会主義と限定合理性）」と「取引環境の特性（＝不確実性・複雑性と少数取引）」に整理し、機会主義と少数取引とが結びつくとき、あるいは、限定合理性と不確実性・複雑性とが結びつくときに、それぞれ市場の取引費用が高まると考えた（Williamson［1975］）。

ここで機会主義とは、相手の足元をみて値段を吹っかけるような、不誠実であざとい駆け引きの姿勢などをいう。他にいくらでも取引相手がいるならば、そうした厄介で面倒な相手との取引は誰もが敬遠するため、機会主義的な衝動は抑えられるが、少数取引になると顕在化し、本筋ではない「ちまちました交渉」が長引いて取引費用が高まってしまう。

また、限定された合理性とは、あらゆる事態を完璧に見通すことができない人間の特性のことであり、これに環境要因として不確実性や複雑性が結びつけば、取引費用は高まってしまう。逆に、人間の合理性が限定されていても、取引内容が単純明快で不確実性や複雑性がなければ、取引に際してすべてを明確に規定して契約することが可能で問題にはならない。もちろん、人間に完全な合理性が備わっていれば、事態がいかに不確実で複雑であろうと、取引開始時点ですべてを見通した完璧な契約を結ぶことが可能となり、不完全情報に起因する取引費用の問題は生じない。だが、これはまさに神業であろう。

現実には、程度の差はあれ、限定合理性と不確実・複雑性の結びつきは避けようがなく、市場を通じた取引で将来にわたって細かな取り決めを交わすことは難しい。無理に行おうとすると膨大な手間がかかってしまう。かといって、細切れのスポット契約をその都度繰り返すのも煩瑣《はんさ》である。契約更改を繰り返すうちに少数取引となって、機会主義的な振る舞いが顕在化することにもなりかねない。このように、機会主義、限定合理性、少数取引、不確実性・複雑性の諸要因によって、市場での取引には費用がかかるため、状況次第で柔軟な対応の余地が残される内部取引(=インソーシング)に取って代わられるのである。

5 インソーシングがすべてを解決するか?

企業の内部取引は、少数参加の性格が強いにもかかわらず、機会主義の発現という面で市場取引よりも優位なのはなぜだろうか。それは、同じ顔ぶれで繰り返し取引が行われるため、モニタリングが容易で「明日は我が身」の意識も生まれやすいからである。また、意見の衝突があった場合に上位権限者の決定による解決が容易なため、全体利益が意識されやすく、「旅の恥はかき捨て」のような身勝手な機会主義を抑えやすい。

こう考えると、企業という内部組織では、少数取引による機会主義を避けながら、複雑性や不確実性を緩和すべく、やり取りをルーティン化して効率化したり、将来に柔軟な対応の余地を残したりする工夫が施しやすいといえるだろう。では、すべての取引を内部化(インソーシング)して市場取引をなくしてはどうかと思えるが、実際にはそれもまた難しい。企業という内部組織が市場の価格メカニズムを駆逐してしまわないのは、組織化にもまた固有の費用が生じるからである。

2 なぜアウトソーシングはなくならないのか

1 インソーシングにも固有の費用

もし、組織化することで取引費用が節約されるのであれば、すべての生産活動が巨大な一企業によって行われても良いはずである。実際、1985年に電気通信事業法が制定される前の日本の通信市場では、電々公社という1つの組織による資源配分がなされていた。すべての産業で組織化が究極まで進められた状態は、中央計画経済ということになるが、現実には、教科書的な完全競争市場が存立しないのと同様に、完全な中央計画経済の仕組みも普遍的ではない。

市場を駆逐してしまうような中央統制型の仕組みが普遍的でないのは、組織化にも固有の費用がかかり、企業の規模が拡大するにしたがってその費用が次第に増大するからである。この点について、コースは価格メカニズムによらない内部調整者としての企業家の能力が次第に低下するという「経営管理についての収穫逓減」を組織化の主な費用と考え、「組織化される取引の空間的な分散の増大、取引の多様性の増大、そうして、関連する諸価格の変動の確率の増大」に伴って組織化の費用は増大すると述べている。組織化に固有の費用＝インソーシングのデメリットである。

確かに、組織を維持するには、そのための管理費用がかかり、規模が大きくなればなるほど、中間階層が増えていく。複数の管理業務を相互に調整するための業務が生まれ、その調整業務を管理するための業務が生まれるといった具合に、組織を維持するためだけの活動が増殖して費用が嵩んでくる。ややもすれば、内部の管理や調整のための仕事は、その行為自体が自己目的化してしまい、形式を重んじた不要なやり取りの発生や手続きの煩雑化という費用を増大させかねない。

2 時間の経過とともに増大するインソーシング費用

組織化の費用は「規模の拡大」だけでなく、事業規模は一定でも「時間の経過」とともに高まるという性質があることも見落としてはならない。ウィリアムソンは、事業規模が一定でも時間とともに現れる組織化の費用を事業規模が拡大する場合に生じる費用とは切り分けて検討している。その費用として彼は、部門間の扶助が建設的な協力とは異なる馴れ合いを生み出すこと、内部組織の資源配分ではスクラップ・アンド・ビルドによってドライに関係を断ち切ることが難しく、妥協的な解決が図られることが多いために内部組織が膨張し、それにつれて統制機構が拡張する偏向をもつこと、市場の規律が働かないため変化を回避し既存の仕組みや活動（プログラム）に固執しがちなこと、組織内の閉鎖的な内部コミュニケーションが情報を歪曲することなどをあげている。

これらを整理すると、第1に、取引の継続が保証されることによって慢心と馴れ合いを呼び、効率性の追求が失われていくという費用、第2に、取引が長期間固定することによってしがらみが生まれ、経済合理性に反するやり取りを許してしまうという意思決定の歪みの費用、第3に、取引の本質にはかかわりのない特殊な様式やしきたりが生まれ、それを伝承、墨守する姿勢が強まって管理が複雑化したり肥大化したりするという費用、第4に、そのような慣行が続くにつれて関心が内向きになり、外部環境の変化に対して柔軟性を失うという費用、第5に、こうした状況が継続する結果、多様性や新規性を外部から呼び込むことが難しくなり、新しいチャンスを活かせなくなるという逸失利益の費用である。

こうした費用は取引相手が特定化され、反復して繰り返されるという固定取引の長期化から生まれる固有の費用とみることもできよう。市場取引の内部化は、検索、調査、交渉、契約、監視、紛争解決、情報開示といった市場での取引費用を組織化することで節約する仕組みであったが、規模の拡大や時間の経過とともに別の費用を生み出すのである。

3 企業と市場の境界で働くコースの法則とは

このように考えると、市場取引を内部化して企業組織の拡張が進められるのは、それによって追加的に節約される市場での取引費用が追加的な組織化の費用を上回らないところまでということになる。もし、組織としての企業が市場での取引費用を節約する機能を果たさないならば、「いつでも、公開市場を再び利用することができる」のであり、何らかの条件によって、「いったん市場取

図表5-2　コースの法則　Coase's Low

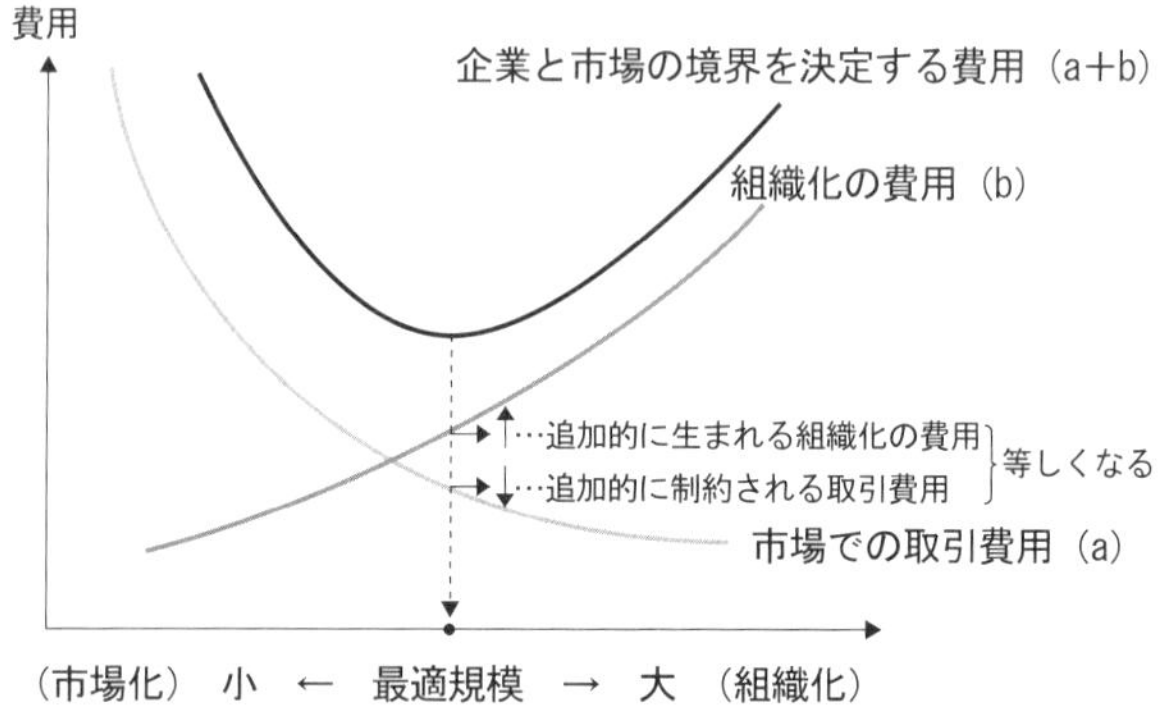

引の方が経済的になれば、各企業において追加的な取引を組織化する費用が等しくなるように生産を分割することが、また有利となる」からである。

全面的な計画経済の世界とスポット的な完全市場との間に位置している現実の市場経済では、企業組織の規模や形態は、節約し得る市場での取引費用と組織化に伴う費用増大とのバランスで形成される。つまり、アウトソーシングかインソーシングかを選択し、企業の組織規模を決定付ける基準は、「取引費用（外部費用）」と「組織化の費用（内部費用）」の関係に集約されるのである（図表5－2）。

この「企業と市場の境界」に作用する取引費用の概念は「コースの法則（Coase's Law）」と呼ばれる（Tapscott, et al. [2000] および O'hara and Stevens [2006]）。ちなみに、その理論的応用である「コースの定理（Coase Theorem）」は、「私的財産権が完全に確立し、市場での取引費用がゼロであれば、公害などの外部性を市場で解決できる」という概念のことで、今日では、温暖化ガス排出枠取引の設計など、人類が直面している現実的な課題の解決にも応用されている。

最適な規模や形態は画一的に定まるわけではなく、その企業が属する産業の特性や経営者の手腕、組織の管理機能、利用できる技術などによって変化するため、状況に応じて組織革新の余地は常に残されている。個人商店ならば、1人の店主で何もかも目が行き届くだろうし、ある程度の規模までなら、社長を中心にした単純な階層構造で事業の運営が可能だろう。だが、急成長するベンチャー企業の挫折をみてもわかるように、大規模に組織を動かそうとする場合に、こうした体制をとり続けると行き詰まってしまう。ウィリアムソンの考えでは、企業規模を拡大して市場での取引費用を節約しつつ、組織化の費用増大も回避するための適応こそが、単純階層組織から多数事業部組織へ至る企業の組織形態の発展＝組織革新ということになる。

3 コースの法則と情報化のインパクト

1 取引費用の低下でフロンティアが拡大する

さて、情報化はアウトソーシングかインソーシングかを選択する「コースの法則」にどう影響するであろうか。コースの法則でカギとなる検索、調査、交渉、契約、モニタリング、紛争解決、情報開示といった取引費用の概念は、別の見方をすれば「情報費用」といえる。例えば、情報経済学の草分けとして第1章で解説したスティグラーの論文では、「価格情報を知るための検索費用」が取り上げられている。また、取引費用があまりに高過ぎる場合に「市場の失敗」が起きると述べたアローの論文でも、「コミュニケーションと情報の費用」がその1つにあげられている。

取引費用を情報費用とみなすならば、効果的なIT導入で市場の取引費用は大幅に低下し、マーケット・メカニズムが機能しやすくなる。ここで重要なのは、取引費用の低下は会社の経理や会計などで用いられる「経費削減」という縮小均衡の概念とは全く異なり、市場での取引が活発化することでフロンティアが拡大するプラス・サムの効果をもたらす点にある。

1990年代以降にわき起こった様々なネット関連ビジネス――書籍販売のアマゾン、パソコン直販のデル、検索サービスのグーグル、クラウド・コンピューティングのセールスフォース・ドットコム、オフショアリングのインフォシス等々――は、情報革命による取引費用の低下によって、従来は全く考えられなかったような新しい市場を創出し、経済活動のフロンティアを拡大させたよい具体例である。偉大な経済学者のシュムペーターは、イノベーション（新機軸）について、狭い意味の技術進歩ではなく、新しい財貨の生産、新しい販路の開拓、新しい供給源の獲得、新しい生産方法の導入、新組織の実現を含めた広い概念でとらえたが、ITを駆使した振興ビジネスの隆盛はまさにこれに当たるだろう。

2 情報化で揺らぐ企業の境界

情報化の影響は、市場の取引費用低下にとどまらない。先に解説した「企業内分業のコミュニケーション問題」に着目すると、企業内部における管理機構の維持など「組織化の費用」を引き下げる有効な手段としても威力を発揮する。つまり、情報化は市場の取引費用（＝企業の外部費用）と組織化の費用（＝企業の内部費用）のいずれをも引き下げる効果がある。

ここで重要なのは、費用低下そのものではなく、企業の内部と外部で資源配分に必要となる費用の「相対関係に変化」が生まれ、これまで最適であった市場と企業の境界に「揺らぎ」が生じることである。これは、外部費用と内部費用のどちらがより大きく低下するかによって、企業の適正な規模と形態が大きく変わってしまうことを意味する。

2人のノーベル経済学賞受賞学者はどう考えていたであろうか。まず、コース（1937）は、電信・電話などの技術や新しい経営管理手法の導入で、空間的な組織化の費用が低下する場合は、企業規模が変化すると述べている。彼は電話や電信の技術が組織化の費用を減少させる点についての言及し、市場の取引費用を減少させる点については考慮していないため、電話や電信の技術は企業の規模を拡大させる傾向をもつと指摘している。

他方、市場か組織かの選択は固定的でないと考えるウィリアムソン（1975）は、時間と共に変

図表5-3 コースの法則で読むITのインパクト（その1）

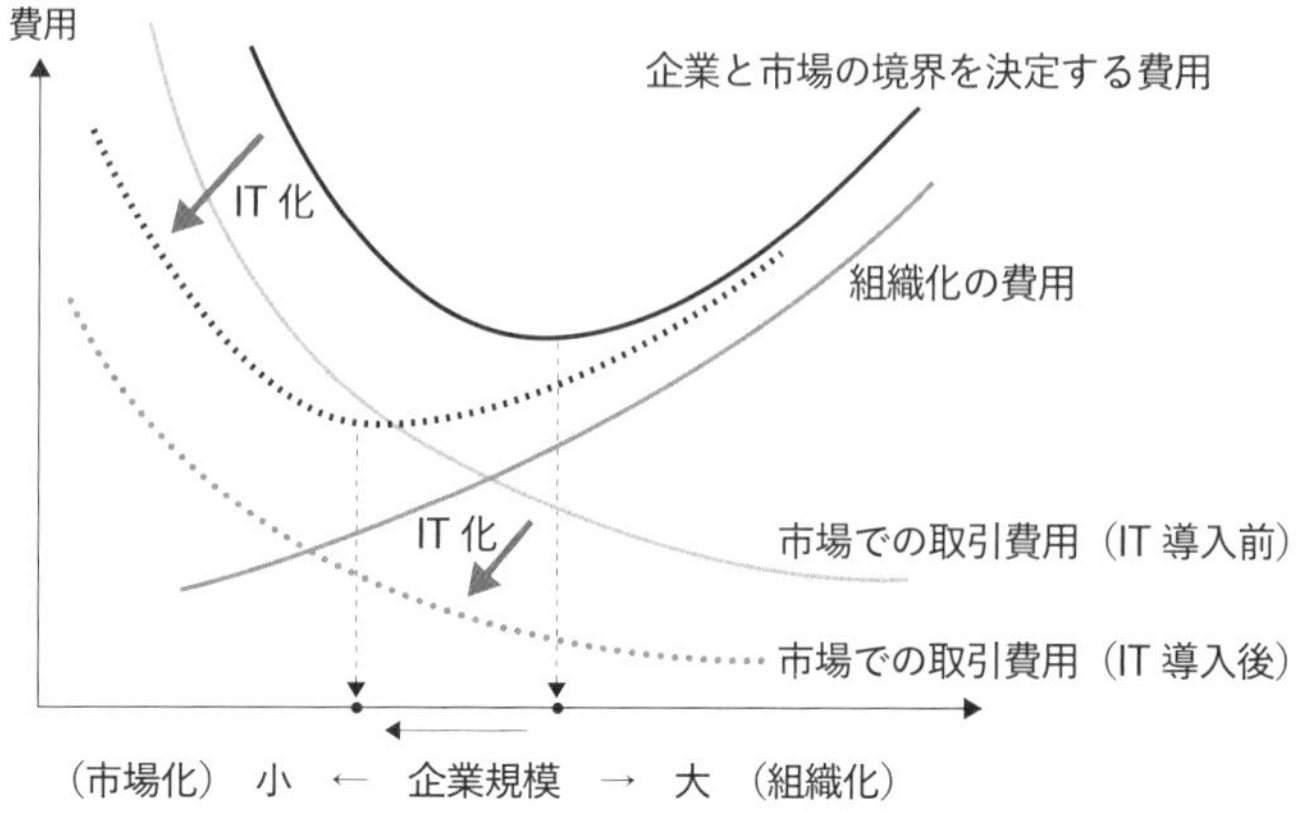

図表5-4 コースの法則で読むITのインパクト（その2）

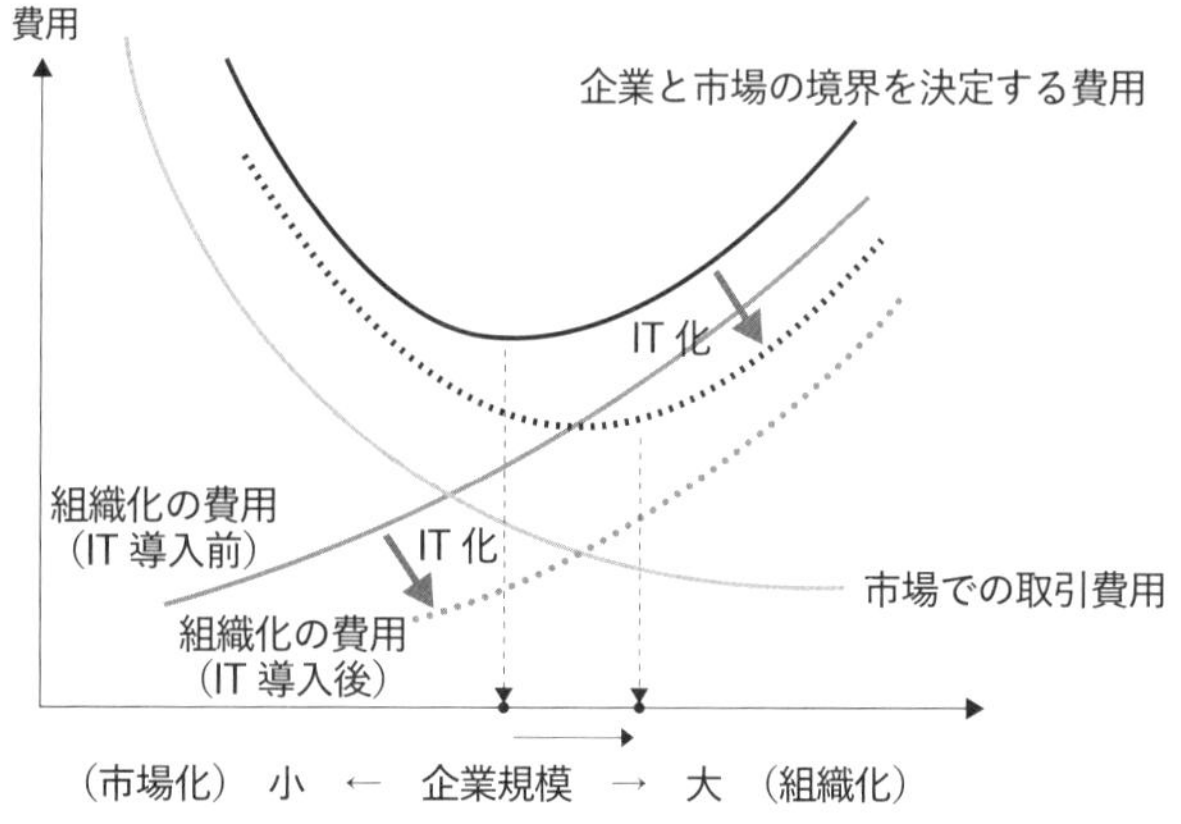

化する条件の1つに情報処理技術をあげて「情報処理技術の変化」が生じれば「最初に択ばれたのとはちがったふうに諸活動を市場と階層組織に割り当てることが適切」になるため「効率性を周期的に再評価する必要がある」と述べている。

これらの点を「コースの法則」の図で考えてみよう。まず、IT導入で外部費用が飛躍的に低減する場合を考えると、市場の取引費用曲線が下方シフトすることになるため、組織化よりも市場化が有利になる（図表5－3）。こうした効果が生まれる場面では、全国的あるいは国際的な組織力を持たない中小企業や零細な個人企業であっても、専門分野で市場取引を拡大させる道が拓けるだろう。

一方、IT導入で内部費用をかなり低減させることが可能ならば、組織化の費用曲線が下方にシフトして企業経営に「規模の経済性」が生まれることになる（図表5－4）。資源開発や金融、通信などの分野でみられるように、活動の舞台がグローバルに拡張し事業の性格から地理的に広がった内部費用をITの活用と業務の標準化で劇的に引き下げることができるならば、より巨大な組織の経営が地理的な広がりをもって可能になるからである。

3　なぜハイレベルの経営判断が求められるのか

このようにIT導入で得られる経済効果の本質は、単なる「コスト削減」ではなく、市場化と組織化の両面における可能性の拡大である。いずれの方向で効果を上げるかは、経営者の手腕や利用できる技術次第でまさに不確定であるが、これまで最適に均衡していた市場と企業の境界に「揺らぎ」が生じていることは確かである。

そこでは、企業の内部組織のあり方や、企業相互の関係、市場の競争環境といった経済システムの基本構造が改めて問い直されることになる。だからこそ、ＩＴ導入に際して経営トップによる改革へのコミットメントが求められる。ルーティン業務の効率化であれば、現場レベルの取り組みで充分だろう。また、社内業務の分業体制見直しという企業の枠内に限定された組織改革であれば、経営トップがわざわざ関与しなくていいのかもしれない。

だが、ＩＴ導入に伴う企業改革の領域が企業の枠内にとどまらず、「企業の境界」をどこに引くかという局面にも及んでいるならば、それでは済まされない。コースの法則に照らすと、市場と組織は常に代替的である。技術革新による環境変化で、事業部門の分割や合併・買収（M&A）といった高度な経営判断が迫られる以上、トップ・マネージメントによる改革へのコミットメントが不可欠なのはいうまでもない。

会社固有の強みや仕組みを熟知した上で、最新技術を活かしてどこまでをインソースし、どこからをアウトソースするか、既存組織の枠にとらわれることなく分業と比較優位の構造を描き直すことが求められる。コンサルタントが一般論として語る改革プランや他社の成功事例を鵜呑みにするだけでは心もとない。ＩＴ機器の設置や単純なコスト削減に主眼を置き、外部の専門家に丸投げす

NTT Publishing
新刊案内
2014 上
Book Guide

NTT出版株式会社
〒141-8654
東京都品川区上大崎3-1-1 JR東急目黒ビル7F
Tel. 03-5434-1010 Fax. 03-5434-9200
http://www.nttpub.co.jp/

※目録『Book Guide2014』もあわせてご活用ください。
※書籍紹介欄の最下段にある数値（例：0275-0）は13桁ISBNコード「978-4-7571-」を省略したものです。
※価格はすべて本体価格です。別途消費税が加算されます。

経済·経営·ビジネス

悪い奴ほど合理的
腐敗・暴力・貧困の経済学

レイモンド・フィスマン/エドワード・ミゲル 著
田村勝省 訳 / 溝口哲郎 解説

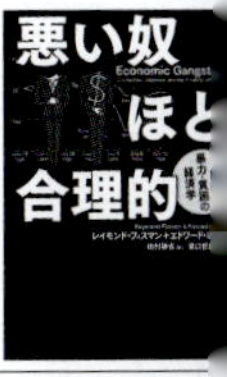

途上国の貧困・腐敗・内戦は1つの原因では理解できない。アジアやアフリカでの調査や多様な統計データを基に、独自の手法で謎に迫るちょっと変わった経済学。 ❖四六判 2000円＋税 2328-1

情報·コミュニケーション

チューリング
情報時代のパイオニア

B・ジャック・コープランド 著 / 服部桂 訳

コンピュータの生み親にして暗号解読者、天才数学者。ゲイとしての私生活や、その死の謎などの逸話も含め、チューリング研究の第一人者が描き出す決定版伝記。 ❖四六判 2900円＋税 0344-3

人文·社会

人類哲学へ

梅原猛 著

日本文明の根本思想「草木国土悉皆成仏」が、なぜ21世紀を救う哲学たりえるのか。梅原猛氏の問題提起とその発展をうながす討論・対論の書。 ❖四六判 1600円＋税 4282-4

情報・コミュニケーション

コミュニケーション学がわかるブックガイド

東京経済大学コミュニケーション学部 監修

社会学、心理学、経営学などを中心に、コミュニケーション学を知るための書籍一二八点を網羅。古典から現代、入門書から専門書まで、コミュニケーション学での位置づけを含めて解説。

❖四六判 二〇〇〇円＋税

0346-7

情報通信アウトルック２０１４
ーＩＣＴの浸透が変える未来

情報通信総合研究所 編

情報通信産業・ＩＣＴ産業の最新動向を、テーマごとに国内から海外の事情まで徹底分析し、解説。特集では、ＩＣＴの浸透がもたらした社会への変革と今後を分析する。

❖Ａ５判 二二〇〇円＋税

0340-5

情報通信データブック２０１４

情報通信総合研究所 編

情報通信産業・ＩＣＴ産業の最新データを、国内から海外事情まで含めて紹介・解説するデータ集。現況をレイヤ別に整理するほか、海外ＩＴ産業の動向を国別にまとめる。

❖Ａ５判 二四〇〇円＋税

0341-2

ＮＴＴコミュニケーションズ インターネット検定 .com Master BASIC 公式テキスト【第２版】

ＮＴＴコミュニケーションズ 著

ＩＣＴ初級レベルの資格が、最新の知識・技術に合わせてカリキュラムをアップデートした【第２版】として登場。二〇一三年十月からの新試験に対応。

❖Ｂ５判 二〇〇〇円＋税

0338-2

ＮＴＴコミュニケーションズ インターネット検定 .com Master ADVANCE 公式テキ

「アドバンス シングルスター」、「アドバンス ダブルスター」に求められる知識を、それぞれの分野ごと

9-9

高木信二 著

金融の現場をよく知る著者ならではの卓見が光る。

❖四六判 二四〇〇円＋税

23

武士道
侍社会の文化と倫理

笠谷和比古 著

侍は武士道をどう理解していたのか？ 武士がいた時代に、何を「武士道」と呼び「武士道」がどのような意味や内容をもつものとして存在していたのかを考察する。

❖A5判 二八〇〇円＋税

4322-7

信頼と裏切りの社会

ブルース・シュナイアー 著
山形浩生 訳

人間社会は信頼なくして成り立たない。しかし、ネット社会とグローバル化の現在、従来の社会制度・システムが機能しない場面も増えている。信頼の構成要素を解明する総合的研究。

❖四六判 四二〇〇円＋税

4304-3

お嬢さん、空を飛ぶ
草創期の飛行機を巡る物語

松村由利子 著

空をめざした女性たちの活躍、社会の偏見との戦い、飛行機を使った新聞の報道合戦、文学者たちの感想など、大正から平成までの飛行機と女性をめぐる、知られざる物語。

❖四六判 二四〇〇円＋税

4271-8

ロスト・モダニティーズ
中国・ベトナム・朝鮮の科挙官僚制と現代世界

アレクサンダー・ウッドサイド 著
秦玲子／古田元夫 監訳

近代性は複数の形態で存在する。それらは資本主義や工業化の進展という明確な指標から切り離されて独立して発生する。東西古典教養に通じた碩学にしてなしえた世界認識。

❖四六判 三二〇〇円＋税

4158-2

人文・社会

ガバナンスとは何か

マーク・ベビア 著
野田牧人 訳

ガバナンスについての代表的な理論を説明するとともに、今日の企業や公共分野、国際的な問題などさまざまな領域におけるガバナンスのもつインパクトについて解説する。

◆四六判 一九〇〇円＋税

4317-3

モール化する都市と社会 巨大商業施設論

若林幹夫 編著

ショッピングモールから見る、現代の都市と文化とは？ 日本の巨大商業施設の歴史を、歴史社会学的記述として分析・記述し、現代の社会、文化、都市について多角的に考察する。

◆A5判 三四〇〇円＋税

4318-0

つながりを探る社会学

鈴木弘輝 著

「情報社会化」を否定せず、その可能性を開花させ「新しい自立とつながり」のあり方について、スピリチュアリティ（宗教現象ではなく、現象学派心理学としての意）をひとつの柱にして考える。

◆四六判 二四〇〇円＋税

4315-9

自然科学

自然を名づける なぜ生物分類では直感と科学が衝突するのか

キャロル・キサク・ヨーン 著 三中信宏／野中香方子 訳

リンネから始まった生物分類学は、二〇世紀になり「魚は存在しない」との結論に至る。なぜ!? そこには科学と直感の間に抗争があった！ おもしろくて発見に満ちた一冊。

◆四六判 三三〇〇円＋税

6056-9

観察力

三〇年以上歯科治療に携わってきた著者が、人生一般に通じる「観察から確信へ、そして自信を持って生き

7-6

るような取り組みでは、情報化投資の効果に限界があるのも仕方がないだろう。

4 ダウンサイジング、リストラ、リエンジニアはどう違うか

1 企業改革の3つの概念

さて、ＩＴ投資の活発化とともに注目されるようになった企業改革であるが、その基本概念は、大きく分けてダウンサイジングとリストラとリエンジニアの3つに整理できる（図表5－5）。一般的には、どれも「リストラ（広義）」の一言で済まされることが多く、実際に取り組む場合も、渾然一体となることが多いだろう。だが、ＩＴ導入で企業の生産性をいかに向上させるか、その基本メカニズムを理解するには、3つの違いをしっかり見極めることが大切である。

まず、ダウンサイジングとは、現状の企業の枠組みや業務の仕組みを保持したまま、単純に事業規模を縮小するという取り組みのことである。例えば、景気後退などで一時的に売上が減少し、操業度が下がって利益が確保できないため、全社的に経費の「一律削減」を行うような場合がこれにあたる。これまでの会社の姿を相似形に縮める策といえる（図表5－6）。

こうしたダウンサイジング型の取り組みは、状況変化に伴う一時的、緊急避難的な取り組みとし

図表5-5　企業改革の概念整理

企業改革
（広義のリストラ）

- **ダウンサイジング**
  - 単純な規模縮小（相似形のまま）
  - 経費一律削減、人員自然減（新規採用停止）
- **リストラ（狭義）**
  - 企業の境界を引き直す
  - 部門の再編（分割＆合併）
- **リエンジニア**
  - 業務プロセスの再設計（形が変わる）
  - 比較優位と分業領域の見直し

図表5-6　企業改革のイメージ図

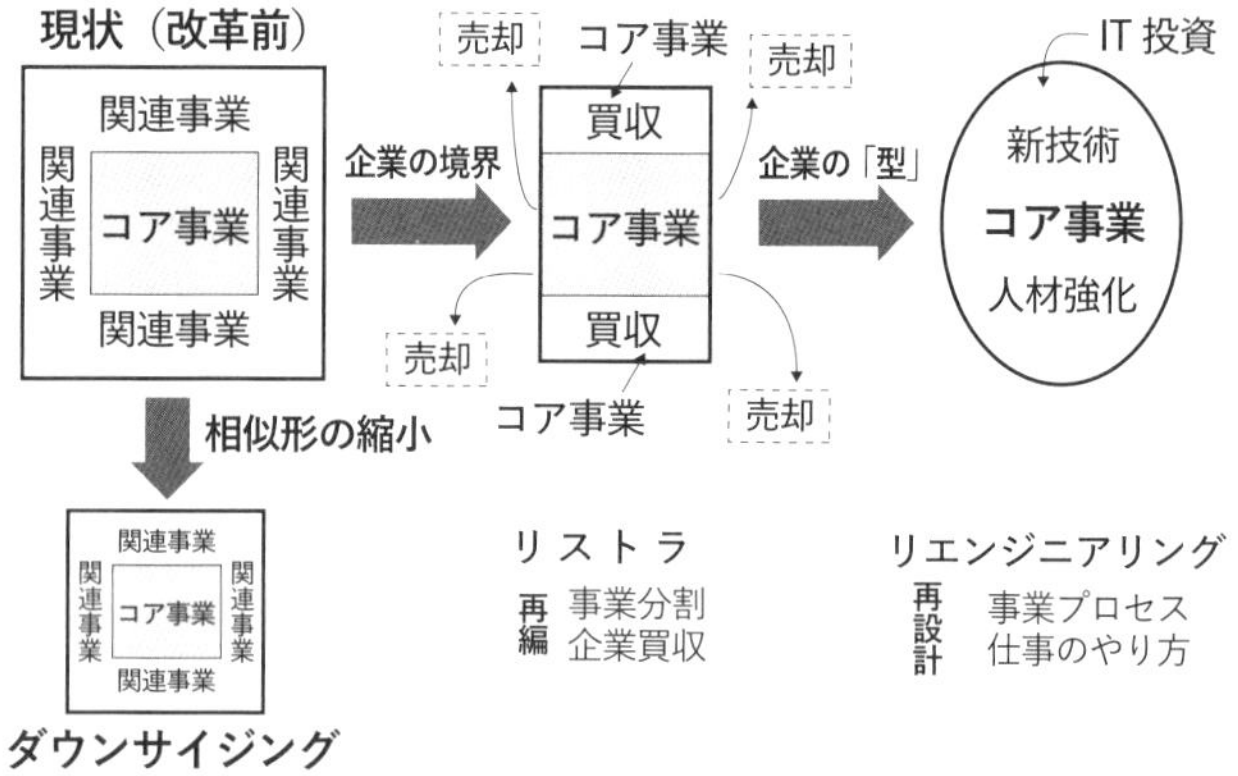

ては充分意味があるが、中長期的あるいは恒常的な対策としては、必ずしも望ましくない。儲かっている分野もそうでない分野も、将来の成長が見込める分野も衰退が懸念される分野も、押しなべて「一律」に縮小されるからである。各分野で短期的な改善効果を引き出すことはできても、全社的にみて経営上の資源配分を戦略的に見直し、中長期の視点で新技術導入と創意工夫を組み合わせて生産性を大胆に向上させるのは難しい。

逆に、景気が良くなったからといって、メリハリのない単純な事業膨張策を目指すのも好ましくない。技術体系が一定で、経済や産業の構造があまり変化しない環境ならともかく、現在のように変化の激しいイノベーションの渦中にあって、景気回復で売上が増加し、操業度が上がったからといって、ヒト、モノ、カネを旧態然とした資源配分で相似形に増やしたのでは、企業の体質が変わらず、短期的にはともかく中長期では情報革命という大きな潮流変化に乗り遅れてしまうだろう。

2 リストラで「企業の境界」を見直す

それでは、企業の枠組みや業務の仕組みを根本から変える取り組みとはどんなものであろうか。それが、リストラ（狭義）とリエンジニアである。組織や構造を意味するストラクチャの前に「再び」という意味の「リ」がついたリストラは、文字どおり企業の組織構造を再編する改革である。業績不振に陥った企業が部門売却などの再建策を金融機関に提示し、債務返済条件の見直しを行う場面でしばしば耳にする。まさに「企業の境界」を引き直すような大胆な取り組みである。日本では事業再編と訳され、１９９０年代のバブル崩壊のころからよく使われるようになった。１９８０年代に多角化で事業分野を拡張したものの、業績が振るわず本業の重荷になってきた企業が多いことが背景にある。業績不振部門を切り離して得意とする本業、つまり強い競争力を持つ「コア・コンピタンス」の活動に全力を傾ける必要性が高まったのである。

売却された部門は、当該企業にとっては不採算であっても、それを得意とする別の企業傘下に入ることで、息を吹き返す道も拓かれる。うまくいけば双方にメリットをもたらすWin-Winの取り組みといえるだろう。ある場面では事業を売却する企業も、別の場面では他社から事業を譲り受け、コア・コンピタンスの企業活動を拡張することができる。M＆Aなどの部門再編によるリストラは、自社の競争力を見極めた上で、ヒト、モノ、カネ、技術、ブランドなどの経営資源を「選択と集中」によって有効に活用するための戦略である。

「選択と集中」の検討は、多角化した事業の見直しだけにとどまらない。経理や福利厚生などかつては内部化するしか術のなかった一部のバックオフィス業務も、ＩＴをうまく活用して外部化できる場合は、分割が選択肢に入ってくる。逆に、これまでは地理的制約などで外部化するしかなかった事業をＩＴの活用で内部化できる場合は、統合も可能になる。その判断には、インソースかアウトソースかを判断する「コースの法則」が役立つのはいうまでもない。

3 リエンジニアはどう違うか

リストラが最適な資源配分を目指した事業部門の再編であるのに対して、リエンジニアは仕事の進め方や業務の仕組みを抜本的に見直す改革で、情報化投資が活発化した1990年代前半にBPR（Business Process Reengineering）として脚光を浴びた。企業の「型」を形成する業務プロセスは、「分業とコミュニケーションの束」といえるが、既存の仕組みは、今のようなITが存在しないか、あったとしてもかなり初歩的な水準の時代に形作られたものである。リストラで部門の「選択と集中」が行われても、旧態然としたやり方が温存されていたのでは、企業の基本的な「型」はこれまでと変わらない。

もともと企業内の分業体制は、地理的緊密性や時間的同期性などの制約が大きかった時代に、人の動きや書類のやり取りをベースに形成されてきたものである。現在のITを巧みに使いこなせば、こうした制約からかなり解放され、正確な情報のやり取りと再利用が容易になる。このとき、従来のやり方を前提にしたままITを導入したのでは、生産性が向上しないばかりか、ひどい場合は、効果のない仕事を大量かつ効率的に行ってしまう落とし穴に陥りかねない。

設計するという意味のエンジニアに「再び」という意味の「リ」がついたリエンジニアは、こうした失敗を避け、ITの可能性を最大化するための企業改革である。そのポイントは、既存の業務プロセスを「棚卸し」した上で、文字どおり「再設計」し直す点にある。納入業者や顧客など企業の外側に広がるサプライチェーンを視野に入れて、業務プロセスをゼロベースから再設計することで初めて、「分業とコミュニケーションの束」である企業の「型」を変えることが可能になる。

業務目的の明確化や再定義を出発点に仕事の進め方をいったん白紙に戻し、分業のメリットとデメリットを考慮して、変化が続く情報の時代にふさわしい仕組みへと描き直す、これこそがリストラ（狭義）とは異なるリエンジニアの核心といえる。

4 情報化で求められる永続的な企業改革

スマートフォンの普及やクラウド化、ビッグデータの活用など今も革新を続けるＩＴは次々と新しい何かを生み出している。企業と市場を舞台にした分業の仕組みは、技術変化にどう対応するかを常に問われており、イノベーション時代の改革は1回限りで完了する性格のものではない。ゴーイング・コンサーンとしての企業には永続的に変化し続けるチャレンジ精神が不可欠といえる。

リストラやリエンジニアなどの企業改革でカギを握るのは、業務と組織に対する充分な知識を背景に、大きな経営判断を行い、ぶれない基本概念を軸に据えて改革を断行する力である。比較優位に基づく分業とコミュニケーション費用のトレード・オフ問題、効果と効率を峻別した目的の明確化、インソースかアウトソースかの判断基準となるコースの法則など本書で考察してきた基本概念は、こうした取り組みに役立つ有益なヒントを与えてくれるだろう。

第6章

ネットワークの経済性とは何か

――情報化社会の企業組織と産業組織

1 経済性の基本4概念を考える

1 スケール・メリットvs.リソース・メリット

ＩＴは企業の境界や型を変えるだけでなく、企業と企業の相互関係にも大きな変化を突きつけている。なぜなら、オープンなネットワーク環境によって、企業の活動舞台で発揮される経済性が従来とは異なってきているからである。この大変化を乗り切るには、「規模の経済性（Economies of Scale）」「ネットワーク効果（Network Effects）」「範囲の経済性（Economies of Scope）」「連携の経済性（Economies of Alliance）」という4つの基本概念の特徴を相互に対比して、産業組織に与える影響を理解することが不可欠である。

情報の時代に威力を発揮する「ネットワークの経済性」は、スケール・メリットの一種であるネットワーク効果とリソース・メリットの一種である連携の経済性の2つの特徴から成り立っている。両者のメリットを伝統的な経済性である規模の経済性や範囲の経済性と比較して概念整理すると、ネットワーク効果が規模の経済性と、また、連携の経済性が範囲の経済性とそれぞれ対をなしている（図表6－1）。まず本節では、ネットワーク効果と規模の経済性についてその共通点と相違点を考えてみよう。

図表6-1 4つの経済性の概念整理

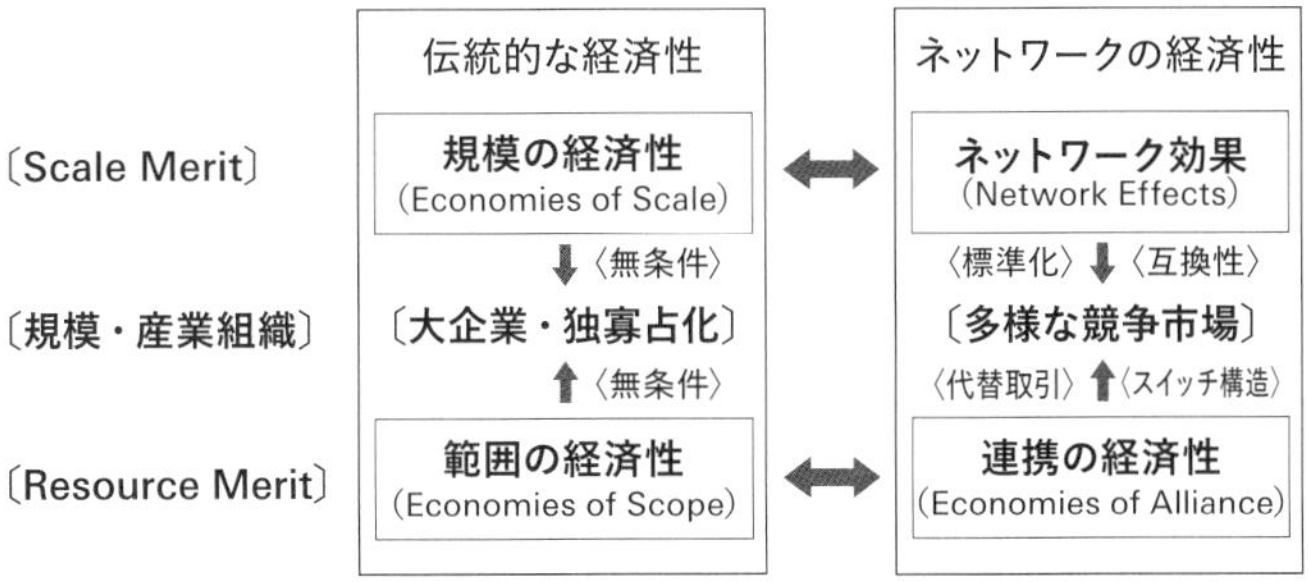

資料：篠﨑（2003）図9-1をもとに作成。

2 絆の広がりで発揮されるネットワーク効果

カッツ＝シャピロ（1985）で有名なネットワーク効果とは、「ある財・サービスの消費者にとって、自分以外の購入者の数が増えれば増えるほど、自らの効用がより一層高まる効果」のことで、ネットワーク外部性（Network Externality）とも呼ばれる。

通常の財・サービスであれば、例えば風呂上りのビールを考えると、自分がジョッキを飲み干すことで乾きを満たされるのであって、他人がより多く飲むほど自分の満足度（＝効用）が高まっていくわけではない。ところが、メールやSNSを考えると、いくら立派な端末を購入しても、利用者が自分1人しかいなければ、誰ともつながらずメッセージを伝えることすらできないわけで何の効用も生まれない（もちろん、内蔵されているゲームを独りで楽しむことはできるが、この場合はビールと同じである）。メールやSNSでは、同じサービスに自分以外の他人がより多く加わるほど自分にとっての利便性が増していくのである。ネットワーク効果とは、いわば、消費者の絆が広がるほど幸せになる効果といえるだろう。

ネットワーク効果の研究を遡ると、通信産業の経済分析を行った論文にたどり着く（Rohlfs [1974]）。そこでは、他の加入者が増えることによって自分の効用が高まるという通信サービスの特徴が「消費における外部経済性」の典型だと指摘されている。もっとも、当時はネットワーク効果への関心は薄く、この概念が注目され始めたのは、カッツとシャピロの論文などが相次いだ1980年代半ば以降である。ちょうどこの時期に、素材などの重厚長大型産業からエレクトロニクスや通信サービスといった新しいタイプの情報産業が主役となる産業構造の変化が起きていた。

3　1980年代のVTR市場争奪戦や流行ファッションも

自分以外の利用者の数が自分自身の満足の大きさに影響するという効果は、文字どおりの物理的ネットワークが形成される場合だけでなく、それ以外の様々な現象にも応用できる。例えば、1980年代にSony陣営のベータ方式とPanasonic陣営のVHS方式で熾烈な市場争奪戦が繰り広げられたVTR市場は、そのことを示す典型事例として有名である。機器としてのビデオデッキ製品群、関連したアプリケーションとしてのビデオ・ソフトの種類と利用者間の交換性、事後的に続くサービスとしての補修・拡張部品やレンタル・ビデオの品揃えと店舗網は、相互に強い補完関係があるので、利用者数が多いほど機器やソフトの品揃え、サービス網の充実によって消費者の効用は高まった。日本のSNS市場でみられるミクシィ、フェイスブック、グリー、ディー・エヌ・エーなどの利用者獲得合戦はその現代版といえる。

また、ファッション、音楽、テレビ番組といった共通話題の「流行」も、同じ行為をしている自分以外の人数が多いほど満足度が高いという点で、ネットワーク効果の一種といえる。VTRや流行の場合は、携帯電話網やメールのような物理的ネットワークを構成しているわけではないが、各消費者が同種の財・サービスを利用するという点では、目にはみえない一種の「ネットワーク」に連なっており、その「ネットワーク」が広がるほど各利用者の満足度が一層高まるという特徴を備えている。

ネットワーク効果を定式化すると、他の購入者＝加入者（s）が増えるとそれ以上に効用（u）が高まるのであるから、効用の加入規模弾力性（$\frac{du}{u}/\frac{ds}{s}$）が1より大きいことを意味する（ここで$d$は増分を表す）。携帯電話を例に考えると、通話可能な2人の組み合わせ数が利便性の大きさを示すとみなせば、加入者数が10人→100人→1000人へと増加する場合に、ネットワークの規模はそれぞれ10倍、100倍に拡大したに過ぎないが、利便性を示す通話可能な組み合わせ数は、45（＝${}_{10}C_2$）組→4950（＝${}_{100}C_2$）組→49万9500（＝${}_{1000}C_2$）組という具合に、それぞれ110倍、1万1100倍へと膨れ上がっていく（図表6－2）。

図表6-2 携帯電話の加入者数と通話可能な組み合わせ数

携帯電話の加入者（n）について、二者組み合わせ数（${}_nC_2$）が利便性を示すと仮定すると

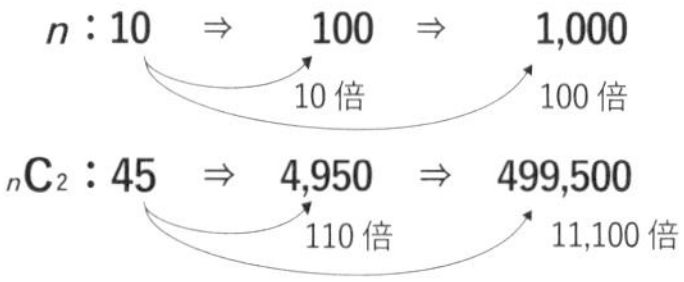

スケールメリット……「規模の経済」と同じ？

4 ネットワーク効果と規模の経済性は同じではない

このように、スケール・メリットの一種であるネットワーク効果は、一見すると規模の経済性と同じ概念であるかのように思われる。そして、一般的にそう誤解されていることが多いのだが、実は両者は決して同一の概念ではない。

確かに、規模が拡大するにつれてそれ以上にプラスの効果が高まるという点で、両者の特徴は共通している。だが、経済学の観点で正確にとらえると、ネットワーク効果と規模の経済性は次の2つの点で異なる。第1に、両者は、経済活動としては、それぞれ別の局面で生まれる経済性であり、第2に、産業組織に対して、ある条件の下で全く逆の結果をもたらすという点である。

まず、第1の点を考えてみよう。ゴールド（1981）が論じたように、経済学で「規模の経済性」という場合、厳密には工場などの生産場面で操業単位（x）の規模を拡大すればするほど産出量（y）がそれ以上に増大するという効果、すなわち、産出量の操業規模弾力性（$\frac{dy}{y}/\frac{dx}{x}$）が1より大きくなる効果を指している。石油化学や鉄鋼などの重化学

図表6-3 規模の経済性 vs. ネットワーク効果

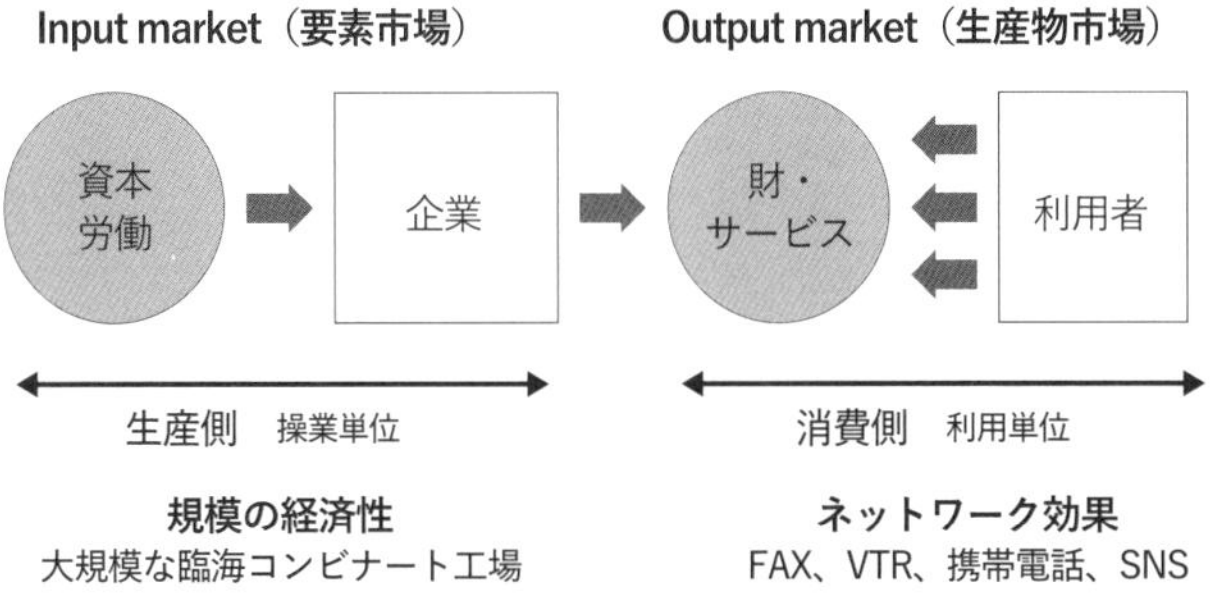

工業を思い浮かべるとわかるように、生産拠点を小さな町工場に分割したのでは、効率性が著しく損なわれてしまう。こうした産業で臨海部に大規模なコンビナート地帯が形成されるのは、まさに規模の経済性が働いて、飛躍的に生産力が高まるからに他ならない。この例からわかるように、規模の経済性では、インプット市場とアウトプット市場をつなぐ生産関数の効率性が論じられており、これは「供給（生産）サイド」で発揮されるスケール・メリットである。

一方、ネットワーク効果は、アウトプット市場から先の消費者の効用を論じており、これは「需要（消費）サイド」で発揮されるスケール・メリットである。つまり、規模の経済性を供給（生産）サイドのスケール・メリット、ネットワーク効果を需要（消費）サイドのスケール・メリットと概念整理すると、そもそも両者はスケール・メリットが生まれる経済活動の局面が全く異なっている。これが第1の相違点である（図表6-3）。

5　異なる産業組織への影響

規模の経済性とネットワーク効果の違いはそれだけにとどまらない。企業はインプット市場とアウトプット市場の2つの市場を結びつける生産関数であり、この領域で生まれる規模の経済性は定義上大企業に有利で、必然的に企業の巨大化と産業組織の独寡占化が促されることになる。

ところが、同じスケール・メリットであっても、アウトプット市場から先の消費者側を対象とするネットワーク効果では、望ましい企業規模や産業組織がアプリオリに定まるわけではない。むしろ、「ある条件」が加わると、多数参加による競争市場化を促す力が働いて、産業組織に対して規模の経済性とは全く逆の効果を生み出す。その条件とは何か、次節で考えていこう。

2　なぜ多様なスタートアップ企業群が勝るのか

1　互換性が生み出す競争的な産業組織

生産サイドで発揮される規模の経済性を活かすには、生産要素を1つの組織に集約し、操業単位を大規模化する戦略が追求されるため、競争に勝ち残る過程で企業は次第に巨大化し、独寡占的な産業組織が形成されていくだろう。これに対して、需要サイドで生まれるネットワーク効果の場合は、生産サイドについては何も語られていない。つまり、消費者からみて、財・サービスにネットワーク効果を享受できるような仕組みさえ確保されていれば、どのような供給体制であるかは問われないのである。その仕組みこそが「互換性」である。

互換性がカギになるという点は、米国のパソコン市場拡大の歴史によく表れている。１９８１年にＩＢＭがパソコン市場に参入すると、同社のブランドが威力を発揮して、生産が追いつかないほど好調な売れ行きとなった。ここに目をつけたのが、パソコン用のアプリケーションを開発するソフトウェア企業や周辺機器を製造するハードウェア企業である。

それ以前はＰＣの規格が乱立していたため、様々な機種にあわせてアプリケーションの開発や周辺機器の製造を行わざるを得なかった。ところが、ＩＢＭ・ＰＣが市場で優勢になると彼らの経営資源をそこに集中して開発や製造ができるようになった。こうなると、ＩＢＭ・ＰＣの利用者にとっては、相互に利用できるソフトウェアや周辺機器の種類が増えて利便性が大いに高まる。つまり、ネットワーク効果が生まれたのである。

重要なのはその先である。意外なことに、こうした動きは直ちにＩＢＭによるパソコン市場の支配＝独占化にはつながらなかった。圧倒的なブランド力を持つＩＢＭ用のアプリケーションや周辺機器に「消費における外部経済性」が生まれたことで、ＩＢＭ以外のパソコン・メーカーにとっても、規格さえ合わせれば、ネットワーク効果による市場拡大というビジネス・チャンスが訪れたからである。それを可能にしたのが「オープン方式」による標準化と互換性の仕組みである。

2 価格と品質の多彩な競争を促したオープン方式

ＩＢＭはパソコン市場への参入に際して、自社にない革新的技術の導入による開発期間の短縮化を目指して、基本ソフト（ＯＳ）や中央演算装置（ＣＰＵ）などの主要部品も含めて、社外の技術力や生産力を取り入れたオープン方式を採用した。これが功を奏して、通常は3、4年かかっていた新機種の開発期間を、当初目標どおり、1年に短縮することができた。ＯＳの開発を担ったマイクロソフトとＣＰＵを開発したインテルはその代表で、両社は「ウィンテル連合」として、その後のパソコン市場をリードしていくことになる。多くの規格が乱立していたパソコン市場は、ＩＢＭの規格がデファクト・スタンダード（事実上の標準）となり、これが一種のプラットフォーム（共通基盤）の役割を果たして「互換性」のあるパソコン市場へ多様な企業の新規参入が相次いだのである。

もちろん、新規参入の互換パソコン・メーカーが単純にＩＢＭと同じ製品を供給したのでは、信頼性やブランド力の面で商機は訪れない。同一の性能であれば、価格を引き下げるという「価格競争」の戦略が、また、同等の価格であれば、より高い性能や携帯性などの利便性を付加した「品質差別化」の戦略がとられ、多彩な企業間の合従連衡も繰り広げられた。こうして、ＩＢＭ互換のパソコン市場では、消費サイドにネットワーク効果をもたらしつつ、生産サイドでは、独占的な産業組織とは正反対の多様な企業の多数参加による競争的な産業組織が形成されていくことになった。

3 スマホやタブレットにも脈々と続く競争の気質

巨大企業による市場独占ではなく、競争的市場が出現したことは、パソコン市場におけるIBMの地位の変遷に表れている。コンパックなどの互換機メーカーが一気に売上を伸ばし、1983年に7割以上あったIBMのシェアは、1987年には4分の1にまで低下した。これには、IBM自身が需要予測を誤って自社製品の供給不足をもたらしたことや、メインフレーム事業との競合(カニバリズム)を避けようとする社内事情で、パソコン開発が一時迷走したことなども影響しているが、消費サイドのスケール・メリットであるネットワーク効果が、生産サイドの産業組織に対しては、必ずしも独寡占化を促すわけではないことを如実に物語る出来事といえるだろう。

ちなみに、IBM・PCから30年以上経過した現在は、スマートフォン市場で、グーグルのアンドロイド、アップルのiPhone、マイクロソフトのウィンドウズフォンなどがOSのデファクトをめぐってしのぎを削っている。2011年9月には、タブレット端末などポストPC時代をにらんで、マイクロソフトがインテル以外のMPU(超小型演算処理装置)にも対応する次期OS「ウィンドウズ8」を、また、インテルがマイクロソフトのライバルともいえるグーグルとの提携をそれぞれ発表した。見逃せないのは、これら大手IT企業の動きを取り囲むように、関連アプリの開発や周辺機器の供給で多様なスタートアップ企業がひしめきあっていることである。ＩＴ関連市場の多彩な競争気質は、21世紀の今日にも脈々と受け継がれているといえるだろう。

4 1980年代は互換性なき囲い込み型のパソコン通信

ネットワーク効果と競争的産業組織の関係は、データ通信の分野でもみられる。あるネットワークに加入している利用者にとって、自分以外の利用者と通信できるか否かは利便性の面で最も重要なポイントだが、そのことが直ちに「利用者は、互いに同一のキャリアやプロバイダーのネットワークに加入しなければならない」ことを意味するわけではない。

もちろん、同一企業が運営する巨大なネットワークが全体をカバーしていれば、加入者全員が相互に通信可能なため、利便性が高まるのはいうまでもない。だが、そのような1つの企業による巨大なネットワークではなく、異なる運営者が提供する小規模なネットワークに加入していても、それらが相互に連結して問題なく利用できるならば、利用者側からみると、実態的には大きなネットワーク・システムが形成されているのと同じ利便性が享受できる。

パソコン市場の例からもわかるように、ネットワーク効果で究極的に問われるのは、カッツとシャピロが指摘した「異なる企業の製品が相互に利用できるかどうか」、つまり「互換性」とそれを担保するための標準化の仕組みがあるかどうかということなのである。

この点は、１９８０年代のパソコン通信と１９９０年代に普及したインターネットとの違いがわかりやすい。かつてのパソコン通信は、プロバイダーが異なれば利用者は相互にデータのやり取りをすることができなかった。つまり、それぞれのプロバイダーが加入者を囲い込む互換性のない仕組みであった。これでは、小さなプロバイダーに加入した利用者は、ネットワーク効果を享受することができない。そのため、当時のパソコン通信では、ＮＥＣ系のビッグローブと富士通系のニフティなど大手による寡占化が進行していった。

流通業など専用線を張りめぐらせた企業間のデータ通信も似たような状況で、それぞれのシステムが異なる方式で精緻に構築され、各ネットワークが相互に共通の連結面（インターフェース）を持つような互換性は充分確保されていなかったようである。

5 多彩な競争へと一変したインターネットの世界

こうした「囲い込み競争」を一変させたのが１９９０年代に普及したインターネットである。これは、ＴＣＰ／ＩＰという標準化された通信手順（プロトコル）によって、文字どおり複数のネットワークを相互に結び、異機種間のデータのやり取りを可能にするオープンなネットワークである。利用者は職場や学校や自宅のみならず、喫茶店や空港などの公共空間で、どのネットワークに接続していても、相互のデータ通信が可能であり、まさしく、ネットワーク効果が存分に発揮される仕組みといえる。

それを供給する産業の側では、CATV、ADSL、光ファイバーなどの固定系から、3G、WiFi、MIMAX、LTEなどの無線系に至るまで、様々なサービスを提供する企業が数多く活動しており、価格やサービスをめぐる競争も盛んに行われている。利用者からみると、固定や無線の違いは、もはや大きな問題ではなくなってきている。その意味では、互換性や切り替えを阻害する制度やビジネスモデルは、ネットワーク効果を享受したい利用者にとっては、不便な仕組みでしかなく、産業の発展にとっても問題が大きいといえるだろう。

6 ロックイン効果を乗り越える仕掛け

ネットワーク効果が働く市場では、しばしば「いったん使用し始めれば、慣れ親しんだものからは離れがたい」という「ロックイン効果」も生じやすい。キーボードの英字配列はその一例である。英字最上段の左から6文字がQ、W、E、R、T、Yの並び順であることから「QWERTY」と呼ばれるおなじみのコンピュータのキーボードの配列は、機械式タイプライターの時代に登場した。その後、より効率的と思われる様々な配列も提案されてきた。ところが、QWERTY配列で長年にわたってタイピストが養成され誰もが慣れ親しんだ今となっては、もはや別の配列によるキーボードは、効率性で優れていてもなかなか普及しない。

確かに、職場と自宅と図書館でキーボードの配列が異なっていたのでは、使い勝手が悪く不便だろう。効率的か否かを問う前に、多くの利用者が、既存の同じキーボード配列を使うというメリット＝ネットワーク効果にロックインされているのである。こうした例からわかるように、ネットワーク効果が働く場面では、一度ドミナント（主流派）を形成した財・サービスから、ただ1人で乗り換えるのは得策ではなく、転換がなかなか進まない傾向が生じやすい。

そこで、ビジネスの場面では、こうした制約を乗り越える様々な創意工夫が凝らされることになる。ハードウェアであればアダプターや変換器、サービスであれば加入先変更優遇割引などが良い例だろう。こうした仕掛けを考案すること自体がイノベーション＝創意工夫の1つといえる。記憶媒体の変遷をみると、フロッピィディスク、MO、メモリースティック、USBメモリー、SDカード、マイクロSD……といった具合に、次々と新製品が生み出されているが、古い媒体との「下位互換性」が確保されているため、これらの財・サービス市場では、製品の優勝劣敗が厳しく、企業の栄枯盛衰も波乱に富んでいる。ネットワーク効果と互換性がセットになった市場は、企業にとっては厳しいが、長期でみると変化に富み、活力ある成長市場となることは間違いない。

7　平板化とは異なるモジュール構造

これまでみてきたように、「規模の経済性」との対比を通じて「ネットワーク効果」を考えると、スケール・メリットという点では共通しているが、その領域が異なること（生産サイドではなく需要サイド）、また、産業組織に対しては、必ずしも巨大企業の形成による市場の独寡占化をもたらすわけではないことがよく理解できる。重要なのは「互換性」とその裏付けとなる「標準化」であり、両者がそろう条件では、「消費のプラスの外部性」をもつ財・サービス市場に多くの多彩な企業を呼び寄せ、独寡占化とは正反対の新規参入による競争的な産業組織が形成されていく。

ここで注意しなければならないのは、互換性を支える標準化が、それぞれの財・サービスの中身までが同一になってしまう「平板化」を意味するわけではないことである。製品やサービスのインターフェース（連結面）を標準化することが重要なのであり、それによって互換性の条件が満たされていれば、それぞれの製品やサービスの「中身」に独自の工夫が凝らされていても全く差し支えない。むしろ、その方が専門性を活かした多様な技術開発の成果を共通に利用できて好ましい。

これは「モジュール」といわれる構造の特徴である。一つひとつのモジュールの内部は高度に特殊化され、ブラックボックス化するが、簡明な共通ルールをインターフェースに用いれば、相互の連結は容易に行うことが可能になる。各モジュールが専門性を発揮しながら、全体として複雑なシステムを有機的に進行できる構造であるため、イノベーションに親和的な仕組みといえるだろう。

ネットワーク効果という概念は、従来インプット市場における生産関数の問題として扱われてきた「スケール・メリット」をアウトプット市場からとらえ直すだけでなく、産業組織への影響という面でも新たな視点を提示してくれる。この点をさらに掘り下げていくと、なぜ、イノベーションの時代には、社内に様々な経営資源を擁する大企業ではなく、多様なスタートアップ企業の連携が勝るのか、という議論につながる。この議論を進めていくには、範囲の経済性と連携の経済性という対になる概念を用いて、「リソース・メリット」の観点から経営資源の活用形態を考えていかなければならない。

3 社外の活力を活かす連携の経済性

1 組織の内と外の資源をどう活かすか

ネットの威力は、「時間」と「空間」だけでなく、「組織」を超えて、個人の閃きや創意工夫を結集しやすい点にある。従来は、大企業や政府などの巨大な階層構造に頼らざるを得なかったこの英知の結集力をコミュニケーション・ツールとしてのＩＴが広く世界に開放しているからである。もちろん「コースの法則」でもわかるように、内部化のメリットが大きい場合は、ヒト、モノ、カネ、情報といった様々な経営資源を企業内に囲い込むのが得策であり、企業の巨大化だけでなく多角化を促す原動力にもなる。そのメリットが「範囲の経済性（Economies of Scope）」である。

この経済性は、同じ組織の内部にある様々な経営資源を複数の生産活動に応用する方が、それらを別々の企業で生産するよりも費用が節約できて効率的になることを意味する。例えば、コンビニエンス・ストアは、単にモノを販売する小売店舗としてだけでなく、宅配便の受け渡しや、小口資金の振込み、ATMでの現金の引き出し、コピーやFAXなど、様々な対個人サービスを提供する場として経営資源を効率的に活かし収益をあげている。

2 多角化の論拠となった範囲の経済性

同一組織の内部資源を共通利用することから得られる費用節減効果は、企業の多角化を押し進める際の有力な経済的根拠といえる。範囲の経済性は、1975年に出されたベル研究所の経済ディスカッション・ペーパーで使われ始めたとされるが（Panzar and Willing［1981］）、ここでは青木・伊丹（1985）が提示した次のような簡潔な2部門モデルで定式化しよう。

まず、第1部門と第2部門の生産を専業とする2つの独立した企業の「費用関数」をそれぞれ、$C(x_1, 0)$、$C(0, x_2)$とすれば、社会的な総費用は次の（1）式で表せる。

$$C(x_1, 0) + C(0, x_2) \quad \cdots\cdots\cdots\cdots (1)$$

一方、これらを独立した2つの企業ではなく、1つの企業に統合して生産した場合の総費用は（2）式のように表せる。

$$C(x_1, x_2) \quad \cdots\cdots\cdots\cdots (2)$$

ここで、範囲の経済性が生まれるのは、次の（3）式の関係が成立する場合である。

$$C(x_1, 0) + C(0, x_2) > C(x_1, x_2) \quad \cdots\cdots\cdots\cdots \quad (3)$$

この（3）式からわかるとおり、範囲の経済性では、組織を統合して同一企業の共通資源として利用した方が低コストなのか、それとも別々の組織に分割された複数資源として利用した方が効率的なのか、という点がポイントとなる。もし、範囲の経済性が発揮できるとすれば、それは、1つの企業内に複数の部門で利用可能な共通資源が存在することを意味する。一般に、複数部門で利用可能な共通資源が同一組織内に発生するのは、技術やノウハウ、研究開発といった知識・情報資源に公共財的性質があることや、大型の資本設備といった経営資源の不可分性によるためで、企業の規模が大きいほどこうした共通資源の発生量が大きくなると考えられる。1980年代の日本企業は、積極的に多角化を進めていたが、青木・伊丹（1985）では、「多角化の経済的根拠の中で最も現実的重要性が大きいのは、範囲の経済性であろう」と述べられている。

3 社内より社外を活かす連携の経済性

範囲の経済性の対極となる概念が「連携の経済性（Economies of Alliance）」である。これは、1980年代にネットワーク化の進展に伴う産業組織の変貌を考察した宮澤（1986）が唱えた「連結の経済性」を再構成した概念である。範囲の経済性が同一組織内部の経営資源を複数分野で活用することのメリットに着目するのに対して、連携の経済性は、複数の組織に分かれた主体が提携することによって各組織の外部に広がる経営資源を共有することのメリットに着目する。また、範囲の経済性が費用最小化というインプット（投入）の領域をとらえているのに対して、連携の経済性は、複数企業による外部資源の相互利用で相乗効果が生まれるというアウトプット（産出）面の付加価値増大をとらえている。

これらの違いを踏まえて、連携の経済性を定式化すると、まず、第1部門と第2部門の生産を専業とする独立した2つの企業の「生産関数」をそれぞれ、$f(x_1, 0)$、$f(0, x_2)$とすれば、社会全体の産出物総量は、次の（4）式で表せる。

$$f(x_1, 0) + f(0, x_2) \quad \cdots\cdots\cdots\cdots (4)$$

一方、それらの部門を別々の企業ではなく、1つの企業に統合して生産した場合の産出物の総量は次の（5）式で表せる。

$$f(x_1, x_2) \quad \cdots\cdots\cdots\cdots (5)$$

ここで、連携の経済性が生まれるのは、次の（6）式の関係が成立する場合である。

$$f(x_1, 0) + f(0, x_2) > f(x_1, x_2) \quad \cdots\cdots\cdots\cdots (6)$$

このように、外部資源、複数組織、相乗効果という連携の経済性の3つの特徴は、範囲の経済性を特徴づける内部資源、同一組織、費用節約と対称的な関係にある。スケール・メリットの面で「ネットワーク効果」が「規模の経済性」と対になるように、リソース・メリットの面では、「連携

図表6-4　ネットワークの経済性とその対をなす概念

	ネットワークの経済性	対をなす概念
規模の利益	ネットワーク効果 ・消費者サイド ・アウトプット市場	規模の経済性 ・生産者サイド ・インプット市場
経営資源	連携の経済性 ・外部資源 ・複数組織 ・相乗効果	範囲の経済性 ・内部資源 ・同一組織 ・費用節約
産業組織	競争的市場（ある条件下で） ・多数参加、新規参入 ・互換性（代替取引） ・モジュール構造	独寡占市場（定義上） ・組織の巨大化 ・継続性（長期取引） ・統合型（擦り合わせ）構造

資料：篠﨑（2003）図9-1, p.169およびAdams, et al（2007）, Table 8-1をもとに作成。

の経済性」が「範囲の経済性」と対になるのである。

情報化の進展とともに威力を発揮している「ネットワークの経済性」とは、この両者を包摂した概念であり、情報の時代の企業間関係を考えるには、ネットワーク効果と連携の経済性の両面から、産業組織の特徴を重層的にとらえることが求められる。ＩＢＭのパソコン市場参入におけるオープン戦略のジレンマを読み解くカギもそこにある。

4　なぜオープン戦略がとられるのか

ＩＢＭが30年前のパソコン市場参入で採用したオープン方式は、外部資源、複数組織、相乗効果という「連携の経済性」の三拍子がそろっているが、実は、ＩＢＭにとって必ずしもメリットだけの戦略ではなかった。既述のとおり、需要サイドで生まれるネットワーク効果の場合、生産サイドでは企業規模や産業組織が一義的に定まるわけではない。

「互換性」が確保されれば、消費者にはメリットがあることは間違いないのだが、生産者にとっては、互換性のない囲い込み型の戦略が有効な場合も充分あり得る。ネットワーク効果を論じたカッツとシャピロの論文でも、ブランド力や大きなシェアをもたない弱小企業は、互換性を好む傾向がある反面、既にそれらを擁している有力企業は、互換性に消極的となると述べられている。その意味では、IBMのオープン戦略はこれに反するものでしかない（Kartz & Shapiro［1985］）。

実際、IBMはパソコン市場の規格で事実上の業界標準（デファクト・スタンダード）を確立できたものの、互換機メーカーとの激しい競争に巻き込まれ、たちまちシェアを失った。しかも、パソコン時代のはるか以前、メインフレーム（大型汎用電算機）の時代に、既に互換機メーカーとの競争を経験済みで、オープン戦略を採用すれば、同じことが再現されると充分予測できたはずである。

なぜIBMは、自社に不利になるような標準化と互換性の仕組みを取り入れたのであろうか。理論的にも経験的にも、明らかに不利益が予想されたにもかかわらず、あえてオープン方式が選択されたのは、逆に、そうした不利益を上回る利益があると判断されたからに他ならない。そこに、スケール・メリットからはみえない、リソース・メリットに着目した「連携の経済性」の特徴が潜んでいる。

5 外部との連携で発揮されるスピードと革新性の相乗効果

その当時メインフレーム事業が主力のＩＢＭは、パソコン市場への参入は後手に回ったため２つの制約に直面していた。時間制約と内部資源の制約である。パソコン市場への参入は１９８０年８月に決定されたが、急成長する市場の競争環境で参入決定から製品開発、生産、発売までの期間がわずか1年に限られていた（時間制約）。ところが、経営資源が充実していたメインフレーム事業とは異なり、パソコン事業については充分な技術力、開発力、生産力が自社内に蓄積されていなかった（内部資源の制約）。

こうした2つの制約の下で、通常はほとんどすべてのハードとソフトを内製していた伝統にこだわらず、ＣＰＵ（中央演算装置）やＯＳ（基本ソフト）、フロッピィ・ディスク・ドライブなど枢要な構成品についてまでも、外注品や既製品を採用するというオープン戦略が採用されたのである。そのメリットは、第1に、時間の節約（スピード）、第2に、社外に広がる革新の取り込みであった。複数組織の連携による外部資源（技術力、開発力、生産力）の利用は、ＩＢＭの擁する経営資源（ブランド力、資金力、販売力）と結びついて、新製品の開発、生産、販売においてスピードと革新性の両面で相乗効果を発揮した。この点では、見事に連携の経済性が発揮されたといえるだろう。

ただし、オープン戦略には激しい競争にさらされるというデメリットもある。もちろん、ＩＢＭも互換機メーカーの参入が容易になるとは予想していたが、それでも競争上の優位性は保てると考えていた。なぜなら、CPUと周辺機器との間のデータを制御するBIOS(基本入出力)を著作権で保護し、違法なコピーから守ることで性能面の優位性を維持できると考え、さらにブランド力と販売力のあるIBMの製品は量産効果で製造コスト的にも充分有利な立場に立てると考えたからである。だが、結果的にこの見通しは甘かった。

6 競争的な産業組織の条件は代替取引を可能にするスイッチ構造

BIOS保護の戦略は、ライバル企業が採用した保険による訴訟リスク回避方法やクリーンルーム方式と呼ばれる新規参入ルールの成立で頓挫した。クリーンルーム方式とは、IBM機のリバースエンジニアリングに携わった技術者とは全く別の技術者が、内部構造に関するリバースエンジニアリングの情報は一切使用せずに、解析の結果判明したBIOS機能に関する情報のみを使って同一機能をもつ全く別のプログラムを作成するという方式のことである。

製造コストについては、互換機メーカーもIBMと同じ外製業者に発注できたばかりか、条件によっては、より安い価格で生産委託できたため、IBMの目論見は外れてしまった。この経過は、競争的産業組織の形成という点で、連携の経済性が範囲の経済性と決定的に異なる条件、すなわち、「代替取引」(alternative)が可能な企業間の切り替え(スイッチ)構造の重要性を示している。

もし、IBMと外部企業との関係が親会社と100%子会社のように固定された閉鎖型の取引関

図表6-5　2つの経済性とスイッチ構造

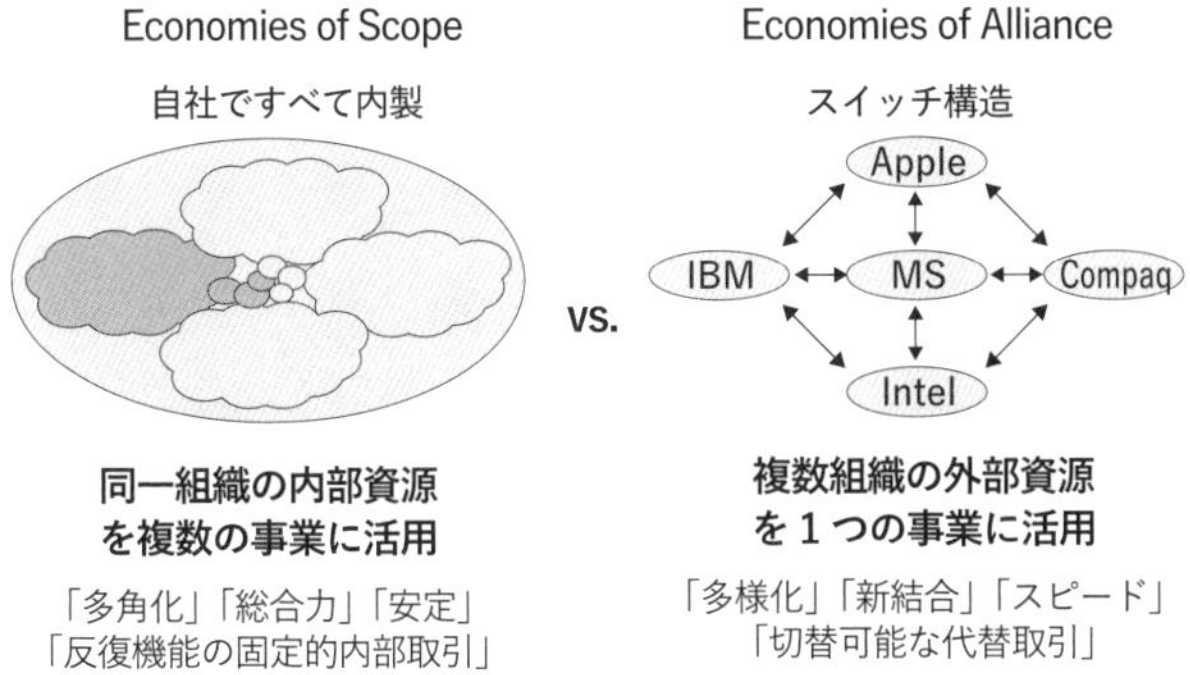

係であれば、形式的には複数組織の連携にみえても、これらの企業はＩＢＭのライバル企業とは取引できないため、実態的にはＩＢＭグループ内の範囲の経済性と変わらない。日本のコンピュータ産業で１９８０年代にみられた企業グループの関係はこうしたものであった。

ところが、米国の場合は、マイクロソフトもインテルも、コンパックやデルなどＩＢＭ以外のパソコン・メーカーと連携してＯＳやＣＰＵの開発・生産を進めることができた。そのため、メインフレーム部門との競合（カニバリズム）を懸念するＩＢＭの方針とは一線を画して、独自の成長戦略を展開するという選択肢をもっていたのである。

嘉村（１９９３）によると、ＩＢＭがＯＳ／２の開発に向けて独自色を強めると、インテルやマイクロソフトは、当時ＩＢＭとライバル関係にあった互換機メーカーのコンパックとの間で次世代モデルの開発を進め、一方ＩＢＭは、これに対抗してアップルとの連携を模索するなど、常に異なる企業との「代替取引」に扉が開かれていたという。ＩＢＭとマイクロソフト、インテルは、それぞれの専門性を活かして相互に密接な関係を築いたが、閉鎖的、固定的な取引関係を形成したわけではなく、経営上の意思決定も独立して行われていた。つまり、１００％子会社のような形式的なものとは異なり、企業間の連携に代替取引を可能にするスイッチ構造が備わっていた。こうした例からは、ネットワークの経済性という領域で多数参加による競争的産業組織が形成されるためには、「互換性」に加えて「スイッチ構造」がもう１つの重要な条件となることがよく理解できるだろう（図表６−１参照）。

7　学ぶべきは潮流変化への柔軟な対応力

ところで、パソコン市場でのオープン戦略に失敗したＩＢＭは、そのまま衰退していったであろうか？　実は、全く逆であり、同社は世界のＩＴ市場で今も有力企業として輝いている。なぜなら、より広い文脈でネットワークの経済性を活かしてきたからである。

ＩＢＭは、２００５年に中国企業のレノボにパソコン事業部門を売却するなど、確かに、ハードウェアの量産という面ではかつてのような存在感がなくなっている。しかし、同社は１９９０年代後半から、システム開発などのソリューション・ビジネスに経営資源を傾注し、ハードウェアからソフト化、サービス化が進むＩＴ市場の大きな潮流変化に乗った巧みな経営を続け、現在も高い収益力を誇っている。つまり、ハードウェア製造については他社に委ねて、機器を利用するユーザーが急拡大するというネットワーク効果の恩恵を受けながら、自らは得意とするR&Dやシステム開発などのサービス分野で収益を上げるという「連携の経済性」を見事に発揮しているのである。

前章で解説したように、変化の激しい時代には、自社を取り巻く環境変化を機敏にかぎ取って、自らの経営資源を柔軟に組み替え、変革し続ける企業こそが生き残り繁栄する。まさに過去30年間のIBMの歩みはそれを実践することの重要さを伝えている。

4 イノベーション時代にふさわしい組織構造とは

1 外部の新風で企業を再生する

ITを駆使した「外部との連携」がどんな威力を発揮しているのか、その実像に迫ったのが大学とビジネス界で活動する2人の著者がまとめた『ウィキノミクス』である（Tapscott & Williams [2006]）。同書は、総額約10億円を費やした大規模調査のエッセンスをまとめたもので、何でも社内で抱え込む「自前主義」と決別し、ITを駆使して社外の能力と協働することの意義や効果が論じられている。ウィキと呼ばれるツールを利用した協働型ネット百科事典のウィキペディアについては、もはや説明を要さないだろう。ウィキノミクスとは、こうした新技術を駆使して生まれているオープンな経済を表現する著者らの造語（＝ウィキ＋エコノミクス）で、ＩＴ時代の企業（内部組織）と市場（産業組織）の一断面が豊富な実例で紹介されている。

その内容が刺激的なのは、ソフトウェア開発のリナックスなど、ネット関連だけではなく、一見するとＩＴには無縁と思える従来型企業も調査対象となっている点である。同書には、社外に広がる豊かで多様な経営資源との連携によって、自前主義が陥りがちな経営資源の限界を乗り越え、イノベーションがわき起こっている様子が鮮明に描かれている。

例えば、新鉱脈を発見できずに経営難に陥っていたカナダの鉱山会社は、常識を覆して企業秘密扱いの地質データをすべて社外に公開した。すると、地質学者などいつもの顔ぶれだけでなく、通常はなじみのない数学者、学生、コンサルタントなど世界中の英知が結集し、社内では考えつかなかった多くの新提案によって、金の新鉱脈を掘り当て一流企業に変身したという。他にも、紙オムツ用の吸収剤が大陸間海底ケーブルに利用された話など、外部資源との新結合によるイノベーションの実例が随所に盛られている。

変化の激しい時代には、何が成功モデルかは断定できないし、事例の一部は、自動車など日本の製造業が得意とするデザイン・インの概念と重なるものもある。ただ、ＩＴ時代には社外との連携が分野的にも、工程的にも、地理的にも一段と拡大していることは間違いないだろう。様々な事例調査を踏まえて、著者らは、必要な人材をすべて囲い込んで教育し、社内に留めて士気を維持し続けるのはもはや時代遅れではないかと指摘している。この応用で、日本の団塊世代の定年問題や女性子育て世代の雇用問題を考えると、これまで大企業の内部組織に囲い込まれていた優秀な人的資源が桎梏を解かれ、独立自営の企業家として自在に活躍できる技術的環境が生まれているとみることもできる。

2 連携か範囲か、長所と短所はコインの裏表

もちろん、連携の経済性と範囲の経済性は、どちらか一方が普遍的に優れているというわけではない。長所と短所はコインの裏表のようなもので、この点は充分注意しなければならない。分業か統合か、市場か企業か、巨大化か小規模化かなど、本書でこれまでみてきたように、対になる概念を正確にとらえて、なぜある場面では一方が優れているのに別の場面ではその関係が逆転するのか、その基本原理を理解することが重要である。

組織構造の面から、範囲の経済性と連携の経済性の特徴を対比すると、前者の威力は、同一組織内の複数の資源を活用することで発揮されるため、多くの総合企業がそうであるように、企業規模は概して大きくなりがちである。こうした組織では、事業分野が多岐にわたり、企業規模も拡大する一方で、同じ組織としての統一性を保つことが求められる。したがって、階層構造をもった集権的な仕組みで合意形成に向けた部門間の調整が繰り広げられることになる。いわゆる合議制である。

これは、優勝劣敗というような、結果がすべての市場型調整に対比して、事前の根回しなど予定

図表6-6 組織構造と経済性(範囲と連携の経済性)

	範囲の経済性	連携の経済性
組織形態	同一組織	複数の組織
資　源	内部の経済資源	外部の経済資源
構　造	階層構造	自律的構造
権　限	集権的	分権的
意思決定	合議制	主体的判断
調　整	事前調整・予定調和型(Voice) 擦り合わせ型のインテグラル構造	事後調整・市場機構型(Exit) 組み合わせ型のモジュール構造
取　引	閉鎖的、特殊性、反復継続	開放的、標準化、随時切替
メリット	全体の総合力(費用節約) 内部扶助機能による安定 市場の不確実性回避…(Exitなし) 改善・伝承	個々の専門性 迅速な意思決定 広い選択肢(代替取引)…(Exit可能) 新結合・革新(相乗効果)
デメリット	専門性や特化の欠如 意思決定の時間ロス 狭い選択肢(固定取引)…(Voiceだけ) 既存の仕組みへの固執	総合力の欠如 内部扶助機能の欠如 市場の不確実性…(Exitリスク) 知識やノウハウの伝承不足

資料：篠﨑(2003)図9-1をもとに作成。

調和型の対応を重視した仕組みといえるだろう。閉じた領域での反復継続による内部取引が盛んになるため、社内語といわれる独特の言葉使いや特殊な慣習が生まれやすくなるのも1つの特徴といえる。範囲の経済性のメリットは、少ない費用で複数の製品やサービスを生産できる点にあり、外部の取引相手に対しては「総合力」で勝負することができる。しかも、景気や市況の動向など外部環境の変化で、ある部門が不振になった場合に、好調な別の部門の利益で内部扶助を行い、全体として安定した経営の継続が可能となる。激しい市場の変動を組織全体で吸収し不確実性を回避する安定的な構造といえる。それゆえ、企業内に技術やノウハウが蓄積・伝承されやすく、改良や改善を積み重ねていくラーニング・バイ・ドゥーイング型の技術開発で優位

図表6-7　技術開発の2類型

	ラーニング・バイ・ドゥーイング（Leaning by Doing）	イノベーション（Innovation）
要　因	反復継続	新結合
変　化	連続的	非連続的
成　果	改善・改良	創造的破壊
現　象	ファイン・チューニング	サプライズ
企業発展	多角化	ベンチャー
取引特性	固定取引	代替取引
システム	インテグラル（統合）	モジュール（連携）
環　境	安定	不確実
経済性	範囲の経済性	連携の経済性

資料：篠﨑（2003）図10-4をもとに作成。

性を発揮しやすい。

3　Exitできない不自由さが機会を奪う

これらの特徴は短所に変わることがある。社内調整のための時間ロスはその典型であろう。合議制の下では、最終意思決定者ではない中間段階での合意が重視され、複数の関係者が相互に依存し合って物事を決めていくため、責任と権限の関係が不明瞭になり、専門性や効率性を高める努力が低下する傾向も生まれやすい。これらの短所は、部門間で意見の相違があったり利害が相反したりする場面でより先鋭化する。社内の意見調整と合意形成に貴重な労力と時間が割かれている間に、ライバル企業に市場を奪いとられてしまうからである。メインフレームからパソコンへの転換でみられた１９８０年代半ばのＩＢＭや１９９０年代以降の日本のエレクトロニクス企業の苦い経験でもある。

パソコン部門がメインフレーム部門との調整を抜きに、銀行からの資金調達や販売店との営業活動を進められればよいのだが、範囲の経済性を発揮する総合企業では、意見の溝が埋まらない場合も勝手に行動を開始するわけにはいかない。財務部門や営業部門とのやり取りは、スイッチ構造（＝代替取引）がない社内取引（＝固定取引）なのである。これはハーシュマン（1970）のExit-Voiceという枠組みでとらえるとわかりやすい。状況を変えるためには、声（Voice）を出して社内交渉を続けるしかなく、交渉をやめて別の相手を探すという退出（Exit）行動が選択できない。

当時のIBMのメインフレーム部門のように、既に実績ある有力部門の声は、社内のいたるところで大きいのに対して、パソコン部門のように新しく芽生えたばかりの部門の声は弱く、特に既存の有力部門の人脈が幅を利かせる意思決定の上層部には届きにくい。したがって、Exit戦略がとれずVoiceを出すしかないという制約の下では、特定の取引相手（社内における特定の部署や人物）が関所のようにネックとなって身動きが取れなくなりがちである。形式的に複数企業であっても、100％子会社などのグループ企業は、同様の不都合が起きやすいので注意が必要であろう。

4 「選択の自由」による「新結合」の可能性

それでは、複数の外部企業同士がつながっている連携の経済性はどうだろうか。個々の企業は、それぞれ得意分野に特化した専門企業であるため、規模の大小にかかわらず総合型企業に比べると内部構造の複雑さは軽減される。また、相互に連携しているとはいえ、一つひとつの企業は独自に主体的な意思決定ができるため、自律的、分権的な関係といえる。これは、予定調和型の組織原理とは違った市場原理の関係といえる。魅力のない企業は結果的に淘汰されて良いものだけが残るという意味で、総合型企業の内部とは全く対照的な調整メカニズムが働く。

さらに、複数企業の連携という特徴から、外部取引が盛んになり、多くの選択が可能なように開放的で標準化された仕組みが形成される。そこでは、市場を通じた社会的分業によって個々の企業の専門性がうまく発揮できるという特徴に加えて、取引相手が特定される内部取引とは異なり、意見の相違や対立があった場合には、別の相手との取引に切り替えることも容易である。

これは、合意の形成に行き詰まった場合に、時間をかけて粘り強く説得するVoiceだけではなく、各組織の主体的な意思決定で既存の取引関係からExitし、新たな取引を迅速に開始する道が用意されていることを意味する。つまり「選択の自由」がある。この特徴をうまく活かせば、新規性と多様性を取り込んだ「新結合」型のイノベーションが生まれやすくなるだろう。

もっとも、選択の自由があるということは、裏を返すと、相手がExitを選択する自由もあるわけで、取引相手からみてこちら側に魅力がなくなれば、直ちに取引関係を失うリスクが高くなる。範囲の経済性のような内部扶助や総合力による安定性はなく、優勝劣敗といわれる厳しい市場の選別にさらされることになる。景気や市況の動きに左右されて、頻繁な合従連衡が繰り返されると、継続した安定的な関係が維持されないため、技術やノウハウをラーニング・バイ・ドゥーイング型で伝承、蓄積、共有することも難しくなる。ここでも、長所と短所がコインの裏表であることに変わりはない。

5 ネット時代に可能性を広げるのは何か

このように、範囲の経済性と連携の経済性にはそれぞれ一長一短があるのだが、重要な点は、これらの経済性を発揮する企業というプレーヤーの舞台装置＝市場が、情報革命によって大きく変化しているという環境変化である。2013年12月に開催された情報経済に関するOECDの会合では、情報化の進展によって、社歴の浅い小規模な企業が活躍できる環境が生まれており、そうした企業の割合が高い国ほど雇用を創出しているとの興味深い国際比較研究が報告されていた。

現在のようなITのない時代には、散在する個人（ピア）が市場を通じて社会的分業を行おうとすれば膨大な費用を要した。この費用を節約し内部資源化することで分業の威力を最大化するのが「企業の本質」である。だからこそ、必要な経営資源をすべて囲い込んで統合するフルセット型の「自前主義」の時代には、「範囲の経済性」を発揮できる大企業が有利であった。

しかし、その仕組みが技術革新で揺らぎ、外部の経営資源と連携した相乗効果が、今では零細企業や個人（ピア）にまで広がり、新たな価値連鎖を求めてイノベーションの試行錯誤が繰り広げられている。確定した成功の方程式があるわけではないが、『ウィキノミクス』の豊富な事例からはこの大変化の躍動感がヒシヒシと伝わってくる。

第7章

なぜ制度改革が求められるのか

——技術革新を受け入れる仕組み

1 情報化が照らし出す市場のもう1つの顔

1 情報処理機構だけではない市場の性質

たびたび言及しているように、ＩＴは導入さえすれば自動的に経済成長を実現する夢のような万能技術ではない。生産性論争を通じて判明したことは、情報技術の進歩と普及が効果を生むには様々な「仕組みの見直し」が不可欠ということであった。この見直しは企業などの組織ばかりでなく、その舞台装置である「市場」にも及ぶ。

前章までは「仕組みの見直し」を企業内の技術的分業（企業組織）と市場を通じた企業間の社会的分業（産業組織）の二層構造でとらえてきた。市場という舞台を眺めながらも、企業という演者に焦点を当て、その衣装と動きが新しいスポットライトの導入でどう変わるかを観察したといえる。1993年にノーベル経済学賞を受賞したダグラス・ノースに倣うと、ルールについての関心を背後において、プレーヤーの動きを注目していたことになる（North［1990］）。

これまでみてきたように、情報技術革新によって様々な領域の「情報費用」が低下すれば、企業の内部では、分業と比較優位の構造に「不均衡」が生じ、職務を統合するのか分担するのか、業務領域の再検討という組織構造の「仕組みの見直し」が促される。同様に、企業の境界では、市場の取引費用と組織化の費用の相対関係に不均衡が生まれ、インソースかアウトソースかが問われるような部門再編と企業間関係の見直しが突きつけられる。

実は、情報技術革新による情報費用の低下は、これらとは別に、舞台装置としての市場そのものに「別の不均衡」をもたらす。市場メカニズムを利用するための取引費用は、技術革新がダイレクトに影響する情報費用とは異なるタイプの費用からも成り立っているからである。検索、調査、交渉、契約、監視、紛争解決、情報開示などの取引費用について考える際、これまでは暗黙のうちに取引費用を「情報」という概念でとらえていたが、詳細にみると別の側面が浮かび上がる。例えば、検索や調査、交渉、監視といった行為は、確かに情報と密接に関係するが、契約や紛争解決、情報開示という場面では「制度」が問題になる。この点は、取引費用経済学の元祖といえるロナルド・コースが「情報処理機構としての市場」だけでなく「制度としての市場」を強調していることからも頷ける。

2 市場は自由放任で無秩序なものではない

競争的な市場といえば「自由放任」と思われがちである。確かに、市場では身分や門地にかかわらず、様々なヒト、モノ、サービスが「自由」に行き交い、多くの思いがけない出会いに溢れている。虚実の混交による意外性と驚きが、ときには不安定な動きにつながることもあるが、多様性と革新性がもたらす市場の活気は何よりも魅力的である。だが、忘れてならないのは、市場とは実はきわめて秩序だった制度的存在でもあるということである。古くから、市《いち》を成り立たせるには、開かれる日にちや時間などの決まり事、あるいは、権力者のお墨付きを得て安全確保を図ったり争いごとを解決したりするための仕組みを整備することが必須であった。公正な取引は、ある一定の決まり事（＝ルール）に則って初めて可能になる。ルールをうまく整備して厳格に運用しないと、無秩序な混乱に陥ってしまうのは、サッカーなどのスポーツ競技と同様である。

初期の論文で取引費用につながる概念を提唱したコースは、後の論文で「法と経済」という新たな研究領域を切り拓いた。彼は、国王の許可のもとで安全の確保や争いごとを裁く裁判所さえも管理した中世イングランドの市《いち》や、高度に管理された現代の株式市場、商品取引所などを引き合いに「市場とは、交換を促進するために存在する制度である」と述べている。

また、新しい制度経済学（New Institutional Economics）を提唱するノースは、コースの2つの論文について、その最も重要なメッセージは、「取引に費用がかかるとき制度が問題になるということである」と指摘した上で、取引費用は「交換されるものの有用な属性を測定する費用」と「権利を保護し契約を監視・執行する費用」からなり、これらの費用は「社会的、政治的、および経済的な制度の源泉である」と論じている。つまり「情報に費用がかかるということが取引費用の鍵」であり「正の取引費用のもとでは、制度が問題になる」のである（North［1990］）。

3 株式市場は制度で守られた舞台装置

市場経済の象徴といえる証券取引所はその典型だろう。株式市場では様々な企業情報が株価に集約されて日々活発な取引が行われている。もちろん、市場参加者の取引に関する意思決定は自己責任に基づいて自由に行われる。しかし、取引への参加や売買の進め方については仔細な取り決めがあり、ルールを破った場合の厳しい罰則規定も設けられている。

何といっても市場取引で重要な役割を果たす「情報」に偽りがあってはいけない。歪んだ情報によって不当な利益を得たり損失を被ったりしては、市場の機能が麻痺してしまう。株式市場では、デマや誤った情報が流布しないよう情報の取り扱いに細心の注意が払われ、企業情報の開示方法などが具体的に規定されている他、誤報や不正な情報の流布で市場が混乱に陥らないよう「風説の流布」が法律で禁止されている。

株価を形成する上で重要になるのが企業情報に関する会計制度である。株式市場に上場している企業は、不特定多数の人々から少しずつお金を集め、結果的に巨額の資金を調達できるため、正確な会社情報を開示することが義務付けられている。ネット時代になると、その範囲は一段と広がり影響も大きくなる。各期の決算発表が一斉に行われ、マスコミ各社がこぞって取り上げるのは、足元の業績や今後の見通しについて、ルールに基づき詳しい情報がタイムリーに開示されるからに他ならない。

図表7-1　情報と制度と市場の二重性

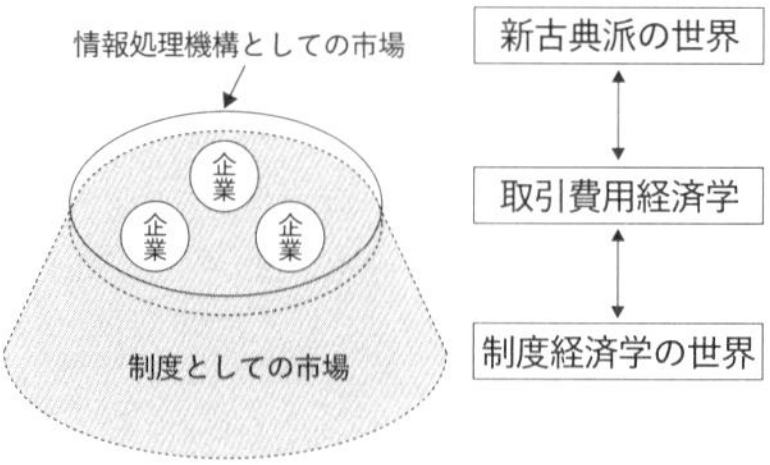

企業の財務・会計情報は、資金の動きが数字で示されるため、活動の様子を知る上で客観性が高い。いわば企業の成績表や診断書（カルテ）といえるような性格のもので、これが信頼に値しないと市場での取引が混乱してしまう。また、広く投資家に開示されていない情報をこっそり入手し、一足先に売買して利益を得るようなインサイダー取引がまかり通れば、他の参加者は市場を信用しなくなるだろう。残念なことに、有名企業の粉飾決算事件や監督官庁幹部の不正取引事件など、現実の市場では時として問題が起きてしまうが、こうした不正事件が頻繁に起きるようであれば、誰もが疑心暗鬼になって資金が動かなくなり、経済活動は収縮してしまう。これは、第1章のレモン・マーケットで解説した「逆選択」による市場の消滅の典型である。

4　取引費用は市場の二重性を照らし出す

株式市場など特定の市場だけでなく、経済全体の市場機能を考えても同様である。契約を交わす際には、民法や商法などの法律とその運用ルールに則って手続きが進められる。契約どおりにいかない場合、当事者同士の話し合いで解決できれば問題ないが、双方の言い分に隔たりがあったり、相手が身勝手な主張をしたりすれば、紛争解決のために裁判などの司法制度が必要となる。

価格というシグナルを媒介に最適な資源配分を実現する市場は、新古典派経済学の視点からは情報処理機構としての役割を果たしているが、同時に、制度経済学の視点でみると、そのメカニズムを円滑に機能させるべく、様々な制度によって構築された舞台装置でもある（図表7－1）。情報の問題を取り扱う取引費用経済学は、両者をつなぐ理論的な橋渡しの役割を果たしている。

2 情報化はなぜ制度改革を迫るのか

1 商法改正の原動力となった1990年代の情報化

パソコンとインターネットが急速に普及した1990年代後半から2000年代にかけて、日本では商法改正が相次いだ。商法学者の岩原（2000）によると、明治期、昭和恐慌期、敗戦直後に続いて「近代日本における4度目の大きな立法の時期」とされるが、注目されるのは、この大改革について多くの法律家が「情報化」を重要な要因の1つにあげていることである。例えば、土岐・

辺見（2001）は次のように述べている。

近年、とりわけ激しさを増した企業間の国際的な競争、そしてインターネットを始めとするコンピュータ、情報通信技術の発展に伴う経営判断の迅速化の流れのなか、経済界からは企業組織の再編成をより簡易に行い得る制度の整備が求められていた。

商法は、企業行動の基本となるルールだが、その大変革がなぜ2000年前後にわき起こったのだろうか。「情報費用」だけでなく「制度費用」の面からも市場を定義する取引費用の枠組みがその手掛りとなる。2つの費用のバランスを通して、情報革命が制度問題に及ぶ理論的な基盤を与えてくれるからである。

2 情報化が「市場」に及ぼす影響の「非対称性」

市場メカニズムを利用するための費用、すなわち取引費用には、検索、調査、監視などのように、「情報」の性格が強いものと、交渉、契約、紛争解決、情報開示など法律や会計といった「制度」に強くかかわるものとがあるのは既にみたとおりである。もちろん、具体的な場面では、どちらか一方に二分してしまえる性格ではない。例えば、情報費用としての性格が強い検索や調査につ

図表7-2　市場を形成する情報と制度のバランス：ITの影響の非対称性

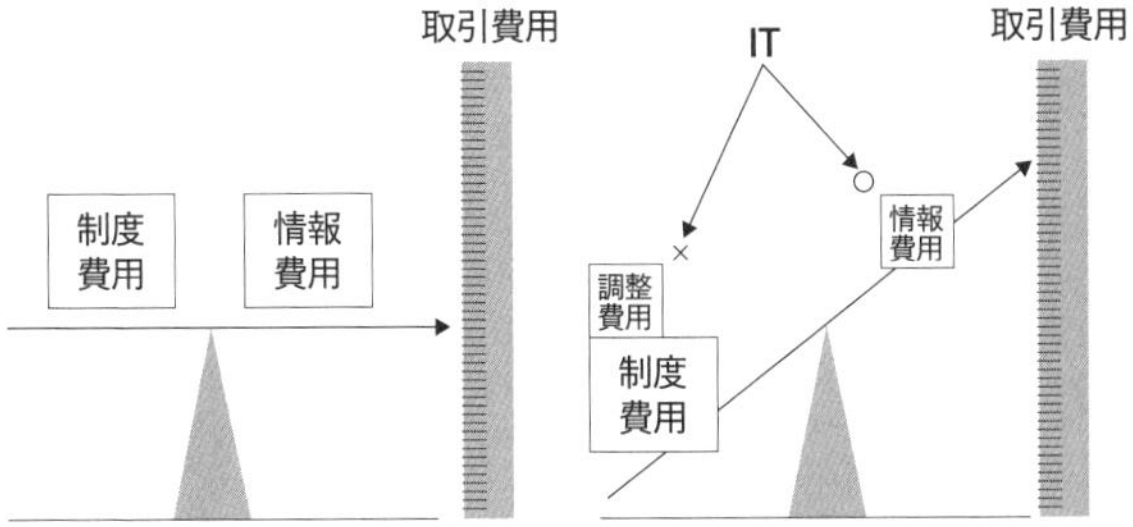

出所：篠﨑（2001）図4-4をもとに作成。

いても、共通の会計制度による収益情報の提供や事業の許認可による制度の整備で一定の質が保証されれば、そのシグナリング効果が取引費用を引き下げると考えられる。他方で、紛争解決という法律的な問題は司法など制度費用の典型であると同時に、過去の判例や法規則の開示という意味では、情報費用の性格も有している。

重要な点は「情報処理機構」であると同時に「制度的な存在」でもある「市場の二重性」が、情報化の影響という点では非対称性をもつことにある。確かに、情報技術の進歩と普及によって、情報費用は飛躍的に下がり市場が機能する領域は拡大するが、制度費用については、必ずしも自動的に低減するわけではない。むしろ、薬のネット販売やデジタル・コンテンツへの課税をめぐる動きからもわかるように、技術革新で広がったフロンティアの領域では、既存の制度が新しい活動の障害になったり、制度の空白が生じたりして、制度変更や新制度の設計という追加的な調整が生まれやすい。それがネックとなって市場の機能に混乱が生じれば、情報費用と制度費用のバランスが崩れ、取引費用は高くなってしまう。つまり、情報化で情報費用と制度費用に不均衡が生まれ、経済システムに制度改革を求める力学が働くのである(図表7－2)。

3 情報化と企業再編と法改正の密接な関係

情報化で迫られる制度改革の1つに企業再編があげられる。第5章で考察したように、ITの導入は企業の境界線を引き直すような組織の再編を促す。すなわち、財・サービスなど企業が生み出す「生産物」だけでなく、企業やその事業部門といった「組織」までもが商品化し、取引の対象となる「市場化の力学」が生まれているのである。グーグルは、人材や技術の獲得などを目的に2011年は79社の企業買収(M&A)を行ったとされる。その一方で、エレクトロニクス関連の企業を中心に、事業部門を分割(スピンオフ)し売却するケースも多くみられる。M&Aや事業分割は経済学でいう生産のための仕組み＝「生産関数」、あるいは、法律用語でいう「営業」を商品として取引することに他ならず、今日では、あらゆる業界で一般的にみられる企業戦略の1つである。

ところが、1990年代の日本では、企業の合併や分割は特殊な事態と考えられ、通常の企業戦略としてうまく活用できるような法制度は整備されていなかった。会社法制の中核をなす商法は「商取引の基本原則、資本主義社会における重要な取引主体である会社の組織等を定める商事基本法」であるが、企業組織の再編成に関しては充分機能していなかったのである。こうした中で

2000年前後に相次いだ商法改正は、「会社組織変動について多様な法的手段を用意するということが一つの特色」となった（永井［2000］）。

1997年には、戦後一貫して禁止されてきた「純粋持株会社」の設立が独占禁止法の改正で原則禁止から原則許容へと解禁された。これに合わせて、企業の合併で株主や債権者の利益が損なわれないよう、情報開示を充実させるとともに、手続きを簡素化するための商法改正が、また1999年には、株式交換・移転制度の導入を柱とする商法改正が行われた。さらに、2000年には企業再編にとって合併と表裏の関係にある会社分割制度の「創設」を柱とする商法改正が行われた。情報化で制度の制約と空白が照らし出され、相次ぐ法改正を促したとみることができる。

4 企業再編に不向きだった日本の法制度

一連の企業再編法制の整備について、政府は「企業が（中略）柔軟に組織の再編成ができるようにするため、（中略）会社の組織の基本法である商法等の見直し」を行ったと表明している（原田［2000b］）。裏を返すと、それまでは組織の再編成を柔軟に行うための法制度が整備されていなかったのである。実際、2000年改正前の商法には、そもそも会社の分割を直接の目的とする規定が設けられておらず、あったとしても、手続きがかなり煩瑣で実用的でなかった。具体的にみると、会社分割は分社型（物的分割）と分割型（人的分割）の2つの形態があるが（図表7-3）、法改正以

図表7-3　会社分割の2形態（新設分割の場合）

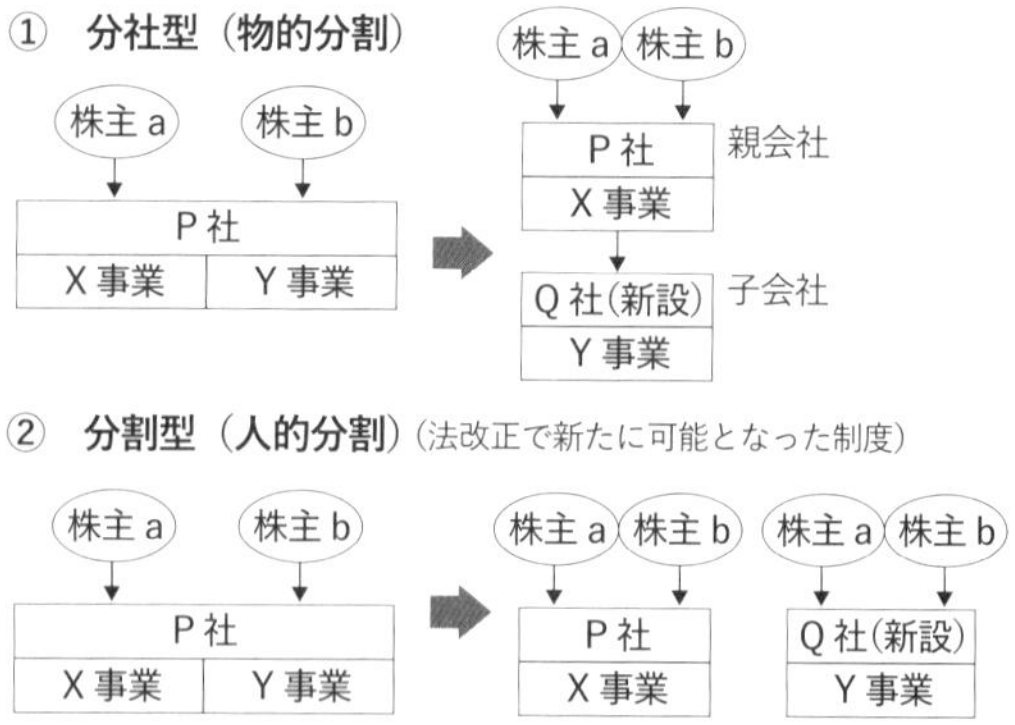

出所：篠崎（2003）図11-1をもとに作成。

前に「労力や手数などを厭わなければ可能」だったのは、分社型の形態だけで、分割型は、「立法によらなければ実現できない形態」であった。

情報化は企業の内側と外側で組織の根本的な見直しを突きつけるが、合併については複雑な手続きを要する「既存の制度」が制約条件となり、また、親子関係のない完全な企業分割については、そもそも法制度が用意されていないという「制度の空白」が生まれていたのである。これでは企業は身動きがとれない。個々の企業が技術革新のメリットを享受しようにも、理屈の上ではともかく、現実問題としては実行の術がなく新領域に挑む道は塞がれていた。道を切り拓くには制度を改めるしかないが、こうした課題は、個々の企業の経営努力や判断によって克服できる範囲を超えている。

結局、会社分割を直接の目的とする制度は、2000年の法改正によって初めて創設されたわけだが、一連の動きは、ネットワークの経済性が活かされる情報の時代に日本経済が全体として抱えていた市場の制約問題を浮き彫りにした。生産性論争で常に懐疑的な立場をとり続けたゴードンは、情報化投資による米国経済の生産性加速を認めた論文の中で、成果を引き出すには変化に対応できる柔軟な制度的要因が重要であり、米国の場合は、知的財産制度や教育制度など様々な仕組みが成功へ導くカギになったとの見方を示している（Gordon［2000］）。情報技術は今も次々と新領域を生み出し続ける現在進行形のイノベーションであるため、技術革新に伴う制度改革は一回限りのものではなく永続的なものであることを改めて肝に銘じなければならない。

3 スピード感が違う技術変化と制度変化

1 「紙からデジタル」にも法制度の壁

朝の通勤電車では「スマホ」を使ってニュースを読むビジネスパーソンが多くなった。ほんの数年前まで、2つ折りにした「紙」の新聞を読むのが当たり前だったことを思い出すにつけ、この変化は劇的である。スマホやタブレット端末の登場で、私たちの日常生活は新聞や書籍など紙媒体の情報伝達からデジタル情報の伝達へと急速にシフトしており、ビジネスの現場では「紙」から「デジタル」への変化が続いている。

企業の経済活動は、情報のやり取りの〝束〟といえるが、その中核を担う会社の仕組みは、ITが登場するはるか以前に「紙」をベースにでき上がっていた。例えば、会社の目的などを定めた定款や業績記録の損益計算書などについて、かつての法制度では、記録媒体として印刷物が前提となっており、ITを駆使した運用は全く想定されていなかった。そのため、1990年代までは、定款や決算書を電子的に作成し、デジタル情報としてネットで開示したり、株主総会での議決権行使をネット経由で行ったりすることが正式には認められていなかった。もちろん、今では、これらの行為は上場企業では当たり前である。急速な情報化の進展を受けて様々な企業関連の法制度見直しが進められ、株主総会の通知や議決権行使の電子化についても、異例の速さで改正作業が進められた。

2 情報革命と制度変化はグローバルな現象

企業活動を取り巻く法制度の大幅な改正は、日本以外にも、先進国、途上国を問わず世界各国で共通にみられる現象である。神田（2000）は、諸外国における1990年代の会社法改正の背景として、第1に、会社法制が重要な制度的インフラとして国の経済政策においてその在り方が問われるようになったこと、第2に、情報通信技術の発達により企業をめぐる競争環境が変化したことをあげている。

つまり、技術革新に伴って制度問題が生じることは各国に共通で、日本だけが問題を抱えているわけではないのである。「情報革命」と「制度変化」は表裏一体のもので、これがグローバルな現象だとすれば、重要なのは、制度の制約や空白そのものではなく、その背後にある制度の「形成能力」だといえる。技術体系が一定で、経済の仕組みがあまり変わらないような社会であれば、不磨の大典とでもいうような確固たる制度を構築し、粛々と運用していけばうまく回っていくだろう。だが、現在のように技術変化で次々と新領域が生まれる社会環境では、堅牢な制度よりも、新しい問題に対処して「柔軟に」制度を形成していく能力の方が重要になってくる。そこでカギとなるのが人的資源である。法律や会計などの制度は「人」が知恵を絞って創り出すもので、専門知識を持った人材の層の厚さが制度の「形成能力」を左右すると考えられるからである。これは、ハードな物的インフラに対してソフトな無形のインフラといえる。

3 露顕したソフトなインフラの脆弱性

高度な専門性が要求される立法実務には、最高裁や検察庁から法務省に派遣された裁判官や検事が携わっている。この点で、2000年前後に相次いだ会社法改正についてみると、立法作業の中心的役割を担う法務省民事局の商法担当者は、2000年の時点でわずか5人に過ぎなかったという。中村(2000)によれば、そのような少人数で、政府法案はもとより、議員立法の要綱案や条文作成に奔走しており、内閣法制局も同様に商法担当人員の問題を抱えていた。新しいことが次々とわき起こるイノベーションの時代にあって、こうした人的基盤の層の薄さは、新しい制度の形成という点でソフトなインフラが脆弱であることを物語っている。

実際、2000年前後に会社法制の見直しが急速に進められていく過程でそれが露顕した。岩原(2000)によると、当時の法改正は、従来とは違った異例の手法で立法措置がとられている。それまでの商法改正では、政府が法典調査会に諮り、その後、法務省が法制審議会に諮ってから内閣提出法案として国会審議が始まるという手順が一般的であった。

これに対して、2000年前後の改正では、「経済界や政党側から催促された形で、従来では考えられないテンポで立法が行われ」た。確かに、この間の法改正については、商法などの会社法制を掌握していた法務省や法制審議会の頭越しに、経済界の要望を背景にした通商産業省(現在の経済産業省)が主導権を握ったと報道されている。

4 速さが異なる技術変化と制度変化

その背景には、「学者を集め、四半世紀をかけて、法律を整備していくというメカニズムは、変化の加速する時代のものではない」という制度の「形成能力」に対する強い苛立ちがあった(中村[2000])。半導体の集積密度が1・5年で2倍になるというムーアの法則を持ち出すまでもなく、情報技術革新のスピードは速い。その急流が旧態然として動かない制度の岩盤を突き動かしたといえる。情報革命が照らし出した制度問題は、法律など目にみえる形に「仕上がったルール」ばかりでなく、その背後にあって、従来は安定していた法制度の「設計や構築に関するルール」でもあったのである。

それでは、制度変化を加速させるため、情報化で先行する米国の法制度をそのまま移植すればうまくいくのだろうか。実はそうとも限らない。なぜなら、ノースが指摘するように、制度には法律などフォーマルなものと、業界慣行や関係者の行動規範など長年にわたって積み上げられてきたインフォーマルなものとがあり、それらが「多層構造」をなして一体的な仕組みとして機能しているからである。

4 業界慣行というインフォーマルな制度の力

1 表面的アメリカ化の落とし穴

2000年前後にあわただしく進められた制度改革は、情報化投資とともに経済再生を実現した米国を1つのモデルとして、その「明示的な」法制度を日本にも移植しようとした傾向が強かった。

図表7-4　市場の二重性と制度の多層性・多元性

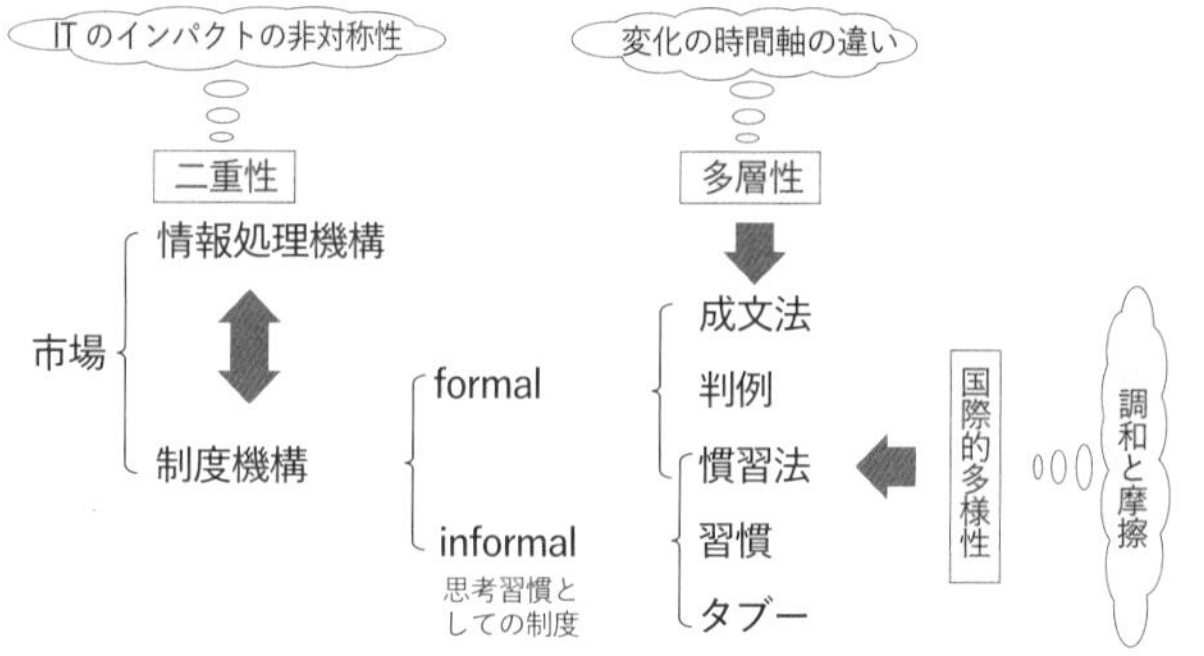

この点は、明治以来法制度の面で日本が模範としてきたドイツなどヨーロッパ諸国の動きとも共通していた。当時の国際社会では、米国は最新の情報技術で輝く「繁栄のオアシス（oasis of prosperiry）」とみられており、1999年5月に開催されたOECD閣僚理事会では、欧州や日本は米国の情報技術革命を見習うべきという趣旨の発言が、米国からではなく、ドイツやフランス側から発せられたという。

岩原（2000）は、「このような変化は、単に制度のアメリカ化というに止まらず、経済・社会の在り方が19世紀ないし20世紀ドイツ的ないしはヨーロッパ大陸的な、官僚が主導する、組織を中心とするかちっとした仕組みから、アメリカにおけるような、市場および司法制度を中心とする、フレキシブルな仕組みに変化する一過程といい得るかもしれない」と述べている。その上で、旧来の法制度に固執しそれを徒に墨守するような姿勢を戒めつつも、「外国の法制の背後にあるインフラとしての司法制度や経済・社会の在り方の違いに配慮せず、外形的に外国の法制を模倣するようなことは、避けるべきである」と安直な制度輸入に警鐘を鳴らしている。

これは重要な警鐘といえる。なぜなら、法律などのフォーマルなルールを体系性と整合性を保って全面的に移植したとしても、米国流の制度が直ちに日本でうまく機能するとは限らないからである。現実の制度は「仕上がった法律」のように人為的操作が比較的容易で移植可能なフォーマルなルールばかりでなく、業界慣行や関係者の行動規範など過去の経緯で累積的に形成されてきた暗黙のルールからも成り立っており(North［1990］)、制度全体の実質的な運用には、ヴェブレンの言う「思考習慣としての制度」というべき後者が強い影響力をもっている(図表7－4)。

2 技術的にも法律的にも可能な放送と通信の融合

こうした制度の多層性を象徴するのが、放送と通信の境界や著作権をめぐる制度問題であろう。放送業界ではラジオからテレビへ主役が交代した約半世紀前の枠組みが、また、通信業界では電話時代の約四半世紀前に行われた自由化・民営化の枠組みが、今や間尺に合わなくなっている。しかも、長年かけて築かれてきた堅牢な業界慣行にその傾向が強い。2005年12月に設置された「通信と放送のあり方に関する懇談会」を契機に、こうした点が正面から議論されるようになった。とりわけ、大型不況に突入した2008年は、NHKのネット事業がスタートしたことも相俟って、単なる法律論だけではなく、現実の動きとしても加速する年になった。

従来、リッチ・コンテンツの流通媒体として中核に位置していた地上波のテレビ放送事業については、（1）ハード・ソフト一体、（2）放送と通信の峻別、（3）電波の価値維持（＝番組コンテンツの1次利用中心）が図られてきた。しかし、いくつかの細かな論点はあるにせよ、大枠としては1989年の放送法と電波法の改正により、既に25年前から衛星を使った電波の領域では「通信」衛星を利用した受委託「放送」が可能になっている。また、有線の領域でも1990年代後半からCATV事業者が電話やインターネットのサービスを一体的に提供し始めた他、2001年には光ファイバーなどの通信ネットワークを利用した放送に道を開く電気通信役務利用放送法が制定（2002年施行）されている。

その意味では、ハード・ソフト分離や放送と通信の連携の仕組みは、「衛星」や「有線」を舞台に「フォーマルな制度」の骨格は既に整えられている。この動きがいよいよ「地上波」の放送分野にも及んでいるとみるべきだろう。あとは「思考習慣としての制度」をどう変えていくかがカギを握ることになる。

3 著作権法の壁を乗り越える現実解は何か

映像などのコンテンツ流通では、著作権をめぐる制度変化も重要である。放送法と著作権法とで定義に差があることなどから、多くの権利者が介在する放送番組の権利処理の複雑さや困難さが、ネット配信の拡大にとって大きな障壁であると指摘されてきた。確かに、過去に収録された放送番組などでは、そのような問題が大きいことは事実だが、著作権問題が番組コンテンツの1次利用による電波価値の維持を図るための言い訳にされてきた面があったようにもみえる。

従来の著作権法のもとでも、「契約」をベースに様々な対応が可能であり、フォーマルなルールに過度に依存した法定主義というよりも、関係者の意識や慣行の変化による現実解を目指す「仕組み」が実効性に勝る面かもしれない。実際、大型不況で放送収入の減少が顕著となった2008年からは、放送外収入の基盤拡大が迫られる放送局のみならず、番組制作費の削減のあおりを受ける出演者などにも、ネット配信に積極的な姿勢がみえ始め、番組制作時にネット配信も含めて関係者の許諾が得られる事例が増えた。

また、音楽の集中管理団体として日本最大のJASRACは、動画投稿サイトのニコニコ動画(2008年4月)やユーチューブ(2008年10月)などを運営する事業者との間で包括利用許諾契約を締結し、ネット上で適法に音楽を配信できる環境を整えると同時に、オリジナル・コンテンツを利用して新たなコンテンツが創作された場合の広告収入の還元方法など、ネットの台頭に対応した新たな仕組み作りを始めた。一連の動きは、技術革新が著作権法改正に象徴されるフォーマルな制度のみならず、インフォーマルな面からも制度変化を促し、相互に影響し合いながら、新領域にふさわしい仕組み作りが2000年代後半に加速したことを示している。

4 新たな業界慣行作りの契機となったNHKオンデマンド

2008年4月の放送法改正を受けて、2008年12月からはNHK（日本放送協会）によるネット配信事業（NHKオンディマンド）がスタートし、あわせて、海外向け放送の拡充にも取り組まれるようになった。当時NHKは新サービスの開始とその充実に向けて、関係者らと精力的に交渉を進め、それまで制約となっていたルールの見直しや、未整備のままとなっていた諸問題の「現実解」を探り出す努力を続け、これが新たな「仕組み」を作り出す要因にもなった。

例えば、過去の放送番組で問題となる、権利者不明の場合の対処について、NHKオンディマンドでは、著作権法の改正を先取りする現実解の仕組みを編み出した。権利者不明の問題が生じたとき、音楽のように作家や作曲家など「著作権者」の場合は、文化庁長官による裁定制度に基づいて補償金を供託すれば、従来の法律でも利用可能であったが、「著作隣接権者」である俳優などの実演家にはこの制度が適応されないため、放送番組には利用できなかった。だが、NHKはそのための法改正に先立って、実演家著作隣接権センター（CPRA）などの権利者団体に著作権相当額を仮払いし、不明だった権利者が申し出た際にはこれを著作権料として支払う仕組みを整えた。

当時の放送業界には、初回の放送から3年経過した番組でなければネット配信などへのマルチ・ユースを行わないという「3年蔵出しルール」の慣行があったため、NHKの場合も、初放送から3年間は、テレビ再放送を優先し、他の媒体への展開は原則として控える姿勢があった。これなどは、フォーマルではなくインフォーマルなルールの典型なのだが、NHKオンディマンドで「見逃し番組」というサービスが開始されたことによって、この慣行を見直す第一歩が踏み出された。

5 大切なのは「思考習慣としての制度」を変える努力

一連の動きで注目すべき点は、法律などのフォーマルな制度の見直しだけでなく、権利者への支払いルールの確立など、関係者が合意できる枠組みを「契約」をベースに具体的に進めながら制度の制約や空白を埋めていくことの重要さであろう。こうした努力を絶えず継続していく「仕組み作り」こそが柔軟な制度変化とその形成力でカギを握る。ソフトなインフラ力の大切さは、インフォーマルな制度についてもいえるのである。

これまでの技術体系の下で積み上げられてきた数々のルール、――法律、政省令、認可事項、審議会答申、それらの解釈、運用、申し合わせ、業界慣行など――が複雑に絡まって、いわば、関係者間に「思考習慣としての制度」が形成されているため、今や技術的には可能でも制度上はグレーゾーンとなっている部分が数多く残されている。技術革新が次々と新しい可能性を生み出している中にあって、既存の仕組みに縛られた関係者相互の自己規制が発展の機会を逃すとすればもったいない。

大型不況で経済活動の水位が下がると深く潜んでいた構造問題がみえやすくなる。リーマンショック後の広告収入激減に後押しされて、2000年代後半に様々な創意工夫の第一歩が踏み出されたことは間違いない。「圧倒的な不況」が「産業構造の古臭い要素の排除」と「再発的若返り」を始動させているとすれば、これこそがシュムペーター流のイノベーションといえるだろう。

5 グローバルな情報革命と世界の多様性

1 情報化のグローバルな伝播は人類史上例のないスピード

情報技術革新を狭い意味の純粋な技術問題と考えるならば、その進歩は普遍的で世界各国に共通の現象といえる。実際、情報技術のグローバルな普及は劇的である。産業革命以来、様々な新技術は、ある程度の教育水準がなければ普及しないと考えられてきたが、情報技術ではかつて人類が経験したことのないような大奔流が起きている。

教育の深さを表す代理変数として識字率を使い、固定電話、携帯電話、ネットがどのように世界へ広がったかをみると、そのダイナミズムが浮かび上がる。インターネット元年と形容されることが多い1995年の様子をグローバルに俯瞰すると、当時はまだ固定電話の時代で、携帯電話やネットの普及は緒に就いたばかりであった。固定電話についても、普及しているのは、識字率

図表7-5　識字率と固定・携帯・ネット普及率の散布図（1995年）

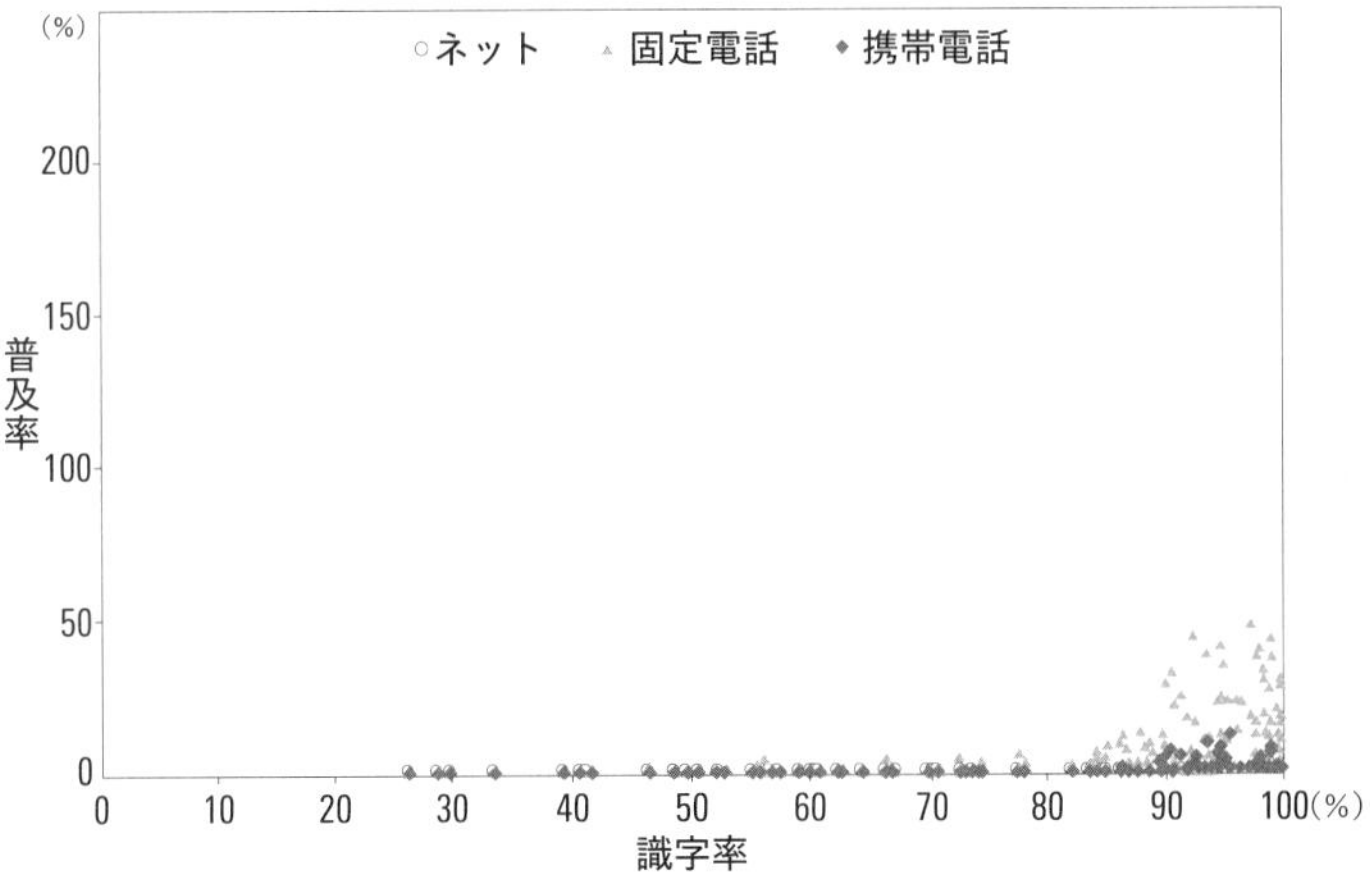

注：識字率は2000年以降把握可能な最近値
出所：篠﨑・田原（2012）図表5より作成。

図表7-6　識字率と固定・携帯・ネット普及率の散布図（2000年）

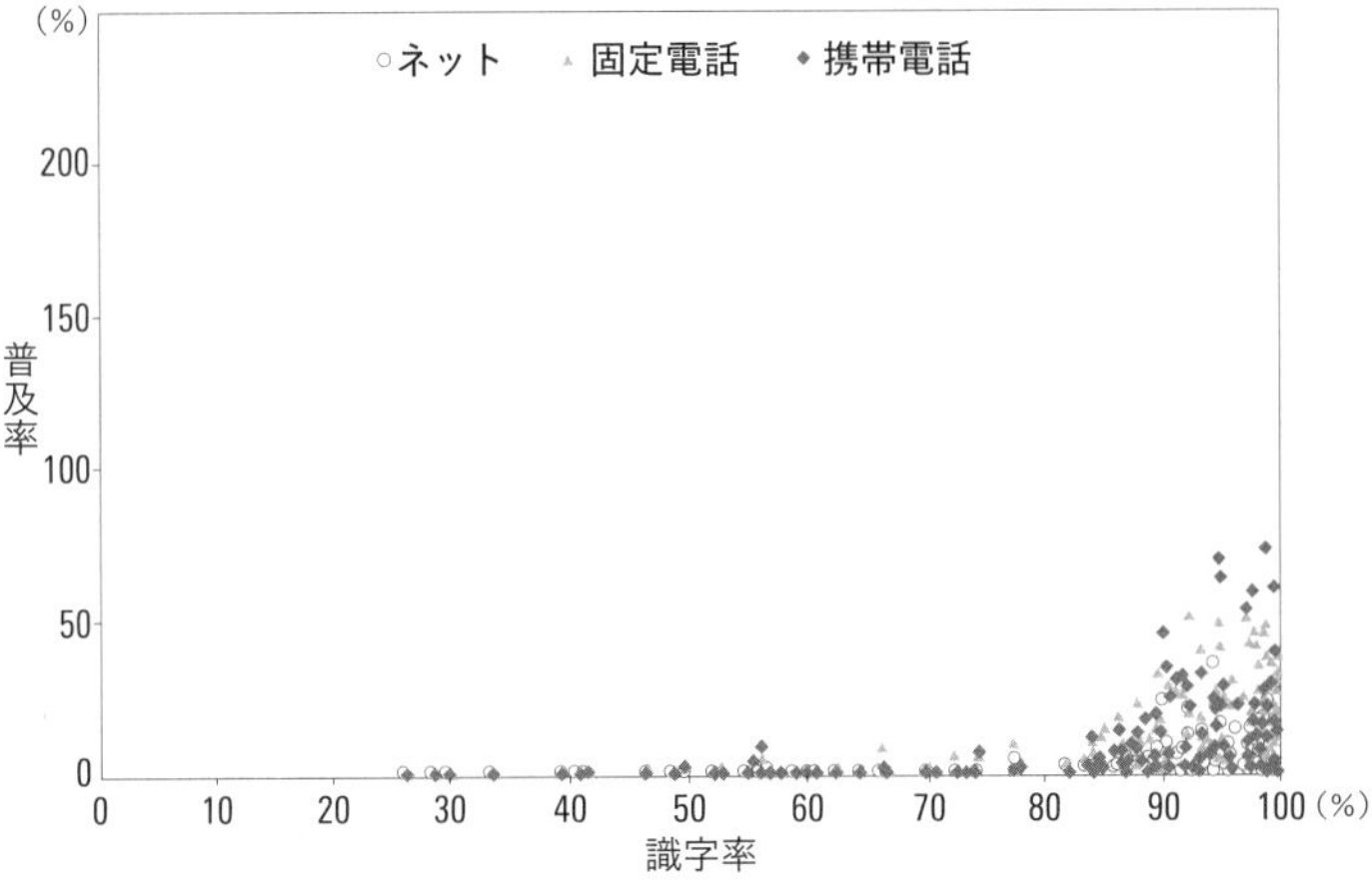

注：識字率は2000年以降把握可能な最近値
出所：篠﨑・田原（2012）図表5より作成。

図表7-7 識字率と固定・携帯・ネット普及率の散布図（2005年）

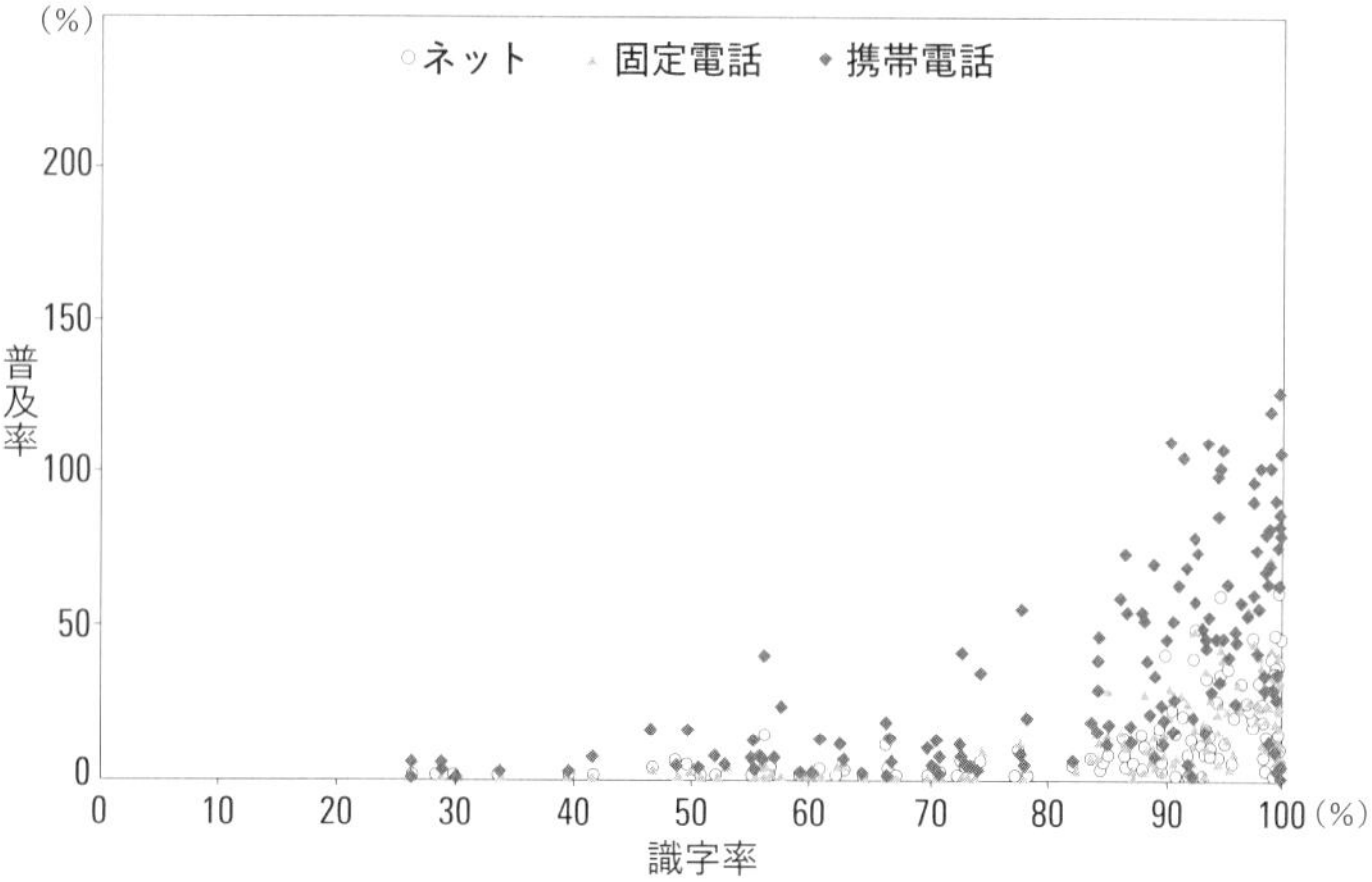

注：識字率は2000年以降把握可能な最近値
出所：篠﨑・田原（2012）図表5より作成。

図表7-8 識字率と固定・携帯・ネット普及率の散布図（2010年）

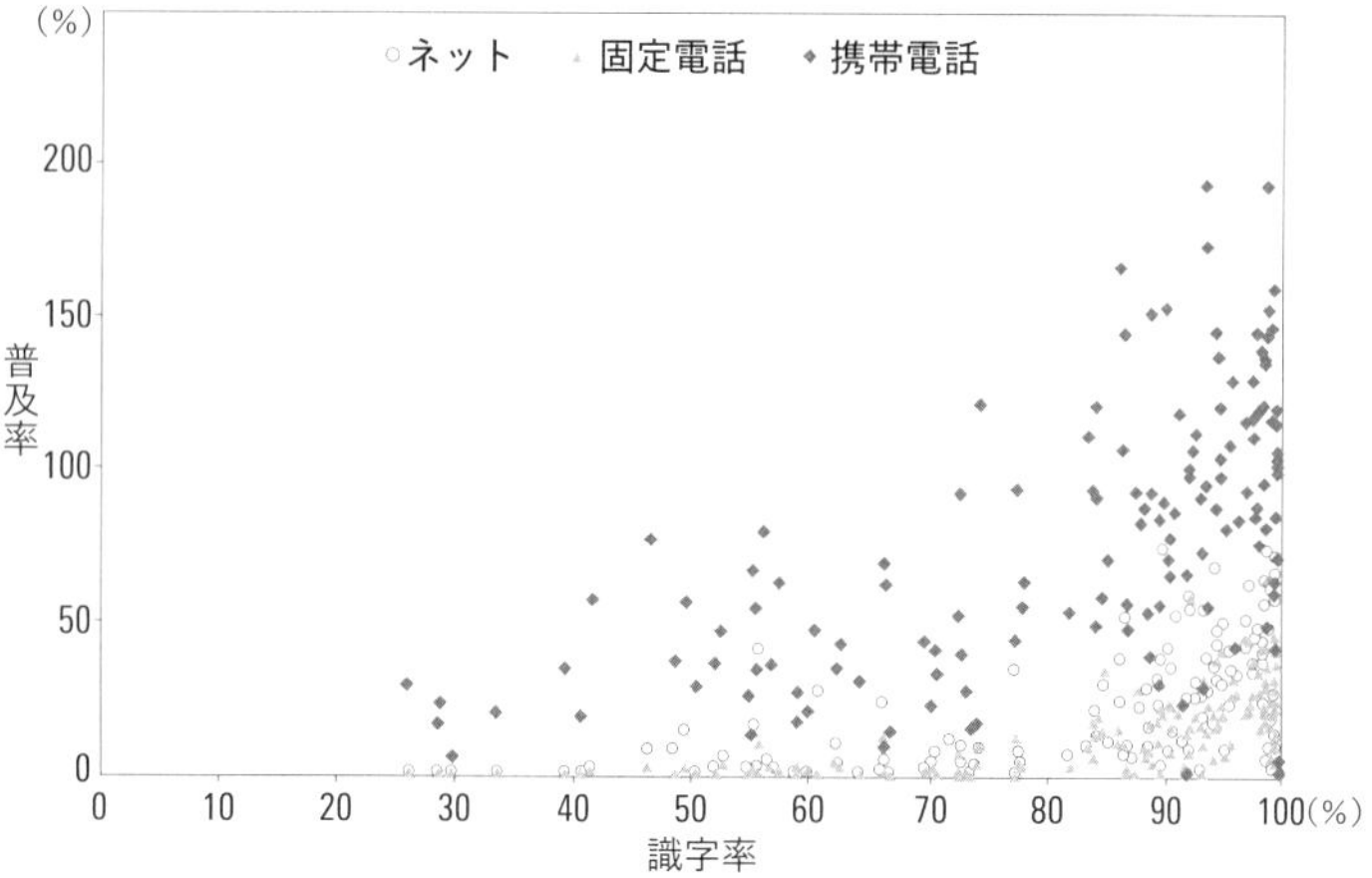

注：識字率は2000年以降把握可能な最近値
出所：篠﨑・田原（2012）図表5より作成。

が90％を超えるような教育水準の高い豊かな国だけである。グラハム・ベルが電話の特許を出願（1876年）してから約120年経過した後の世界でさえこの状況であった。

ところが、その後15年で事態は大きく変化する。2000年には、識字率の高い先進国中心ではあるが、携帯電話やネットが固定電話並みに普及し始め、2005年以降は、識字率が50〜80％の国や地域にも、携帯電話やネットが固定電話を超えて一気に普及した。特に携帯電話については、今や識字率が50％未満の途上国も含めて世界の隅々にまで爆発的に行き渡っている。

2 技術の普遍性 vs. 制度の多層性と多様性

グローバルな大奔流がみられる情報革命で注目すべき点は、共通の技術が伝播しても世界が「フラット化」しにくい現実の姿であろう。情報革命が鮮明に照らし出しているのは、「技術の普遍性」に対する「制度の多層性、多様性」とそのことで生まれる新たな課題である。再びノースに準じると、「制度」は明文化された憲法、一般の成文法、コモン・ロー、判例といったフォーマルなものから、商慣行、行動規範、文化的タブーといったインフォーマルなものまでが一体となって機能しており、現実の社会は歴史や文化や伝統を基盤とした「広い意味の制度」に則って営まれている。

こうした制度の多層性を踏まえて、現実の経済をグローバルに眺望すれば、歴史や伝統が単一でない様々な国民経済群が多元的に存在していることに気がつく。そして、歴史を振り返るとわかるように「フォーマルなルールは政治的ないし司法上の決定の結果として一夜のうちに変化し得るけれども、（中略）インフォーマルな制約は計画的な政策にそれほど影響されない」ことも多い。ノースは、中南米の国々が19世紀の独立に際して米国の憲法をそっくり取り入れたものの、その後はおよそ米国とは異なる社会を形成していった歴史的事実を引き合いに制度の多層性と制度変化の多様性を強調している（North［1999］）。

情報化についても同じことがいえるだろう。携帯電話が途上国でこれほど普及している要因の1つは、プリペイド方式によるSIMカードの購入という課金と加入の容易さである。アフリカなどの途上国では、露店で野菜や雑貨を購入するのと同じ感覚で取引されているが、日本では犯罪を誘発しかねないとの懸念などからプリペイド方式は一般的ではない。同じ技術でも、国や地域が変わると社会での受け入れられ方が異なるという点で、グローバルに普及する技術の普遍性が社会の多様性を照らし出す一例といえるだろう。

3 グローバル化の調整費用をどう引き下げるか

フォーマルなルールは外部からの移植が可能であり、表面的には不連続な変化が観察される。だが「思考習慣としての制度」であるインフォーマルなルールは、文化や伝統を考えるとわかるように、ある世代から次の世代へ教育と模倣によって時間をかけて伝承されるため安定性、継続性、連続性が強く急には変わらない。こうした「変化の時間軸」の違いによって、制度は累積されてきた歴史的文脈の影響を強く受けながら各国で多様に変化していく。

情報化は、グローバルな経済活動を促す大きな原動力であるが、その舞台装置としての市場は、決して平板な単一の場ではなく、多層的で多元的なため、国境を越えた取引では、「異なる制度」を舞台にした取引の調整費用が生まれる。この調整費用の低減には、2通りの方法が考えられる。第1の方法は、国際的に広がる組織運営で標準的なルールを全世界一律に適用するという「内部化」である。米国企業のIT導入と組織改革についてアンケート調査や事例調査を行った研究によると、あるカード会社は、世界46カ所に分散していた業務を3カ所の主要拠点に集約すると同時に、各地でまちまちだった業務フローを完全に標準化し、社員が米国のオフィスからインドのオフィスに異動しても、それまでと全く同様の仕事が直ちに開始できる体制を構築した（Balachandran & Thiagarajan［1999］）。

第2の方法は、そもそも内部化することを放棄し、モジュール化の手法でIT活用によるコミュニケーションを密に行い、外国での通常業務は現地企業の自律的な経営に委ねるという「提携型」の国際展開である。1990年代にパソコンなどハードウェアの生産で多くみられるようになった提携型の展開は、21世紀に入ってからオフショアリングとしてソフトウェア開発やバックオフィス業務にまで広がっている。「連携の経済性」が国境を越えて発揮されるビジネス・モデルの1つといえるだろう。

4 変化の時間軸が異なる技術変化と制度変化

いずれの方法であっても、多国間にまたがる様々な企業行動の相互浸透が促される以上、制度の国際的調和という課題が突きつけられる。ところが、既に述べたように、技術と違って制度は多層的で、歴史や伝統といった過去からの累積構造を備えているため、国際的調和の圧力が性急過ぎれば、様々な軋轢を生み出しかねない。制度としての市場はスケールが異なる複数の時間軸から成り立っており、すべてが一斉に転換できるわけではないのである。

情報革命によって、時間と空間と組織の制約を超えて意思決定が可能となり、分業の程度と市場取引の規模が拡大した。国境を越えた分業体制が組まれているパソコンやスマホの生産サイクルは、四半期単位から月単位になり、さらに週単位から今では日単位にまでスピードアップしている。また、アプリのダウンロードや金融取引のように、情報処理と同時に取引が完了する経済活動は、世界中どこにいても瞬時に実行可能である。こうした点は、「情報処理機構としての市場」が一段と機能を高めていることの表れであろう。

しかし「制度としての市場」を考えると、比較的転換が容易なフォーマルなルールであっても、国家予算とリンクして政策立案や立法措置がとられるケースが多いため、年度単位の動きとならざるを得ない。習慣や伝統など教育と模倣によって世代を超えて受け継がれるインフォーマルなルールの場合、変化はさらに長期を要する。技術変化が加速する中で重要性を増している知識の修得を考えても、新事象に対する受容力が高い若年層に即効性のある教育訓練を行う場合でさえ数カ月は必要である。基礎学力の段階から視野に入れて本物の実力を身に付けようと考えるならば、時間軸は数年単位になるだろう。現実の企業組織は、様々な世代からなる構成員の集合であり、教育を受けた時期と内容が異なる世代間では変化の時間軸が違ってくる。企業改革が容易ではない所以もそこにある。

5　グローバルな調和とは裏腹な緊張と軋轢

技術も制度も天然自然には存在しない「人工物」である。自然界に孤立して放り出されたらか弱い存在に過ぎない人間が、地球上でこれほど豊かに繁栄してきたのは、脳と心の発達で技術と制度を作り出し、互いに協力し支え合う社会生活を築いてきたからに他ならない。ただし、変化という点では両者の時間軸が大きく異なり、制度変化は、単に技術変化とスピード感が異なるだけでなく、複数の軸が層を成し、グローバルにみると多様である。

このような技術と制度の複雑な関係からわかるように、社会の変化は各国それぞれに異なる様相で現れ、摩擦や軋轢は技術変化のテンポが急速であればあるほどより先鋭なものになりやすい。情報化を1つの原動力とするグローバル化が、各国で「広い意味の制度問題」につながり、さらにはそれが国際的調和を促しつつも、ときに調和とは裏腹に、摩擦や軋轢を引き起こすのは、こうした構造が備わっているからである。情報の時代のグローバル化が、世界の単調なフラット化をもたらすわけではないことを再認識する必要があるだろう。

第8章

情報化は雇用にプラスかマイナスか

――技術と雇用と教育の関係

1 情報化とグローバル化と雇用

1 米国大統領選で毎回浮上する「雇用問題」

2012年は世界で政治リーダーの交代が相次いだ。ロシアではプーチン氏が大統領に復帰し、フランスでは17年ぶりに社会党の大統領が誕生、中国共産党では指導部交代で習近平体制が発足した。超大国の米国では4年に一度の大統領選が行われ、現職オバマ大統領が共和党のロムニー候補との間で「再選」を賭けた選挙戦を勝ち抜いて勝利した。この大統領選で大きな争点となったのが「雇用」である。人々にとって身近で切実な問題であるだけに、2期目を目指す現職大統領にとっては、実績が厳しく問われるテーマといえる。

2008年のリーマンショックによる経済の混乱は大きかったが、その後の大胆な金融・財政政策によって最悪の事態は食い止められ、米国経済は2009年の半ばに景気が底を打ったと判断されている。とはいえ、失業率は過去20年間と比べて高い水準にあり、必ずしも満足できる状況にはない（図表8－1）。

実は、前大統領のブッシュ氏が「再選」をかけた2004年の選挙でも、また、その父であるブッシュ元大統領が「再選」をかけた1992年大統領選でも、雇用が大きな争点として取り上げられた。ITが急速に普及し始めた1990年代以降、雇用を取り巻く環境が激しく変化したからである。いずれの時期も現在と比べると失業率は低い水準にあったにもかかわらず、雇用が大きな問題となったのは、技術変化に伴う構造変化が生じていたからであり、それを象徴するのが「Jobless Recovery（雇用なき回復）」である。

2 インフォメーション・エコノミーと「雇用なき回復」

労働市場の柔軟性が高い米国では、失業率は景気の動きを敏感に映し出す重要な指標であり、FRBの金融政策にも大きく影響する。ここで、柔軟性が高いということは、景気が悪化すると、企業がすぐに人減らしを始めるため失業率が悪化する反面、景気が良くなると、逆に迅速に人材採用を始めるため失業率が速やかに改善することを意味する。図表8－1では、景気の谷を表す線が示されているが、1980年代まではどの時期をみても景気が回復し始めると、およそ1、2カ月で失業率が低下し始めている。少なくとも、悪化するようなことはほとんどみられなかった。

ところが、1990年代初頭と2000年代初頭は様相が異なっている。様々な経済指標をみると景気が回復しているにもかかわらず、これらの時期は失業率が悪化を続けている。1990年代は情報化投資で米国経済が再生したが、景気回復の初期は1年以上も失業率が悪化し、その後も谷の水準の失業率に戻るのにさらに1年以上、合計で2年半を要した。第4～5章でみたように、情

図表8-1　アメリカの景気回復と失業率

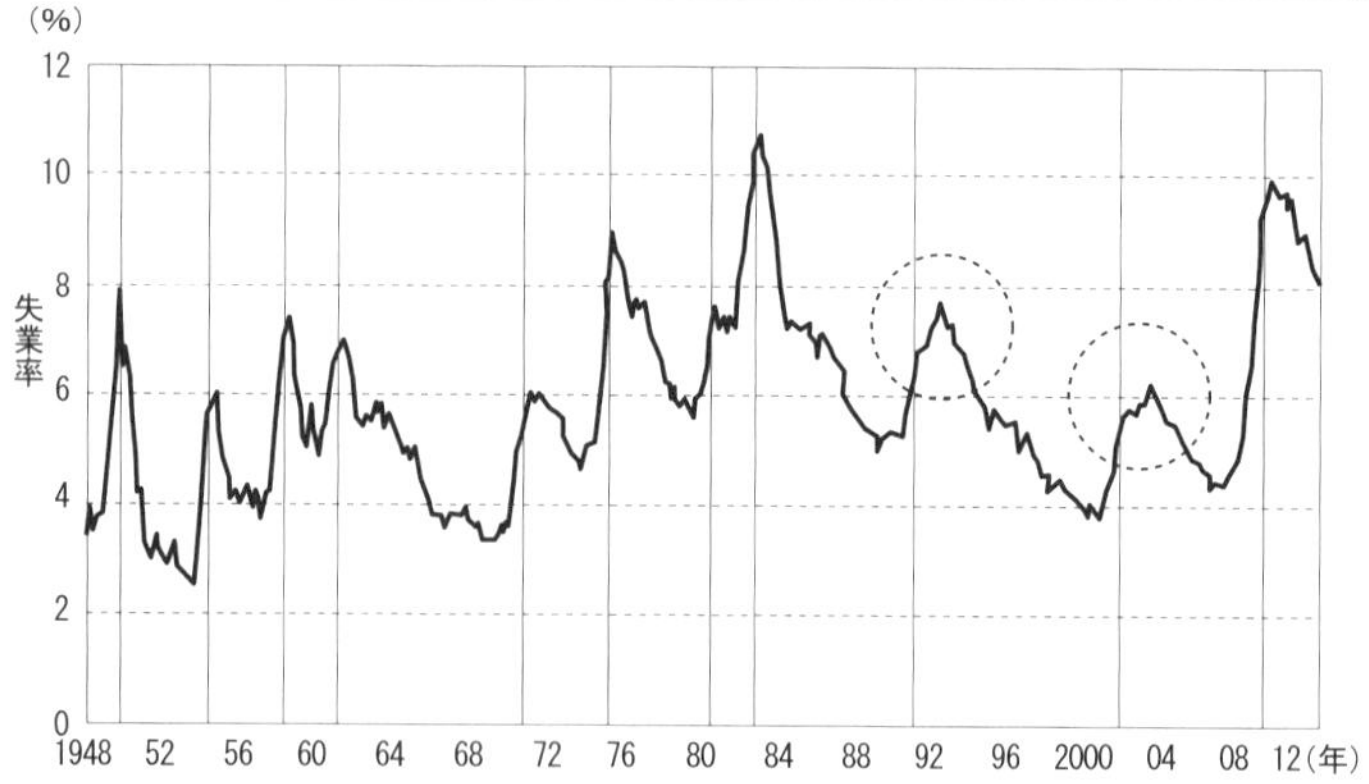

注：縦線は景気の谷の時期を示す。
出所：US Deparment of Labor、およびNational Bureau of Economic Research資料より作成。

報化投資の盛り上がりとともに、リストラ、リエンジニア、ダウンサイジングなどの企業改革が進められ、雇用を見直す動きが続いたからである。結局、当時共和党の現職大統領だったブッシュ氏(父)は、1992年の大統領選に敗れ、民主党のクリントン政権が誕生した。皮肉なめぐり合わせだが、2004年の大統領選では、息子のブッシュ前大統領が同じ課題に直面した。そのときクローズアップされたのが、情報化とグローバル化が交叉する「オフショアリング(オフショア・アウトソーシング)」による雇用の空洞化である。

　米国企業では、コンピュータ・プログラムの作成や電話によるテクニカル・サポートなどのサービス業務を、低賃金ながら教育水準が高く英語も流暢な人材の多いインドやフィリピンに移転する動きが活発化した。ニュー・ジャージー州では、州政府からの発注業務を行う企業がオフショア・アウトソースを行うことを禁止する法案が提出されるほど大きな政治問題になった。

3 空洞化しやすい活動としにくい活動とは

衣類や家電品など、手にした「財＝製品」の産地が国境を越えたものであることは今や日常的な光景であり驚くことではない。ところが、製品の使い方や修理の申し込みなどのアフターサービス、あるいは、ホテルやツアーの手配といった場面でフリーダイヤルを利用する際、「日本語で会話するオペレータが国境を越えて海外で対応している」とすぐに思うことは少ないだろう。暗黙裡に電話の向こうもこちらと同様に日本国内だと考えがちである。日々の生活で実感するグローバル化は、ハードウェアなどカタチのある「財」にとどまり、手にとってみることができない「サービス」に関しては、暗黙裡に「国境の内側」という前提を置いてしまうのはなぜだろうか。それは、日常生活の多くの場面で、サービスが「対面」によって提供されるからである。

理髪店での散髪や病院での診察などをイメージするとわかるように、サービス活動は労働集約的で、とりわけ対個人サービスは、労働そのものであることが多い。顧客とは時間と空間を共有した関係で成り立っているので、「財」のように生産と販売（例えば工場と販売ショールーム）を容易には分離できない。この点は、「生産関数としての企業」を中心に経済を俯瞰するとわかりやすい。既述のように「生産関数としての企業」は2つの市場に直面している。1つは、ヒト、モノ、カネを調達して投入する生産要素市場（インプット市場）、もう1つは、生産した財・サービスを顧客に提供する販売市場（アウトプット市場）である。

形のある「財」の生産を行う製造業の場合は、2つの市場を時間的にも空間的にも分離することが比較的容易である。例えば、電子機器の製造を考えると、日本、台湾、韓国などで製造された部品を調達して中国で組み立て、最終的には米国市場で消費者に販売されている。現代社会が生産性を飛躍的に高めることができたのは、こうした網の目のような国際分業のおかげである。反面、これらの分野では、しばしば雇用の空洞化が問題になってきた。

4 情報化で可能になったサービス活動のグローバル化

他方、対面による役務提供の色合いが濃いサービスでは、例えば、病院での診療サービスの場合、医者が役務提供する診療行為（＝インプット）と患者が受け取る診療サービス（＝アウトプット）は時間的にも空間的にも一体のものである。そのため、サービス業の生産活動は、製造業のように生産と販売が分離されにくく、国境を越えたやり取りが困難で貿易にはなじみにくいと考えられてきた。移民や就労ビザによる労働力の移動か直接投資による経営資源の移転など生産要素の移動がない限り、国際競争にさらされる機会は少なかったのである。ところが、情報革命によって、この構図は大きく書き換えられている。

先進国の情報化は1990年代に加速し始めたが、2000年代に入ると新興国や途上国も含めてブロードバンド化とモバイル化が急速に進展し、大容量のネットワークをグローバルに安く利用できる環境が出現している。その結果、サービス活動も地理的制約から解放されグローバルに「貿易財化」しているのである。例えば、診療行為と報酬の受け取りなどに関する法律や規制の問題を棚上げすれば、液晶モニターに映し出された画像と各種の検診データをやり取りすることによって、外国で暮らす日本人が東京の医者に判断を仰ぎ、専門的で適切なアドバイスを受けることが技術的には可能である。

5 オフショアリングの容易な企業とそうでない企業

このような情報化と一体化したグローバル化の威力は、企業組織のマネージメントにも及んでいる。それが、会計や顧客管理といったバックオフィス業務の国境を越えたアウトソーシングである。第4～5章で考察したように、アウトソースは「分業」の一形態であり、分業は特化と比較優位のメカニズムを通じて生産性を飛躍的に向上させる。もちろん、分業が万能というわけではない。分業される業務の間にはコミュニケーションが不可欠で、その費用が生産性の向上よりも大きければ分業のメリットは消滅する。そこに企業の存在意義があることは既にみたとおりである。企業という組織は、コミュニケーション費用を引き下げて分業の効果を最大化するための仕組みで、重要なのは、その最適な仕組みが情報化によって大きく変化していることであった。

分業される業務の範囲が明確でその間のコミュニケーションが標準化されている組織は、ITの導入が容易で、共通の言語圏であれば、国境を越えたアウトソーシングにも取り組みやすいだろう。他方、濃密な人的ネットワークとインフォーマルな情報の共有に強く依存する組織、あるいは、業務範囲が曖昧で境界が複雑に入り組んでいる組織では、これがなかなかうまくいかない。つまり、技術的な可能性があるからといって、どんな企業でも同じように「オフショアリング」で国際分業の威力を発揮できるわけではないことは注意しなければならない。

6 情報化とグローバル化で生まれる雇用の問題

さて、情報化によって財だけでなくサービスも「貿易財化」することの本質的な影響は、あらゆる場面で「要素価格均等化定理」が働くという点にある。経済学で「要素」とは、生産活動に必要な労働と技術と資本、わかりやすく言うとヒト、モノ、カネのことである。競争的な自由貿易を前提にすれば、全く同質の生産物の価格は、グローバルに同一水準へ収斂していく。それがめぐって、最終的にはその生産に必要な要素の価格(その最たるものが賃金)もいずれ均等化していくため、賃金の安い途上国でも作れるような製品であれば、とても日本のような高い賃金は負担できないことになる。

これまでも、製造業ではこうした力学は作用していたが、情報技術が進歩しグローバルに普及していけば、従来は貿易にはなじまないと考えられていた教育や医療など各種のサービスも「要素価格均等化定理」が作用しやすくなる。そうすると、例えば、海外で日本語が話せるというだけで、在外邦人相手に高い報酬を得ていたサービス提供者は、地位を脅かされることになる。もちろん、日本で英語が話せるというだけで高い報酬を得ていた様々なサービス活動（例えば英会話教室など）も同様であろう。情報化とグローバル化の奔流は、スマホなどのハードウェア（財）だけでなく、サービス分野も含めて私たちの経済活動により深く影響しているのである。

ただし、ITは雇用を奪うだけだと短絡的にとらえてはいけない。技術と雇用の問題は、単純な一方通行ではなく、光と影の両面性を備えた複雑な関係にある。この両面性は、産業革命以来の「工業の時代」には主に製造現場で生じてきたが、「情報の時代」にはオフィスを舞台にした領域に広がった。その結果、景気の動き次第で雇用が回復するレイオフとは異なり、構造的な職の消失というパーマネント・ジョブ・ロスがホワイトカラー層を直撃している。以下ではこの点を考えていこう。

2 レイオフとパーマネント・ジョブ・ロス

1 経済の核心を突く雇用問題

経済学は、時間も含めて限られた資源をどのように振り分けるのが最も価値を高めるかを考える「選択の科学」といわれる。また、貨幣を通じた交換の中でみられる「人と人との社会的関係」を考察する学問でもある。その要諦は、「何かを得るためには何かを失わなければならない」という認識と「人の問題を常に考える」ということの2点に集約できる。経済の面から技術変化による大きな潮流変化を読むには、人の活動が最終的に凝縮される雇用の問題を「ウォーム・ハートとクール・ヘッド（温かい心をもった冷静な頭脳）」で考察することが重要だろう。

前節でみたように、情報化投資が本格化し始めた1990年代の米国では、「雇用なき回復（Jobless Recovery）」が大きな問題となった。当時、政府系金融機関のニューヨーク事務所で米国経済の調査をしていた筆者は、ウォール街のエコノミストたちと意見を交わした際に「情報化投資の牽引で設備投資が10年ぶりに盛り上がり、米国経済はいよいよ力強く拡大し始めた」と発言したところ、「米国経済の実情がよくわかっていないのではないか」と怪訝な顔をされた経験がある。一般のビジネスパーソンの反応もほぼ同様であった。

当時はＩＴが企業にも家庭にも学校にも急速に普及し始めていたが、多くの企業が組織と雇用の見直しを進めていたため、職場の状況には厳しいものがあった。この点は、１９９６年にニューヨーク・タイムズ社が刊行した本の題名 *The Downsizing of America: Millions of Americans are loosing good jobs. This is their story*（邦訳『ダウンサイジング・オブ・アメリカ――大量失業に引き裂かれる社会』日本経済新聞社）に端的に現れている。この時の雇用問題は、工場などの製造現場というよりも、本社などで働く事務系のホワイトカラー層により深刻であった。それには大きく2つの背景がある。第1は、本書の第5章でみたように、情報革命によってホワイトカラー層の活動舞台である「企業」の境界に揺らぎが生じ、企業という組織に変革が迫られたこと、第2は、技術と雇用の古典的命題が製造現場のブルーカラー層ではなくホワイトカラー層を直撃したことである。

2 古くて新しい技術と雇用の緊張関係

産業革命以来、「工業の時代」における技術革新の特徴を大括りすれば、動力技術と機械技術で人間の筋肉労働を拡張したり補完したり代替したりするものであった。この点は「農業の時代」と比較するとわかりやすい。農業の時代にも、ヒトは様々な道具を使って生産活動を行っていたが、その基本的な動力源は牛馬や風水車など自然に大きく依存したものであった。ところが、産業革命後の工業化では、石炭や石油といった化石燃料、およびそれを転換した電力などの基盤に立った大型設備による生産活動へと一変した。工業の時代が「動力革命」で幕を開け、飛躍的に生産力を高めたという原点に立ち返ると、「技術と雇用」をめぐる様々な問題の主要舞台が工場などの生産現場であるのは当然のことだろう。

人が創り出した技術には、人を助けてくれると同時に、人と競合もするという光と影の二面性がある。技術の導入により、筋力と体力を使った人間の作業が楽になったのは間違いないが、その一方で、ある種の作業は機械にとって替わられて消滅することもあった。こうした大変化の中、19世紀初頭のイギリスで起きたのが「ラッダイト運動」である。人力から動力へ、道具から機械へという大きなうねりの中で、新技術に職を奪われた職工たちが「機械の打ちこわし運動」を起こした。こうした運動が象徴するように、産業革命以降の社会では、新技術の導入に際して、従来型の労働との緊張が常に課題であり、その中心舞台は生産現場であり続けた。

3 ITはホワイトカラーを直撃

これに対して、ITは知識や情報を収集したり、蓄積したり、処理したり、伝達したりという機能にかかわっている。その本質は、あらゆる情報を0と1に置き換えて処理する「デジタル革命」といえる。人間の体力や筋力ではなく、記憶したり、考えたり、意思疎通したりという知的活動を拡張、補完、代替する技術が出現し、急速に普及したのである。

19世紀から20世紀にかけての電力による第2次産業革命は蒸気に代わり電気を動力として利用するものであった。これに対して「デジタル革命」は、電気回路を知的な情報処理にさせた点で工業化とは一線を画し、知識経済化への転換を促す。これによって、「技術と雇用」の緊張関係は、それまでおよそ技術との競争に無縁と思われていた事務、管理、企画など工業の時代には盤石だったオフィス部門で先鋭化することになった。

事務、管理、企画などオフィスで行われるいわゆるホワイトカラーの仕事は、決まり切った単純化や定型化の難しい領域があり、様々な知的応用動作が必要なため、以前はたとえコンピューターであっても多くを取って代わることは不可能だと考えられてきた。だが、パソコンとインターネットが起爆剤となった「デジタル革命」でこれが可能になった。

もちろん、「動力革命」後の生産現場でも、すべての労働が機械に取って代わられることがないように、「デジタル革命」後のオフィスでも、すべての業務がＩＴに取って代わられることはない。しかし、30年前と比べると現在ではかなりのことがＩＴで自在にできるようになったのは事実だろう。かつての大型電算機時代には、多額の資金を必要とした情報システムが、手軽な値段で購入できるようになり、しかも、専門の知識がなくても比較的容易に使えるようになった。大企業や専門家だけでなく、中小企業、零細企業、老若男女の個人に至るまで、社会の隅々に新技術が幅広く行き渡り、かつては人手に頼っていたような各種の業務を容易に技術へ置き換えることが可能になったのである。

振り返ってみると、企業という組織は「工業の時代」に巨大化した。ホワイトカラーの重要な役割は、その巨大化した企業の内部で、意思決定に必要なアイデアを出したり(情報生産)、それを関連する人たちに伝えたり(情報仲介)、円滑な実行に向けた判断を伴う部門間の調整を行ったり(情報処理)することにあった。つまり、情報の生産、仲介、処理という活動を通じて、企業という組織の内部取引で重要な役割を果たしてきた。

ところが、デジタル革命後の「情報の時代」には、より高度で付加価値の高いクリエイティブな情報を生産することや複雑な利害調整を巧みに処理する能力、さらには判断に必要な深い思考力と果敢な実行力が求められる一方で、伝達などの単純な仲介は技術に取って代わられるようになった。これこそが、一時的なレイオフとは異なるパーマネント・ジョブ・ロス(恒久的な職の消失)の現象を生み出す要因である。

4 レイオフとは異なるパーマネント・ジョブ・ロス

レイオフは、一時帰休という邦訳からもわかるように、景気が後退局面に入り、工場などの操業度が下がって業績が落ち込んだため、一時的に雇用を減らすことである。したがって、再び景気が拡大し、操業度が高まって業績が回復すると、同じ仕事に対する求人が増え、元の職場への復帰が適いやすくなる。いわば、景気の循環的な変動による連続的な雇用の増減といえる。

図表8-2　雇用を取り巻く環境変化

項　目	レイオフ	パーマネント・ジョブ・ロス
要　因	循環的要因	構造的要因
現　象	一時帰休・自宅待機	職務の消滅
外部環境	景気後退・業績悪化	技術体系のシフト
再雇用	景気回復・業績向上	再教育・技能習得・転職

一方、パーマネント・ジョブ・ロスとは、技術革新などの構造的な影響で、その職務自体がこの先ずっと不要になるという性格のものである。つまり、景気が良くなったり、企業の業容が拡大したりしたとしても、その職務はそもそも必要がなくなる。レイオフが循環的な雇用の変動とすれば、これは技術変化による構造的、恒久的な雇用の消失といえる。

こうした現象は以前からみられた。例えば、今から30年ほど前の大手企業には、電話交換という業務があった。取引先など外部からの電話は、大代表と呼ばれる番号にかけられ、そこで電話交換手たちが一手に対応し、該当する担当者につないでいた。ところが、その後、自動交換機が普及して、ダイヤルインで外部からの電話に担当者が直接対応できるようになると、これまで人が大切な役割を果たしていた電話交換という業務は、新技術を具現化した自動交換機に置き換わり、人が対応する職としては消失した。同様のことは、契約書などの作成で重要な役割を果たしていた和文タイピストという職でも起きた。以前は、ひらがなやカタカナだけでなく膨大な数の漢字の版を組んだ特殊なタイプを自在に操る人材は、正式書類の作成で不可欠な存在であったが、ワープロの登場により、特別な技能のない新入社員でも対応できるようになったからである。

こうした技術による職の消失が、電話交換手や和文タイピストなどの特殊な技能職だけでなく、広範なホワイトカラー層に吹き荒れたのが「デジタル革命」後のオフィス部門といえる。「成長と循環」の関係や「創造的破壊を伴うS字型の経済発展」に則して考えると、連続的なサイクルの動きとは異なり、断層をもったトレンドの変化が工業の時代に肥大化したホワイトカラー層を直撃したとみることができる。こうした状況で再び雇用を回復するには何が必要であろうか。

3 雇用不安と所得格差の同時発生メカニズム

1 議論を呼ぶ「所得の二極化」

歴史を振り返ると、どんな時代であれ、技術体系が大きく変わるときには、かつて当たり前だった仕事がもはや必要ではなくなることは避けようがない。とりわけ、多目的技術（GPT：General Purpose Technology）として、業種を問わずあらゆる分野に普及するITの場合は、その影響が広範に及ぶことになる。繰り返し述べているように、情報化で特徴的なことは、新技術の導入によって工業の時代に肥大した企業という組織のあり方が問われ、企業内の取引や企業間の取引で重要な役割を担っていたホワイトカラー層にその影響が強く表れる点である。

しかも、それは景気が回復すればまたもとの職に復帰できるというような循環的なものではなく、恒久的なものになりやすい。これが、ジョブレス・リカバリーやパーマネント・ジョブ・ロスの厳しさといえる。もちろん、技術革新で新領域が切り拓かれて景気拡大が続き、生産性が上昇していけば経済全体の富は増加する。問題なのは、それがどう分配されるかである。急速な情報化の進展の中で、ジョブレス・リカバリーやパーマネント・ジョブ・ロスといった「雇用不安」に加えて「所得の二極化」という現象が議論を巻き起こしているのはその表れであろう。

2 失業増加と所得格差はなぜ同時に起きるのか？

技術と雇用が競合する場面で、雇用不安に加えて所得格差が生まれやすいということは、図表8－3の生産性―報酬曲線でうまく説明できる。このグラフでは縦軸が報酬、横軸が生産性を示しており、生産性が高いほど報酬が高いという関係を示している。現代社会においては、文化的最低限の生活を保障する社会福祉の仕組みが整っていることもあり、それが維持できないほど低過ぎる水準の報酬であれば、人々はその仕事に就くよりも失業を選ぶと考えられる。このような、人々が働いてもよいと考える最低水準の報酬を留保水準と呼び、グラフでは水平の線で示される。別の見方をすると、この線と右上がりの生産性―報酬曲線の交わる点が失業のポイントとなる。

ここで、技術革新が起きると生産性―報酬曲線や失業のポイントはどう変化するであろうか。技

図表8-3　生産性―報酬曲線で読む失業と格差

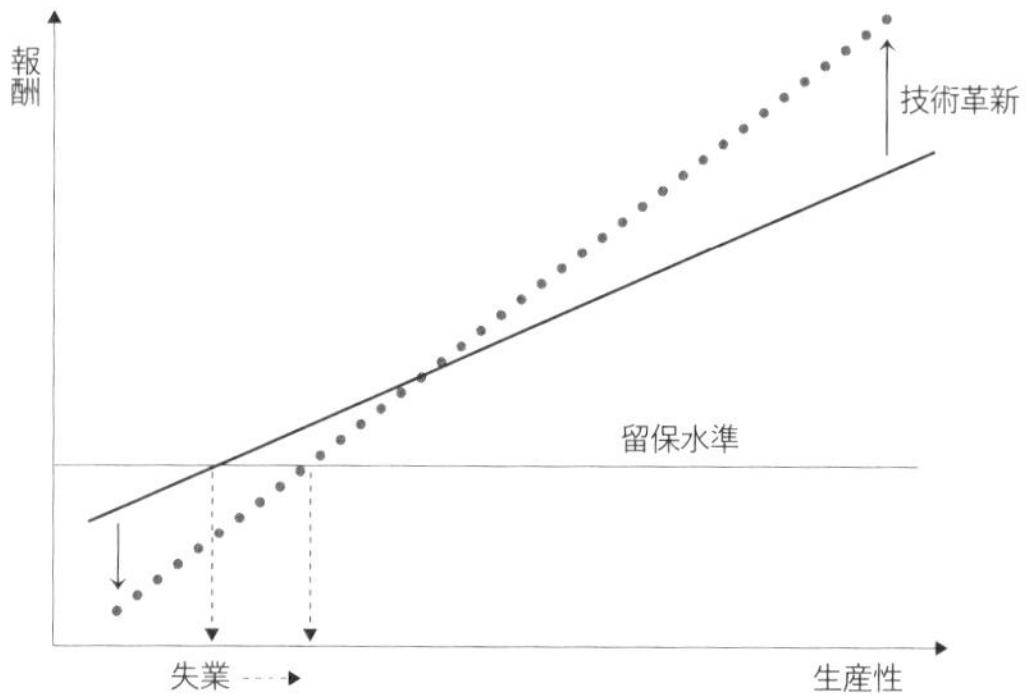

術革新にうまく適合し、新しい技術と補完関係を築くことができる人材は、生産性を飛躍的に高めることができるだろう。こうした人材にはあちこちから引く手あまたの仕事が舞い込み、高い報酬を得ることができる。その一方で、時代の変化についていけない場合は、生産性が相対的に見劣りすることになるばかりか、進歩し続ける技術との厳しい競合に直面して低い報酬しか得られない。そうなると、右上がりの生産性―報酬曲線の傾きは、ますます急になってしまう。この傾きの変化（急勾配化）こそが「所得の二極化」を端的に表している。図表8－3から明らかなように、傾きが急になると失業のポイントは右に動く。つまり、「失業の増加」が起きるのである。これが、情報化の進展とともにみられる「雇用なき回復」と「所得の二極化」の同時発生メカニズムである。

3 ラーニング・バイ・ドゥーイングと不連続なイノベーション

雇用に影響を及ぼす技術変化には、大きく2つのタイプがある(第6章図表6－7参照)。1つは、シュムペーターが「創造的破壊」と表現したような不連続な断層を伴うイノベーション型の変化で、現在進行中の情報革命はその典型だろう。もう1つは、昨日より今日、今日より明日と連続的に知識や技能の習得を積み重ね、着実に改良と改善を続けていく「ラーニング・バイ・ドゥーイング」型の技術変化である。もちろん、どちらの技術変化も経済の成長や発展に貢献するが、シュムペーターは両者の違いを「駅馬車にいくら連続的な改良を加えても鉄道業が創出されなかった」と面白いたとえで表現している。

雇用との関係で考えると、ラーニング・バイ・ドゥーイング型の環境では、長期雇用による企業内のOJT(On the Job Training)はきわめて有効である。ところが、断層を伴う急速な技術変化の局面では、これまでの仕組みを根本から見直すような別の対応が求められる。生産性―報酬曲線で考えると、技術体系が比較的安定しているラーニング・バイ・ドゥーイング型の環境では、勤続年数が増えるにつれて知識や技能を習得し、生産性が上がると考えられるため、生産性の程度を示す横軸は、そのまま勤続年数と一致することになる。その意味では、かつて日本型経営の特質といわれた「年功賃金」は、この特徴を巧みに取り入れた合理的な仕組みといえるだろう。

しかし、情報化の進展とともに技術革新のスピードと複雑さは一段と加速し、状況は大きく変わっている。技術体系が比較的安定していた環境では合理的だった年功賃金も、不連続なイノベーションの時代には、大きな見直しが迫られている。

4 技術変化に伴う雇用の断層

1 企業は技術と雇用の結節点

これまで本章でみてきたように、イノベーションの時代に「雇用不安」と「所得の二極化」が同時にみられるのは、技術と労働の結びつきに「不連続な変化」が生じやすいからである。産業革命後の近代社会では、生産活動の多くはヒトが素手で行うわけではなく、何らかの形で技術を利用している。この生産活動で重要な役割を果たす企業という組織は「技術と労働」が出会う場であり、両者をつなぐ「結節点」といえる。

もし劇的な技術変化が起きれば、旧技術と結びついた労働は急速に陳腐化するため、新技術に適応した労働への転換が迫られる。技術革新の波にのって、民間企業が積極的な情報化投資を行えば、技術と労働の結節点に新しいテクノロジーが次々と導入され、仕事の仕組みや組織のあり方は大きく変わるだろう。したがって、企業という組織で仕事をする労働の側も新技術にうまく適応しなけ

図表8-4　企業は技術と雇用の結節点

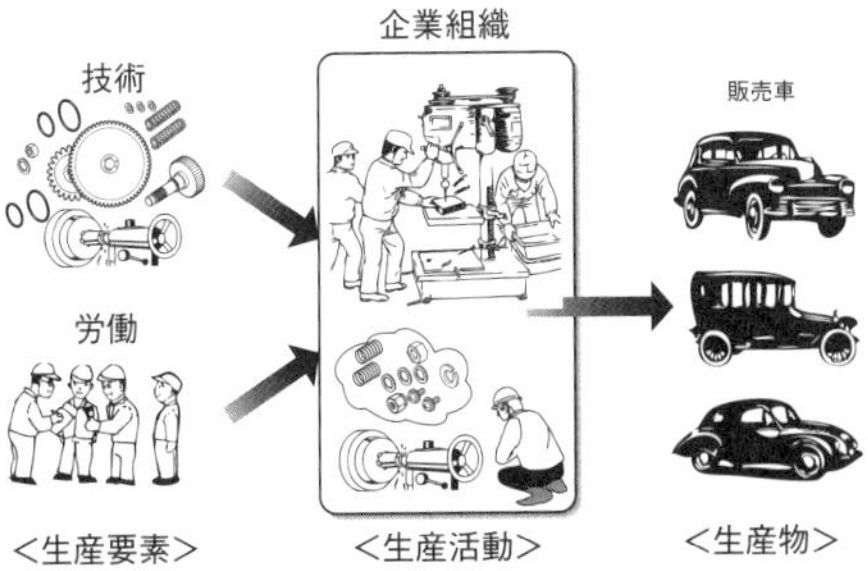

図表8-5　技術と雇用の連続的対応

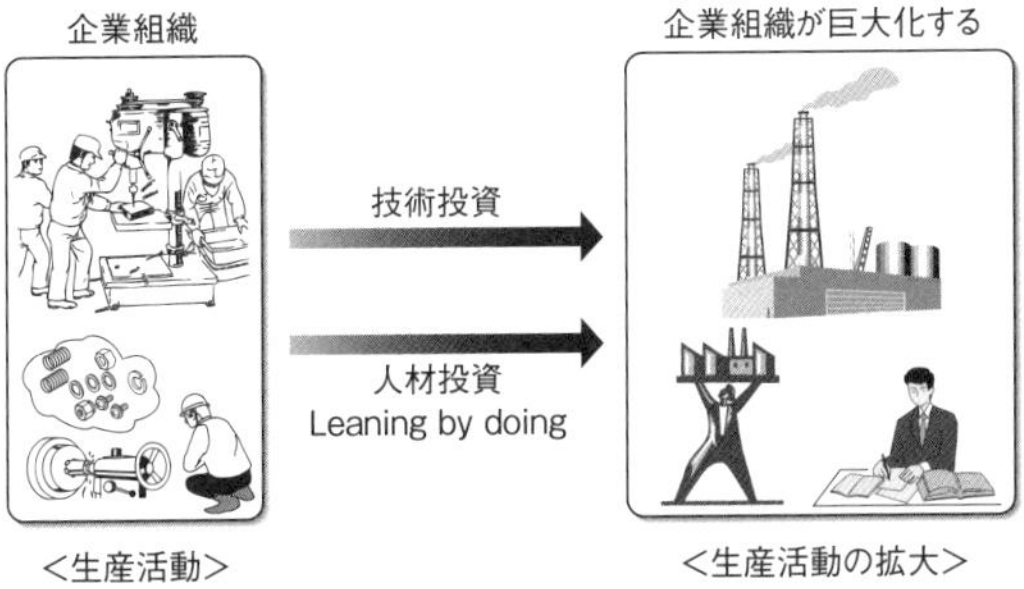

ればならない。

新技術への適応には、ラーニング・バイ・ドゥーイング(learning by doing)型の対応とイノベーション型の対応がある。前者は、日々の仕事を実践していく中で古い技術に結びついていた労働者が学びを積み重ね、新技術にふさわしい能力を身に付けていくやり方であり、雇用の断層を伴わない「連続的」な適応といえる。労働者の確保が難しい場合や比較的時間に余裕がある場合、しかも、他の競争企業も同じような条件にあるのなら、こういう方法は充分に有効であろう。実際、高度成長期の

図表8-6 技術と雇用の不連続な対応

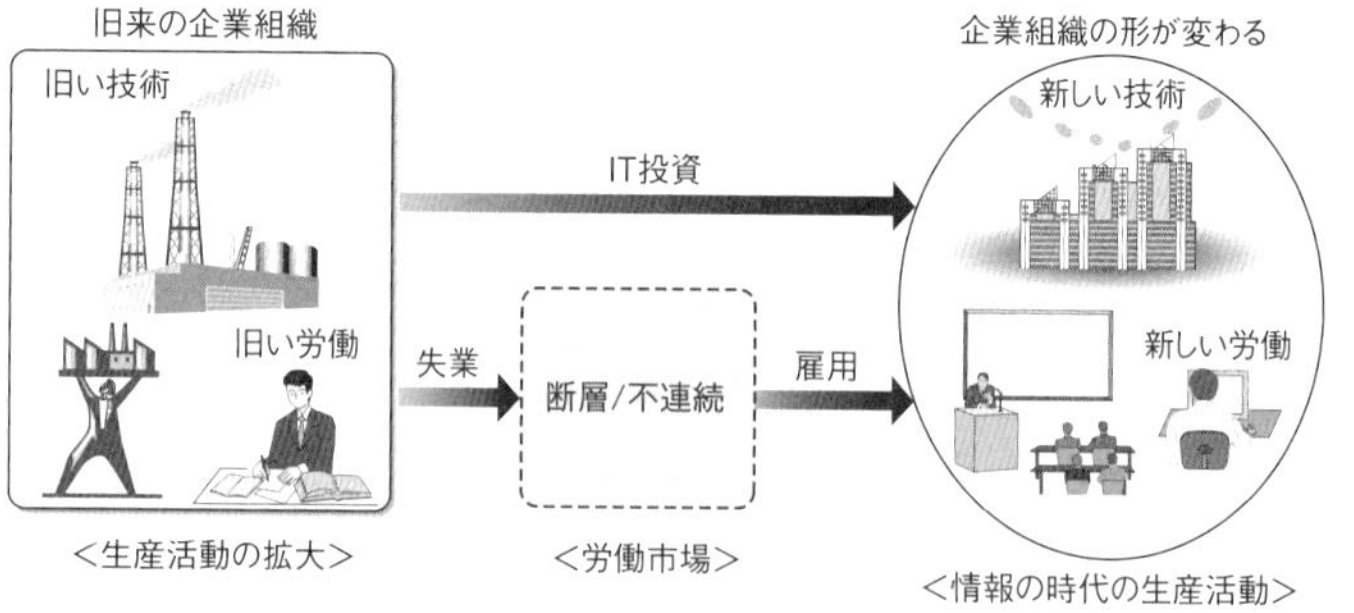

日本では、義務教育を終えた中学卒業の若者が「金の卵」として都市部に集団就職し、町工場などの中小企業で見習いから始め、年月をかけて技能を身につけ日本経済の高度成長を支えた。

2 技術と雇用の不連続な対応

しかし、技術革新のスピードが速く、従来のやり方を根本的に改めないとうまく適応できないほど不連続な変化がある場合は、そうばかりもいってはいられない。特に、ライバル企業との競争上、新しい技能が身に付くのを待つ時間的余裕がなく、ふさわしい人材が企業の外部に豊富に存在しているのであれば、別の方法を採らざるを得ない。それは、ラーニング・バイ・ドゥーイング型とは異なり、雇用の断層を伴う適応となる。全く新しい仕組みへ一気に転換するために労働者を入れ替えてしまうというやり方で、シュムペーター流の創造的破壊型対応といえる。情報化が本格化した1990年代初頭の米国経済で数多くみられたのは、まさに、このタイプの適応である。情報化投資を本格化させた企業は、新技術導入に合わせてリエンジニアリングに取り組み、企業という組織の形を変えた。

この「結節点」の大変化で雇用は2つの現実に直面する。1つは失業という厳しい現実である。新技術を導入して企業が変革すれば、古い技術に結びついた業務はもはや不要となり、その仕事に就いていた人々は職を失ってしまう。その一方で、新たな可能性も生まれる。仕組みを改めた企業には、新技術にふさわしい人材が必要になるため、労働市場から新規に採用したり、人材派遣会社から有能な人材の紹介を受けたりすることになる。ここでは、雇用の創造が起きるのである。

失業者と採用者の数が同じであれば、マクロでみると雇用に変化はない。しかし、ミクロで観察すると、解雇されて企業から出される失業者と新規採用者とは別人であり、不連続な大変化が起きている。マクロで失業と雇用の数が一致していたとしても、個別にみると知り合いに失業者が多くなるという不幸な断層が生じているのである。日本では、同じ企業が人員削減と新規採用と同時に行うことは、これまでの判例などからみるとかなり難しいが、最初のジョブレス・リカバリーが起きた1990年代の米国では、こうしたやり方が多くみられた。

3 労働市場から退出した中高年男性

事実、当時の米国では仕事をあきらめた中高年男性のことが話題になっていた。全米経営者協会

(American Management Association)が1995年に行った興味深い調査によると、企業に働く中間管理職の割合は全体の1割にも満たないのに、解雇された中では2割近くを占めていた。それだけ中間管理職が雇用削減の対象になりやすかったということになる。さらに、中高年男性の労働市場からの退出という動きも特徴的であった。16歳以上の生産年齢人口のうち何パーセントが労働力人口(就業者+失業者)になっているかを示す労働化率を年齢別、性別に1980年代と比較すると、1990年代前半は、女性はどの年齢層も上昇しているのに対して、男性は年齢が高くなるほど労働力化率が下がっていた。これは、男性の中高年層が集中的に労働市場から退出していたことを意味する。

彼らの多くは黄金の1960年代に大学を卒業し、企業を移りながらも着実な昇進と所得の増加で豊かなミドル・エイジを迎えると夢みていた世代である。だが、現実には大きな断層をもった技術変化によって、失業や賃金の引き下げという困難に直面し、新技術との熾烈な競争の場である労働市場そのものからも退出する状況に追い込まれた。ただし、その中には、新しい時代にふさわしい労働への転換を目指し、将来を切り拓くための前向きな退出もみられた。

5 教育との連携によるエンプロイアビリティ向上

1 重要な労働市場と教育市場の連携

技術革新のスピードが速く企業の形が大きく変わる時代には、失業と雇用の2つの場面で断層が生じやすく、企業を追われた失業者が職を探すことをあきらめて労働市場そのものから退出する事態も招きやすい。ただし、労働市場からの退出は、必ずしもすべてが消極的な行動というわけではない。技術体系が大きく変化する中で次の職を得るためには、新時代にふさわしい能力開発が求められるため、労働市場から一時的に退出し、大学などで学び直して最新技能を身につけるという挑戦型の行動もあるからである。これは、将来に向けた前向きな退出といえる（図表8－7）。

情報の時代における能力開発は、狭い意味の工学的な技術分野に限られない。企業の組織運営や経営のあり方から法律や規制まで社会が大きく変化する中にあって、最新のマネージメントや制度を学ぶことは有意義である。また、活発な情報流通で求められる顧客や投資家との関係、すなわち、パブリック・リレーションズや新しい金融・財務手法などを身に付けることも大切だろう。あらゆる領域で「教育」へのニーズが高まり、労働市場と教育市場の連携が求められるのである。

実際、1990年代以降の米国では、医療と並んで教育産業の雇用がかなり増加し、景気拡大期

図表8-7 労働市場とつながる教育市場

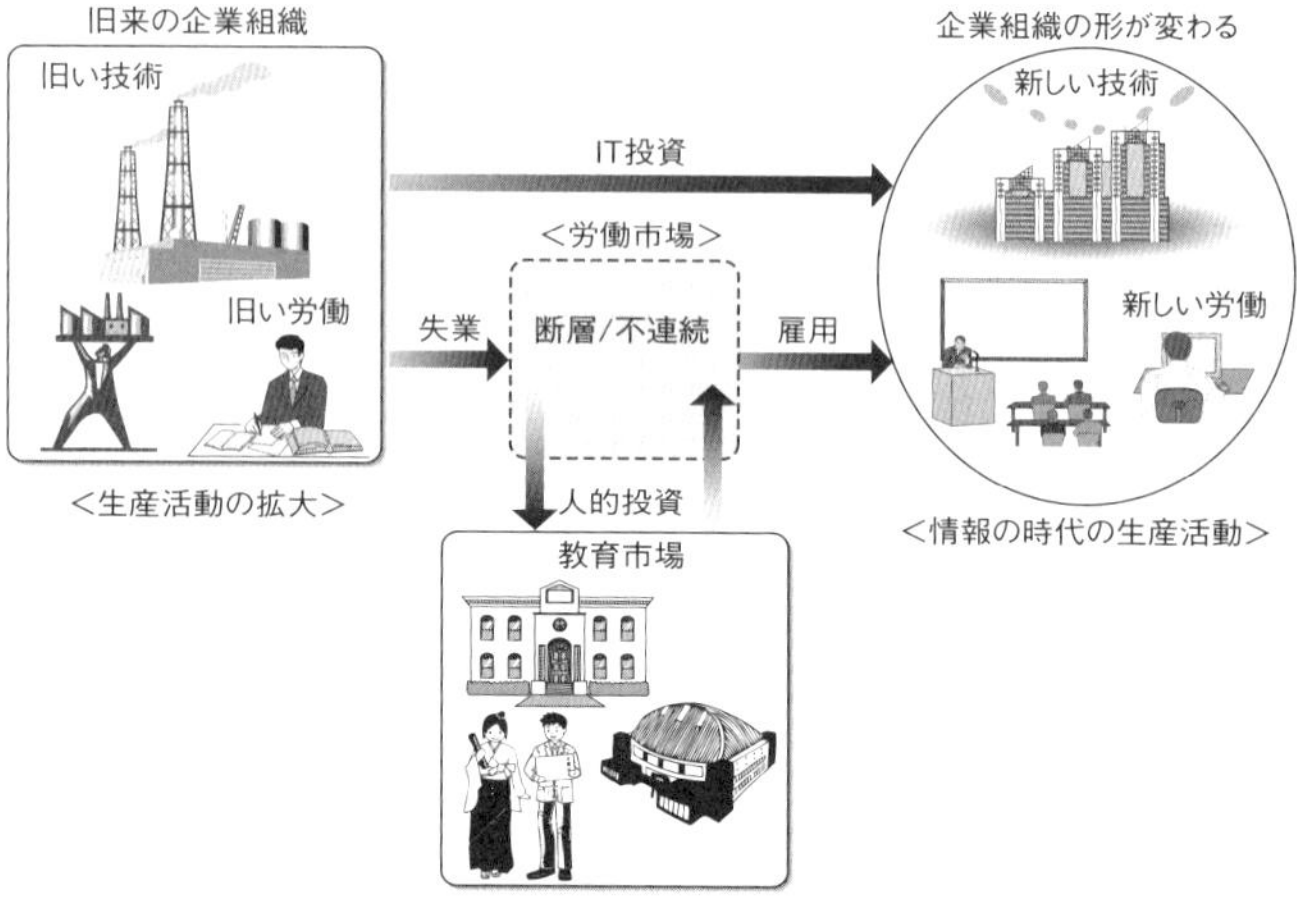

に限ってみても、製造業の雇用増加を上回っていた。日本でも社会人教育や生涯学習の大切さが唱えられているが、それは単なる趣味や教養という次元を超えて、より現実的な要請があるといえる。

情報化は知識を基盤とした経済活動を促す。農業の時代には肥沃な土地などの天然資源が、また、工業の時代には機械装置がそれぞれ富を生み出す源泉であったが、情報の時代には物的な生産力だけでなく、知識と知恵と技術をもった人的資本の豊かな発想力こそが富を生み出す源泉となる。

知識経済化（ナレッジ・ベース・エコノミー）が進展するという文脈からも、労働市場と教育市場は密接な関係があり、両者の連携が雇用問題を解決していくカギを握っているのである。

図表8-8　技術が雇用に及ぼす3つの影響と時間軸

局面＼時間軸	初期	中期	長期
雇用の代替（マイナス効果）	－－－	－－	0
雇用の誘発（プラス効果）	＋	＋＋	＋＋＋
雇用の創造（プラス効果）	0	＋	＋＋＋＋
総　和	－－	＋	＋＋＋＋＋＋＋

2　技術と雇用の複雑な関係を3局面で整理する

技術と雇用の問題は200年以上前の産業革命時代から複雑な緊張関係にあり、一筋縄にはいかない。これを読み解くには次の3つの効果をうまく整理する必要がある。第1は、新しい技術が古い技術を駆逐する過程で後者と結びついた雇用を奪ってしまう「雇用代替効果」、第2は、新しい技術への投資需要が増えるため、それを生産する産業で生じる「雇用誘発効果」、第3は、新しい技術の利活用によってこれまでなかった全く新しい経済活動を作り出す「雇用創造効果」である。

厄介なことに、この3つの効果は、同時ではなくタイムラグを伴って現れる。初めに現れるのが、第1の「代替効果」で、続いて現れる「誘発効果」が本格化するまでは時間がかかる。さらに第3の「創造効果」に関しては、初期の段階では全くの未来論に過ぎずほとんど実感できない。それゆえ、初期の段階では全体としてマイナス効果が大きく表面化し、人々の関心もそこに集中してしまうのである（図表8－8）。

近年の行動経済学が明らかにしたように、人間はどうしても目の前に差し迫った問題を強く認識する（だからこそ祖先は厳しい自然環境を生き抜いてきた）。

そのため、初めに代替効果が現れる新技術の導入に抵抗感を抱きやすい。機械打ちこわしのラッダイト運動が起きた1810年代には、その後に勃興した鉄鋼業や鉄道業(リバプール・マンチェスター鉄道の開通は1830年)といった巨大な産業連鎖(エコシステム)が全く新しいタイプの雇用を創造するとは予想だにできなかったのと同様である。

しかし、長期の時間軸でみると、雇用の「誘発」や「創造」によって新しい雇用が次々に生まれていくことは間違いないだろう。今では世界的に有名なアマゾン(設立1994年)、グーグル(同1998年)、フェイスブック(同2004年)といったネット関連企業も、情報化が加速し始めた1990年代初頭には、無名どころか存在すらしていなかった。周知のとおり、今やこれらの会社では数万人の人々が働いており、博士号を持つような高い教育を受けた高収入の人材も多い。

3 ホワイトカラー労働の産業化

情報化の進展とともに、事務系の業務などを効率的に受託したり、法律、会計、組織運営に関する専門的な知識やノウハウをサービス提供したりするビジネス・サポート産業でも雇用が増えている。こうしたサービス業の成長は、企業が管理や事務の業務を合理化し、ホワイトカラーを削減したことと表裏一体の関係にあるが、これらのビジネス・サポート産業では、総じて情報化投資が盛んである。

企業に雇われて内部化される形態しか考えられなかった事務労働も、内容によっては会社から離れた場所で従前と変わらない仕事を行うことが可能になっている。大企業内部から追われて、いわば「市場化」したホワイトカラーが、情報技術を駆使した巧みなサービス業の拡大を引き起こしているのである。これはホワイトカラー労働の「産業化」とでもいうべき現象であり、大企業の内部取引で重要な役割を担っていたホワイトカラーが、組織の枠を越えた外部取引の調整者として市場で価値を生み出しているといえる。

一連の動きは、情報化が進んでも、ホワイトカラーが担う機能そのものが全く不必要になるわけではないことを示唆している。特定分野での専門家というスペシャリストの養成が重要視されているが、ビジネスの現場では、全体を取りしきるコーディネーター役の人材が不足しているとの声も聞かれる。ホワイトカラーに求められる役割は、単なる現場情報の取次ぎではない。最も重要な役割は、知識と経験をもとに現場の情報を組み立て、加工し、意思決定者にとって必要な付加価値情報をわかりやすく、かつ、誤らせないように伝え、提案するという情報の知的組立作業にある。同時に、それに基づいてトップが行った意思決定を現場レベルで指揮し実行する能力も重要である。こうした双方向の価値ある「情報処理」こそが、ホワイトカラーの中核的役割といえる。

アウトソーシング（外部委託）は戦略的に必要だが、そこでよくみられる失敗は、単に目にみえるコストの削減だけに目を奪われて、自社と委託先との間にこうした重要なコーディネート機能の真空状態を生み出すことから生じている。情報化に伴う企業改革の波は、ホワイトカラーの仕事を企業の内部に囲い込むのではなく、ビジネス・サポート業務として外部化し、産業化させていく原動力となる。その結果、ホワイトカラーの役割は、企業内の部門間調整から企業と企業の間の調整に転換し、内部化とは反対の市場化を通じて、弁護士、会計士、コンサルタントなどの役割が重要性を高めるのである。

こうした文脈で団塊世代など高齢者の定年退職問題や、企業に勤務経験のある女性子育て世代の再雇用問題を考えると、企業という組織内部に閉ざされていた活動舞台の制約がなくなり、個人が独立自営の企業家として活躍できる時代を迎えているとみることもできる。

そこでは、スペシャリストかゼネラリストかが問われるのではなく、前者であれ後者であれ、プロフェッショナリティをもって通用するかどうか、つまり市場価値(Employability)が問われる。したがって、労働市場と連携した教育市場では一人ひとりのEmployabilityを高めることが肝要といえる。ひいては、それが所得水準の向上を通じて経済全体を成長へと導く。情報の時代の成長戦略とは、つまるところ人材の能力を高めることに集約されるといえるだろう。

おわりに

俳句の世界に「不易と流行」という言葉がある。いつまでも変わらない本質を忘れることなく、新しい時代の流れを取り入れるという意味である。革新の渦中にある情報技術と経済社会の変貌を考察するとき、この言葉はまさに正鵠を射ている。本書ではインフォメーション・エコノミーの全体像をどうとらえればいいのか、その羅針盤を求めて経済学の基本概念を頼りに見取り図を描いた。筆者が学生時代を過ごした30年以上前とは異なり、今ではミクロ経済学のどんな入門書にも「20世紀の経済学の発展に最も貢献した分野のひとつ」といわれるInformation Economics（情報経済学）の内容が解説されている。それとは別に、近年では国際機関の報告書などでInformation Economy（情報経済）という用語を目にすることが多くなった。これは、携帯電話、スマホ、インターネットに象徴される情報技術の進歩と普及が経済社会全般に及ぼす影響をマクロ経済学も含めて多方面から包括的に分析する際に用いられ、日本で学ぶ途上国からの留学生もこのテーマに関心を寄せている。

21世紀の現在、情報化の影響は学生から社会人まで誰もが身近に感じることであろう。情報技術は業種を問わず実務に不可欠の存在であり、日常生活でも必需品として広く老若男女に普及している。農業の成長戦略から薬のネット販売まで政府の政策や規制問題でも注目を集める機会が増えた。まさに多目的技術（GPT：General Purpose Technology）としての面目躍如である。だが、その影響が広範であるがゆえに、様々な現象に振り回されて本質がみえにくいと戸惑うことも多い。それは、20年以上この問題に取り組んできた筆者自身の実感でもある。個々の問題はともかく、全体としてどのような枠組みで整理すればいいのか。本書で、流行り廃りの激しいバズワードに頼らず、経済学の基本概念に遡って再構成を試みたのは、情報革命の潮流が一過性のものではないと考えるからである。頼るべきよすがは古典と呼ぶにふさわしい考察を行った先人達の慧眼であろう。

本文で詳述したように、情報化に伴う経済社会の変貌をマクロ的にとらえる情報化社会論（または情報経済論）は、経済学の枠を超えた未来論、文明論的な色彩を帯びやすかったため、経済学の主流派からは異端視されてきた。一方、厳密な議論の積み重ねによって次第にミクロ経済学の主流派に浸透してきた情報経済学は、必ずしもマクロ的視野での関心が高くはなかったため、経済学の領域では、このテーマが散逸した形で取り扱われてきた。

幸いなことに、1990年代の生産性論争を媒介に情報経済学と情報化社会論の双方にまたがる共通の基盤が生まれ、今では、雇用問題から歴史分析まで「経済学のあらゆる分野を総動員」する形で研究が進められるようになった。2008年にノーベル経済学賞を受賞したポール・クルーグマンが「生産性が全てというわけではないが、長期でみるとほとんど全てである（Productivity isn't everything, but in the long run it is almost everything.）」と述べたように、全般的な生活水準を示す生産性の向上は、あらゆる社会において重要である。情報革命の波が途上国にまで及んでいる今日、インフォメーション・エコノミーへの関心がグローバルに高まっているのはその表れであろう。情報革命の奔流は現在進行形で動いており、その全貌をとらえることは決して容易ではないが、次々とわき起こる新現象を筋を通して詳細にとらえる考察がさらに進むことを期待して、本書を締めくくりたい。

飯沼光夫・大平号声・増田祐司（1996）『情報経済論』有斐閣
岩原紳作（2000）「会社法改正の回顧と展望」『商事法務』No.1569、4～16頁
梅棹忠夫（1963）「情報産業論」『中央公論』1963年3月号、46～58頁
大塚久雄（1966）『社会科学の方法――ヴェーバーとマルクス』岩波新書、第53刷版
大塚久雄（1977）『社会科学における人間』岩波新書、第44刷版
大平号声（1982）「情報産業進展の構造分析」『季刊現代経済』No.51、139～151頁
鬼木甫（1994）「パーソナル・コンピュータ産業の経済分析（上・下・補論）」『経済セミナー』No.472、44～56頁、No.473、42～53頁、No.474、34～36頁
鬼木甫（2000）「コンピュータ・半導体――オープン化に弱かった日本」大蔵省財政金融研究所『日本経済の効率性と回復策――なぜ日本は米国に遅れたのか』2000年6月、51～94頁
嘉村健一（1993）『米コンピュータ企業の興亡――パソコン起業者達のサバイバル戦略』電波新聞社
神田秀樹（2000）「会社法改正の国際的背景」『商事法務』No.1574
岐部秀光（2008）「ITが変えるアフリカ」『日本経済新聞』2008年5月18日
黒木亮（2002）「ロナルド・コースの産業組織論――シカゴ学派との関係を手掛かりに」九州大学『経済論究』第112号、89～114頁
酒井泰弘（1991）『リスクと情報――新しい経済学』勁草書房
篠﨑彰彦（1996）「米国における情報関連投資の要因・経済効果分析と日本の動向」日本開発銀行『調査』第208号、1～55頁
篠﨑彰彦（2001）『IT経済入門』日経文庫ベーシック

篠﨑彰彦（２００３）『情報技術革新の経済効果――日米経済の明暗と逆転』日本評論社
篠﨑彰彦（２００５）「生産性の歴史と国際比較――人口減少下の２０３０年を展望するための基礎的考察」九州大学経済学会『経済学研究』第72巻第1号、２～25頁
篠﨑彰彦・田原大輔（２０１２）「ＩＣＴの普及が経済の発展と格差に及ぼすグローバルな影響の分析――国際的議論の変遷と実態変化のデータ観察」内閣府経済社会総合研究所、*ESRI Discussion Paper Series*、№２８９、１～22頁
ジェトロ編（２００８）『インドオフショアリング――拡がる米国との協業』日本貿易振興機構
高哲男（１９９８）「ヴェブレン著『有閑階級の理論』に対する訳者解説」『有閑階級の理論』ちくま学芸文庫、４３５～４６０頁
館龍一郎・経済の構造変化と政策の研究会編（１９８３）『ソフトノミックス――経済の新しい潮流』日本経済新聞社
土岐敦司・辺見紀男編（２００１）『企業再編のすべて』（別冊商事法務）№２４０、商事法務研究会
永井和之（２０００）「会社の組織変動と会社法改正」『商事法務』№１５６９、44～51頁
永谷敬三（２００２）『入門 情報の経済学』東洋経済新報社
中村芳夫（２０００）「商法全面改正への基本的な視点――経済界の見方」『商事法務』№１５７４
日本経済新聞（２０００）「きしむ会社法制（下）手薄な立法体制」２０００年9月26日朝刊
日本経済新聞（２０１２）「米グーグル、昨年の企業買収79社で最高」２０１２年2月2日朝刊、13面
早川英男（１９８６）「〝情報の経済学〟について――概念的整理と理論的可能性」日本銀行金融研究所『金融研究』第5巻第2号、39～82頁
林雄二郎（１９６９）『情報化社会――ハードな社会からソフトな社会へ』講談社現代新書
原田晃治（２０００ａ）「新しい世紀の会社法制の整備」『商事法務』№１５４８、34～40頁

原田晃治（２０００ｂ）「会社分割法制の創設について〔上〕平成12年商法改正の解説」『商事法務』No.１５６３、４～13頁
廣松毅・大平号声（１９９４）『情報経済のマクロ分析』東洋経済新報社
福田豊・須藤修・早見均（１９９７）『情報経済論』有斐閣
宮澤健一編（１９８６）『高度情報社会の流通機構――情報ネットワーク型流通システムの展開』東洋経済新報社
宮澤健一（１９８８）『制度と情報の経済学』東洋経済新報社
Adams, F. Gerard, Lawrence R. Klein, Yuzo Kumasaka, Akihiko Shinozaki (2007) *Accelerating Japan's Economic Growth*, Routledge Studies in the Growth Economies of Asia, Routledge, Taylor & Francis,.
Arthur W. Brian (1990) "Positive Feedbacks in the Economy," *Scientific American*, Vol.262, No.2 pp.92–99.
American Management Association (1993) *Survey on Downsizing*.
American Management Association (1995) *Corporate Downsizing, Job Elimination, and Job Creation*.
Akerlof, George A. (1970) "The Market for 'Lemons': Quality Uncertainty and the Market Mechanism," *Quarterly Journal of Economics,* Vol.84, No.3, pp.488–500.
Arrow, Kenneth J. (1962) "Economic Welfare and the Allocation of Resources for Invention," in R. Nelson, eds., *Rate and Direction of Inventive Activity,* Princeton, NJ, Princeton University Press, pp.609–625.
Arrow, Kenneth J. (1969) "The Organization of Economic Activity: Issues Pertinent to the Choice of Market versus Nonmarket Allocation," *The Analysis and Evaluation of Public Expenditures: The PPB System*, Vol.1, Government Printing Office, pp.47–64, reprinted in *General Equilibrium: Collected Papers of Kenneth J. Arrow,* Harvard University Press, Cambridge, MA, 1983, pp.133–155.
Baily, Martin Neil and Gordon, Robert (1988) "The Productivity Slowdown, Measurement Issues, and the

Explosion of Computer Power," *Brookings Paper on Economic Activity,* 2: 1988, pp.347–431.

Baily, Martin Neil (2002) "The New Economy: Post Mortem or Second Wind?" *Journal of Economic Perspectives,* Vol.16, No.2, Spring 2002, pp.3–22.

Balachandran, Bala V. and S. Ramu Thiagarajan (1999) *Reengineering Revisited,* Morristown, NJ, Financial Executives Research Foundation, Inc.

Baldwin, Carliss Y. and Clark, Kim B. (1997) "Managing in An Age of Modularity," *Harvard Business Review,* September–October 1997, pp.84–93.

Bardhan, Ashok Deo and Cynthia A. Kroll (2003) "The New Wave of Outsourcing," *Research Report,* U.C. Berkeley, Fall 2003, pp.1–12.

Bell, Daniel (1973) *The Coming of Post-Industrial Society,* New York, Basic Books, Inc. (内田忠夫他訳『脱工業社会の到来――社会の予測の１つの試み』〔上・下〕ダイヤモンド社、１９７５年)

Bernoulli, Daniel (1738) English translation; Sommer, L. (1954) "Exposition of a New Theory on the Measurement of Risk," *Econometrica,* Vol.22, No.1, January 1954, pp.23–36.

Bhagwati, et al. (2004) "Muddles over Outsourcing," *Journal of Economic Perspectives*, Vol.18, No.4, 2004, pp.93–114.

Blount, Harry E. (2001) "Refuting the Overcapacity Myth," *Internet Infrastructure Services Market Commentary, Lehman Brothers Equity Research*, June 7, 2001.

Bosworth, Barry p. and Triplett, Jack E. (2000) "What's new about the new economy? IT, economic growth and productivity," *Brookings Economic Papers*, revised: December 12 2000.

Brynjolfsson, Erik and Hitt, Lorin (1993) "New Evidence on the Returns to Information Systems," *Technical Report,* Cambridge, MA, Center for Coordination Science, Sloan School of Management, MIT, May 15, 1993, revised October 1993.

Brynjolfsson, Erik and Hitt, Lorin (1996) "Paradox Lost?: Firm-level Evidence on the Returns to Information Systems Spending," *Management Science,* Vol.42, No.4, April 1996, pp.541–558.

Chandler, Alfred D., Jr. (2000) "The Information Age in Historical Perspective," in Alfred D. Chandler and James W. Cortada, eds., *A nation transformed by information: How information has shaped to the present,* Oxford, UK, Oxford University Press, pp.3–38.

Coase, Ronald, H. (1990) *The Firm, the Market, and the Law,* paperback edition, Chicago, IL, University of Chicago Press（宮澤健一・後藤晃・藤垣芳文訳「企業の本質」『企業・市場・法』東洋経済新報社、１９９２年）

Cohen, Stephen S. and Zysman, John (1987) *Manufacturing Matters: The Myth of the Post-Industrial Economy,* Basic Books, Inc.,（大岡哲・岩田悟志訳『脱工業化社会の幻想――「製造業」が国を救う』阪急コミュニケーションズ、１９９９年）

Council of Economic Advisers, *Economic Report of the President,* Government Printing Office, Washington D.C., 各年版

Dahlman, Carl J. (1979) "The Problem of Externality," *The Journal of Law and Economics,* 22, No.1, 148, pp.141–162.

David, Paul A. (1985) "Clio and the economics of QWERTY." *American Economic Review,* Vol.75, No.2, pp.332–37.

David, Paul (1989) "Computer and Dynamo: The Modern Productivity Paradox in a Not-Too-Distant Mirror," Center for Economic Policy Research, No.172, Stanford University, July 1989, reprinted from OECD, 1991, *Technology and Productivity: The Challenge for Economic Policy,* pp.315–347.

David, Paul (1990) "The Dynamo and the Computer: An Historical Perspective on the Modern Productivity

Paradox," *American Economic Review,* 80 (2), pp.355–361.

Farrell, et al. (2005) "Ensuring India's Offshoring future," *McKinsey Quarterly,* 2005 special edition, pp.75–83.

Garner, C. Allan, "Offshoring in the Service Sector: Economic Impact and Policy Issues," *Economic Review,* Federal Reserve Band of Kansas City, Vol.89, No.3, pp.5–37.

Gleckman, Howard, et al. (1993) "The Technology Payoff," *Business Week*, June 14, 1993, pp.38–43.

Gold, Bela (1981) "Changing Perspectives on Size, Scale, and Returns: An Interpretive Survey," *The Journal of Economic Literature,* Vol.19, No.1, pp.5–33.

Gordon, Robert J. (1993) "The Jobless Recovery: Does It Signal a New Era of Productivity-led Growth?" *Brookings Papers on Economic Activity,* 1: 1993, pp.271–316.

Gordon, Robert J. (2000) "Does the 'New Economy' Measure up to the Great Invention of the Past?" *Journal of Economic Perspectives,* Vol.14, No.4, pp.49–74.

Gordon, Robert J. (2002) "The United States," in Benn Steil, David G. Victor, and Richard R Nelson, eds., *Technological Innovation & Economic Performance,* NJ: Princeton University Press, pp.49–73.

Gordon, Robert J. (2012) "Is U.S. Economic Growth Over?: Faltering Innovation Confronts the Six Headwinds," *NBER Working Paper Series*, Working Paper 18315, pp.1–23.

Greenspan, Alan (1997a) "Testimony of Chairman Alan Greenspan," *The Federal Reserve's semiannual monetary policy report,* Before the Committee on Banking, Housing, and Urban Affairs, U.S. Senate, February 26, 1997.

Greenspan, Alan (1997b) "Testimony of Chairman Alan Greenspan," *The Federal Reserve's semiannual monetary policy report,* Before the Committee on Banking, Housing, and Urban Affairs, U.S. Senate, July 22, 1997.

Hammer, Michael (1990) "Reengineering Work: Don't Automate, Obliterate," *Harvard Business Review,* July–August 1990, pp.104–112.

Hammer, Michael and James Champy (1993) *Reengineering the Corporation: a Manifesto for Business Revolution,* New York, Harper Business (野中郁次郎監訳『リエンジニアリング革命――企業を根本から変える業務革新』日本経済新聞社、１９９３年).

Hirschman, A. O. (1970) *Exit, Voice and Loyalty*, Cambridge, MA, Harvard University Press (三浦隆之訳『組織社会の論理構造――退出・告発・ロイヤルティ』ミネルヴァ書房、１９７５年)

IEEE (2004) *Offshore Outsourcing, Position As approved by the IEEE-USA Board of Directors,* March 2004.

Jorgenson, Dale W. (2001) "Information Technology and the U.S. Economy," *American Economic Review,* 91 (1), March 2001, pp.1–32.

Jorgenson, Dale W., Mun S. Ho, and Kevin Stiroh (2008) "A Retrospective Look at the U.S. Productivity Growth Resurgence," *Journal of Economic Perspectives*, Vol.22, No.1, pp.3–24.

Kanakamedala, et al. (2006) "Ensuring India's Offshoring future," *McKinsey Report*, summer 2006, pp.75–83.

Katz, Michael L. and Shapiro, Carl (1985) "Network Externalities, Competition, and Compatibility," *American Economic Review*, Vol.75, No.3, pp.424–440.

Kliesen, Kevin (1999) "An Oasis of Prosperity: Solely An American Phenomenon?" Federal Reserve Bank of St. Louis, *The Regional Economist*, July 1999, pp.5–9.

Knight, F. H. (1921) *Risk, Uncertainty, and Profit*, Houghton Mifflin & Co.

Krugman, Paul R. (1990) *The Age of Diminished Expectations,* The MIT Press.

Krugman, Paul (1997a) "Seeking the Rule of the Waves," *Foreign Affairs*, Vol.76 No.4, pp.136–141.

Krugman, Paul (1997b) "How Fast Can the U.S. Economy Grow?: Not as fast as 'new economy' pundits would like to think," *Harvard Business Review*, July–August 1997, pp.123–141.

Langlois, Richard N. and Robertson, Paul L. (1992) "Networks and Innovation in Modular System: Lessons from the Microcomputer and Stereo Component Industries," *Research Policy*, Vol.21, pp.297–313.

Lohr, Steve (2003) "New Economy: Offshore Jobs in Technology: Opportunity or a Threat?" *New York Times*, December 22, 2003, Section C, Page 1.

Machlup, Fritz (1962) *The Production and Distribution of Knowledge in the United States*, Princeton University Press, Third Edition (高橋達男・木田宏監訳『知識産業』産業能率短期大学出版部、１９６９年)

Maddison, Angus (2001) *The World Economy: A Millennial Perspective*, OECD, Paris.

Mandel, Michael J. (1994) "The Digital Juggernaut," *The Information Revolution*, Business Week Special Bonus Issue, May 1994, pp.22–31.

Mann, Catherine L. (2002) "Perspectives on the U.S. Current Account Deficit and Sustainability," *Journal of Economic Perspectives*, Vol.16, No.3, pp.131–152.

North, Douglass C. (1987) "Institutions, Transaction Costs and Economic Growth," *Economic Inquiry*, Vol.25, pp.419–428.

North, Douglass C. (1990) *Institutions, Institutional Change and Economic Performance*, Cambridge University Press (竹下公視訳『制度・制度変化・経済成果』晃洋書房、１９９４年)

North, Douglass C. (1999) "Understanding the Process of Economic Change," *Occasional Paper* 106, Institute of Economic Affairs.

North, Douglass C. (2000) "Understanding Institutions," Claude Menard, ed., *Institutions, Contracts and Organizations*, Edward Elgar Publishing, Inc., pp.7–10.

O'hara, Kieron, and David Stevens (2006) *Inequality.com: Power, Poverty and the Digital Divide*, Oneworld Publications, Oxford, England.

Oliner, Stephen D. and Sichel, Daniel E. (1994) "Computers and Output Growth Revisited: How Big Is the

Puzzle?" *Brookings Papers on Economic Activity,* 2: 1994, pp.273–334.
Oliner, Stephen D. and Sichel, Daniel E. (2000) "The Resurgence of Growth in the Late 1990s: Is Information Technology the Story?" *Journal of Economic Perspectives,* Vol.14, No.4, pp.3–22.
Oliner, Stephen D., Daniel E. Sichel, and Kevin J. Stiroh (2007) "Explaining a Productive Decade," *Brookings Papers on Economic Activity,* vol.38, 1: 2007, pp.81–153.
Panzar, John C. and Willig, Robert (1981) "Economies of Scope," *American Economic Review*, Vol.71, No.2, pp.268–272.
Porat, Marc Uri (1977) *The Information Age*, Washington D.C., Government Printing Office（小松崎清介監訳『情報経済入門』コンピュータ・エージ社、１９８２年）
Ricardo, David (1817) *On the Principles of Political Economy and Taxation*, in the Works and Correspondence of David Ricardo, Volume I, edited by Piero Saraffa, 1951（堀経夫訳『経済学および課税の原理』デイヴィッド・リカードウ全集第Ⅰ巻、雄松堂書店、１９７２年）
Rohlfs, Jeffrey (1974) "A theory of interdependent demand for a communication service," *The Bell Journal of Economics and Management Science*, Vol.5, No.1, pp.16–37.
Schumpeter, Joseph A (1926) *Theorie der wirtschaftlichen Entwicklung*, 2. Aufl.（邦訳『経済発展の理論――企業者利潤・資本・信用・利子および景気の回転に関する一研究』〔上・下〕塩野谷祐一・中山伊知郎・東畑精一訳、岩波文庫、１９９７年）
Schumpeter, Joseph A. (1950) *Capitalism, Socialism and Democracy*, Third Edition（中山伊知郎・東畑精一訳『資本主義・社会主義・民主主義』東洋経済新報社、新装版、１９９５年）
Shapiro, Carl and Varian, Hal (1999) *Information Rules*, Harvard Business School Press, MA, 1999（千本倖生監訳『「ネットワーク経済」の法則――アトム型産業からビット型企業へ：変革を生き抜く72の指針』ＩＤ

Gジャパン、１９９９年）

Shepard, Stephen B. (1997) "The New Economy: What it really means," News: Analysis & Commentary, *Business Week,* November 17, pp.38–40.

Smith, Adam (1776) *An Inquiry into the Nature and Causes of the Wealth of Nations,* the fifth edition, 1789（水田洋監訳・杉山忠平訳『国富論１』アダム・スミス、岩波文庫、２００３年）

Stigler, George J. (1961) "The Economics of Information," *Journal of Political Economy,* Vol.69, No.3, pp.213–225.

Stiglitz, Joseph E. (2000) "The contributions of the economic of information to twentieth century economics," *Quarterly Journal of Economics,* Vol.115, No.4, pp.1441–78.

Solow, Robert M. (1987) "We'd Better Watch Out," *New York Times Book Review,* July 12, 1987.

TAA (2004) *The Impact of Offshore IT Software and Services Outsourcing on the U.S. Economy and the IT Industry,* March 2004.

Tapscott, Dan, David Ticoll, and Alex Lowy (2000) *Digital Capital: Harnessing the Power of Business Webs,* Harvard Business School Press, Boston, MA.

Tapscott, Don and Anthony D. Williams (2006) *Wikinomics: How Mass Collaboration Changes Everything*, New York, NY, Portfolio（井口耕二訳『ウィキノミクス――マスコラボレーションによる開発・生産の世紀へ』日経ＢＰ社、２００７年）

The New York Times (1996) *The Downsizing of America: Millions of Americans are loosing good jobs*. This is their story（邦訳『ダウンサイジング・オブ・アメリカ――大量失業に引き裂かれる社会』日本経済新聞社）

Toffler, Alvin (1980) *The Third Wave*, William Morrow & Co., Inc.（徳岡孝夫監訳『第三の波』中公文庫、１９８２年）

Toffler, Alvin and Heidi Toffler (2006) *Revolutionary Wealth*, Knopf（山岡洋一訳『富の未来』〔上・下〕講談社、

２００６年）
Triplett, J. E. (1994) "Comments on Oliner and Sichel," *Brookings Papers on Economic Activity*, 2: 1994, pp.318–324.
Uchitelle, Louis (1999) "Strong Summer Apt to Propel Economic Boom to a Record," *New York Times,* Oct. 29, 1999, section C, p.6.
U.S. Department of Labor (1994) *Integrating Technology with Workers in the New American Workplace*, Government Printing Office, Washington D.C., 1994.
Weber, Steven (1997) "The End of the Business Cycle?" *Foreign Affairs,* Vol.76 No.4, July–August 1997, pp.65–82.
Williamson, Oliver E. (1975) *Markets and Hierarchies: Analysis and Antitrust Implications,* The Free Press, New York（浅沼萬里・岩崎晃訳『市場と企業組織』日本評論社、１９８０年）
Williamson, Oliver E. (1979) "Transaction-cost Economics: The Governance of Contractual Relations," *Journal of Law and Economics*, 22, October, pp.3–61.
Williamson, Oliver E. (1985) *The Economic Institutions of Capitalism: Firms, Markets, Relational Contracting*, The Free Press, New York.
Wyndrum, Ralph W. (2006) *Offshoring: Implications for the Engineering Workforce and Profession*, IEEE, October 2006.

索引

事項索引

|サ行|

|タ行|

|ナ行|

|ハ行|

人　名　索　引

篠﨑彰彦（しのざき・あきひこ）

九州大学大学院経済学研究院　教授、九州大学博士（経済学）

一九八四年　九州大学経済学部卒業後、日本開発銀行入行
一九八八年　経済企画庁調査局（一九九〇年まで）
一九九三年　日本開発銀行ニューヨーク駐在員
一九九五年　日本開発銀行調査役（調査部、国際部）
一九九九年　九州大学経済学部助教授
二〇〇一年　ハーバード大学イェンチン研究所（二〇〇二年まで）
二〇〇四年　九州大学大学院経済学研究院教授
二〇一〇年　九州大学総長特別補佐（二〇一二年まで）

その他、内閣府経済社会総合研究所客員主任研究官、日本経済研究センター主任研究員、総務省情報通信白書編集委員、経済財政諮問会議成長力加速プログラム・タスクフォース委員、総務省参与（ＯＥＣＤ作業部会）など情報経済に関する各種の委員等を歴任

主著
『情報革命の構図』東洋経済新報社（一九九九年）、『ＩＴ経済入門』日本経済新聞社（二〇〇一年）、『情報技術革新の経済効果』日本評論社（二〇〇三年）、*Accelerating Japan's Economic Growth*, Routledge（ノーベル経済学賞を受賞したLawrence R. Klein教授らとの共著二〇〇七年）ほか

受賞
貿易奨励会優秀賞（一九九八年）、毎日新聞社・フジタ未来経営賞（一九九九年）、テレコム社会科学賞（二〇〇〇年）、ドコモ・モバイル・サイエンス賞社会科学部門奨励賞（二〇一〇年）

インフォメーション・エコノミー
情報化する経済社会の全体像

2014年3月28日 初版第1刷発行

著者 篠﨑彰彦

発行者 軸屋真司

発行所 NTT出版株式会社
〒141-8654
東京都品川区上大崎3-1-1 JR東急目黒ビル
営業本部 TEL 03-5434-1010
FAX 03-5434-1008
出版本部 TEL 03-5434-1001
http://www.nttpub.co.jp

制作協力 アジール・プロダクション
デザイン 米谷豪

印刷・製本 中央精版印刷株式会社

ISBN 978-4-7571-2333-5 C0033